Lipp/Will · Das große Workshop-Buch

Konzept und Beratung der Reihe Beltz Weiterbildung

Prof. Dr. *Karlheinz A. Geißler*, Schlechinger Weg 13, D-81669 München.
Prof. Dr. *Bernd Weidenmann*, Weidmoosweg 5, D-83626 Valley.

Ulrich Lipp und Hermann Will

Das große Workshop-Buch

Konzeption, Inszenierung und Moderation
von Klausuren, Besprechungen und Seminaren

8. Auflage

Beltz Verlag · Weinheim und Basel

Ulrich Lipp, Jg. 1953, Pädagoge arbeitet als Trainer, Moderator und Berater für Industrieunternehmen, Managementinstitute und verschiedene Bildungseinrichtungen.
Geigenkofen 11, D-94419 Reisbach, E-Mail: Lipp@wup.info

Dr. Hermann Will, Jg. 1946, Pädagoge und Diplom-Psychologe, freiberuflicher Trainer, Berater und Moderator für Industrie- und Dienstleistungsunternehmen und Verbände.
Initiator von WUP WILL UND PARTNER, Bismarckweg 3, D-82335 Berg, Tel. 08151-979744, E-Mail: wup@wup.info, www.wup.info

Das Werk und seine Teile sind urheberrechtlich geschützt. Jede Nutzung in anderen als den gesetzlich zugelassenen Fällen bedarf der vorherigen schriftlichen Einwilligung des Verlages. Hinweis zu § 52a UrhG: Weder das Werk noch seine Teile dürfen ohne eine solche Einwilligung eingescannt und in ein Netzwerk eingestellt werden. Dies gilt auch für Intranets von Schulen und sonstigen Bildungseinrichtungen.

8., überarbeitete und erweiterte Auflage 2008

Lektorat: Ingeborg Sachsenmeier

© 1996 Beltz Verlag · Weinheim und Basel
www.beltz.de
Herstellung: Klaus Kaltenberg
Satz: Druckhaus »Thomas Müntzer«, Bad Langensalza
Druck: Druck Partner Rübelmann, Hemsbach
Umschlaggestaltung: glas ag, Seeheim-Jugenheim
Umschlagabbildung: Getty Images Deutschland GmbH, München
Printed in Germany

ISBN 978-3-407-36459-3

Inhaltsverzeichnis

Vorwort 9

Kapitel 1: Workshop-»Philosophie« 11

Was ist ein Workshop? 12
Argumente für Workshops 15
Workshop-Dünger 18

Kapitel 2: Ablaufpläne von Workshops 21

Ein Standardablauf 22
Problemlöse-Workshop 29
Konfliktlöse-Workshop 31
Konzeptions-Workshop 33
Entscheidungs-Workshop 35

Kapitel 3: Inputs: Informieren, ohne zu erschlagen 37

Vorabmaterial: Was tun, damit es gelesen wird? 39
Information durch Kurzreferate 41
Postersession und Infomarkt: Information im Plakatformat 43
Expertenbefragung: Die Gruppe holt sich, was sie braucht 47
Expertenbefragung: Häufige Fragen – unsere Antworten 52

Kapitel 4: Diskussionsformen für Workshops 55

Drei Phasen der Diskussion 56
Diskussion: Häufige Fragen – unsere Antworten 59
Mitvisualisieren in der Diskussion 61
Redezeitbegrenzungen und Signale 63
Pro-Kontra- und Pro-Pro-Diskussion 64
Diskussion mit »neuer Identität« 68
Schweigender Austausch: »Schriftliche Diskussion« 70
»Schriftliche Diskussion«: Häufige Fragen – unsere Antworten 73

Kapitel 5: Kartenabfrage 75

Kartenabfrage im Standardeinsatz 76
Kartenabfrage-Variationen 79
Kartenabfrage-Tipps 80
Kartenabfrage: Häufige Fragen – unsere Antworten 84

Kapitel 6: Zuruflisten, Blitzlicht, Mind-Mapping 87

Zuruflisten 88
Das Blitzlicht 94
Mind-Mapping in der Gruppe 97

Kapitel 7: Bewerten und Entscheiden 105

Entscheidungen schaffen Verlierer 107
Punkten als Bewertungsmethode 110
Die Argumentationsrunde 116
Schriftliches Argumentieren 118
Die Entscheidungsmatrix 120
Favoritenkür reduziert Alternativen 123

Kapitel 8: Arbeit in Kleingruppen 125

Kapitel 9: Visualisieren und Dokumentieren 137

Visualisierung auf Flipchart und Pinnwand 139
Visualisieren mit Handskizzen, Video und Beamer 145
Der Maßnahmenkatalog – für alle sichtbar 146
Workshop-Dokumentation 150
Tipps vom Doku-Profi 153
Dokumentation: Häufige Fragen – unsere Antworten 158

Kapitel 10: Vorher und Drumherum 161

Ist ein Workshop das richtige Mittel? 163
Zielarbeit 165
Die Wahl des Moderators 167
Die Festlegung des Teilnehmerkreises 170
Vorfeldkontakte 172
Der Tagungsort 176

Offene Planung für den Ablauf 177
Wellness 181
Material 187
Vorher und Drumherum: Häufige Fragen – unsere Antworten 190

Kapitel 11: Umsetzung anschieben 193

Was kann man schon im Vorfeld für die Umsetzung tun? 195
Was man während des Workshops für die Umsetzung tun kann 197
Umsetzung anschieben: Möglichkeiten nach dem Workshop? 202
»Anschieben«: Häufige Fragen – unsere Antworten 205

Kapitel 12: Krisenmanagement 207

Konflikt- und Krisenindikatoren 209
Ursachen für Workshop-Krisen 211
Prinzipien und Techniken für den Krisenfall? 213

Kapitel 13: Workshops mit Großgruppen 219

Warum sich mit großen Gruppen herumschlagen? 220
Open Space 222
Zukunftswerkstatt 226
Inszenierte Lern-Events® 228
Was ist bei Großgruppen anders? 230
Große Gruppen: Häufige Fragen – unsere Antworten 233

Kapitel 14: Workshop-Exoten 235

Variationen von Ort, Raum und Personen 237
Exoten beim Medieneinsatz 240
»Herbstlaub« und »Rosinenpicken« 245
»Outdoor-Association®« 250
Theater, Rollenspiel und Barfuß-Video im Workshop 252
Zeichnen und Malen im Workshop 257
Die »Gummibärchen-Analyse« 260
Inszenierungen 262

Kapitel 15: Workshop-Methoden für Training und Seminar 267

Erwachsenenlernen: Eine andere Sicht 268
Was ist Moderatorenjob? Was ist Trainerjob? 269
Ein Workshop zum Lernen 270
Einzeltechniken im Trainingseinsatz 274
Workshops zum Lernen: Häufige Fragen – unsere Antworten 281

Kapitel 16: Workshops anderswo 283

An der Ho-Chi-Minh-Akademie: Nutzung des eigenen Potenzials 284
In drei Tagen vom Dozenten zum Workshop-Moderator 286
Die Feuertaufe: Zwei Workshops 288
In drei Tagen Moderation lernen – auch bei uns? 292
Interkulturelle Aspekte: Häufige Fragen – unsere Antworten 293

Kapitel 17: Das haben wir so gemacht: Beispiele 295

Workshop »Erfahrungsaustausch« 296
Ein Mini-Workshop im Seminar 302
Bereichsklausur: Ein Klärungs- und Zielvereinbarungs-Workshop 307
Attraktivere Infotage: Eine Kreativwerkstatt 311
Der »Motivations-Workshop« im Softwarehaus 315
Welchen Hut setze ich mir auf? Rollenklärung für Qualitäts-Coaches 319

Kapitel 18: Literatur, Adressen, Bilder 327

Literaturverzeichnis 328
Adressen 331
Bildquellen 332
Stichwortverzeichnis 334

Vorwort

Das große Workshop-Buch ist als Praxisbuch konzipiert. Es hat seine eigene, lange Geschichte. Da gab es zunächst unsere Erfahrungen als Moderatoren von Workshops, Klausuren und Meetings, bis wir immer wieder aufgefordert wurden: »Gebt doch eure Erfahrungen in einem Seminar weiter!« Das war die Geburtsstunde des Seminars »Methode Workshop – Workshop-Methoden«. In diesen Seminaren trafen wir auf erfahrene Moderatorenkollegen mit neuen Tipps und Ideen und einem reichen Erfahrungsschatz. Diese gesammelte Praxis ist Grundlage des Buches.

Herzlichen Dank an alle, die am Entstehen des Buches mitgewirkt haben

Wir haben das große Workshop-Buch als Schmökerbuch angelegt. Wir blättern nämlich selbst gerne, lesen selten ein Buch diziplieniert von vorne bis hinten. Die einzelnen Kapitel und deren Teile, Unterkapitel und Kästen sind weitgehend unabhängig voneinander zu verstehen. Sie können also überall einsteigen und sich die Stellen Ihrer Wahl herauspicken.

Weite Teile dieses Buches haben den Charakter eines Werkzeugkastens, in dem für die verschiedensten Aufgaben und Fragestellungen das passende Werkzeug beziehungsweise die richtige Besprechungstechnik mit Bedienungsanleitung bereitliegt. Für einige Phasen in einem Workshop, wie zum Beispiel das Sammeln und Zusammentragen von Ideen, bieten wir mehrere Techniken an, aus denen Sie die passende oder die Ihnen sympathischste auswählen können.

Unser Werkzeugkasten verschließt sich auch nicht dem Zugriff von Leuten, die eigentlich keine Workshops moderieren, sondern ganz »normale« Besprechungen, Seminare und Trainings leiten. Gerade in Bezug auf Teilnehmeraktivierung lassen sich Arbeitstechniken aus dem Workshop ganz einfach auf andere Veranstaltungstypen übertragen.

Natürlich gibt es nicht nur Moderatoren, sondern auch Moderatorinnen. Weil wir sehr häufig von unseren eigenen Erfahrungen berichten, sind wir bei der männlichen Form geblieben.

Vorwort zur 8. Auflage

Wir freuen uns, dass »Das große Workshop-Buch« zu einem Standardwerk geworden ist. Bei der ersten Auflage waren Workshops und Workshop-Methoden noch neu und ungewöhnlich, heute sind sie Standard wie dieses Buch.

Im Laufe der Jahre ist die Zielgruppe größer geworden, denn der Werkzeugkasten der Workshop-Moderatorinnen und -Moderatoren hat auch in anderen Bereichen dankbare Abnehmer gefunden. In Schulungen und Trainings wird immer häufiger mit Workshop-Methoden gearbeitet. Auch Routinesitzungen und Meetings aller Art profitieren von den Erfahrungen aus den Workshops.

Ein langes Leben hat auch unser Seminar zum Buch »Methode Workshop – Planen, Inszenieren, Moderieren von Workshops, Tagungen und Events«. Dabei fließen – wie in die Neuauflagen des Buches – unsere aktuellen Erfahrungen aus den Workshops ein, die wir selbst moderieren. Wir bilden laufend auch firmenintern Moderatorinnen und Moderatoren sowie Trainerinnen und Trainer aus (mehr dazu unter www.wup.info).

Die Grundzüge der Methode Workshop haben sich wenig verändert, wohl aber Methoden und technische Ausstattung. Um dazu ganz aktuell zu sein, gibt es eine laufend aktualisierte Internetadresse zum Buch: www.workshoptraining.net.

Wir freuen uns weiter über Feedback und Anregungen unserer Leserinnen und Leser.

Ulrich Lipp
Hermann Will

Ulrich Lipp

Kapitel 1:
Workshop-»Philosophie«

»Workshop« ist leider ein Modebegriff geworden! »Leider«, weil Moden sehr kurzlebig sind. Wir definieren den Begriff deshalb in diesem Kapitel und grenzen Workshops, so weit möglich, von anderen Veranstaltungsformen ab. Workshop-»Philosophie« ist keine Theorie, sondern eine Beschreibung des »Werkstatt«-Charakters.

Was ist ein Workshop?

Vor einer Definition einige Beispiele aus unserer Workshop-Praxis:

- Das Vorschlagswesen in der Produktion im Maschinenbau will nicht recht klappen. Die Arbeiter machen nur sehr wenige Verbesserungsvorschläge, die Meister wiederum fassen die Vorschläge der Mitarbeiter gerne als Kritik auf. Das Prämiensystem bewirkt kaum Anreize im eigenen Arbeitsbereich. Der Verantwortliche aus der Personalabteilung lädt aus einer Abteilung Meister, einige Arbeiter, einen Vertreter des Betriebsrats sowie einen neutralen Moderator zu einem Workshop »Vorschläge und Ideen zum Vorschlagswesen« ein. Eineinhalb Tage arbeiten die zwölf Leute an diesem Thema. Der Verantwortliche geht mit einer ganzen Liste von Ideen nach Hause.

- Im Bereich Forschung und Entwicklung eines Pharmaunternehmens gibt es zwölf Ideen für neue Forschungsprojekte. Alle klingen im Entwurf Erfolg versprechend. Maximal vier von ihnen können weiterverfolgt werden. Alle Ideen werden vorgestellt, eine Entscheidung herbeigeführt, der gesamte Bereich auf die ausgewählten Pfade eingeschworen.

- Eine Trainercrew hat die Idee, einfache Videoclips ohne professionellen Anspruch (»Barfuß-Videos«) verstärkt in Seminaren und Trainings einzusetzen. Kollegen, die entweder viel mit Videos arbeiten oder an ähnlichen Ideen basteln, werden zu einem Workshop eingeladen. Inhalte der Veranstaltung: Erfahrungen zusammentragen, bei der praktischen Arbeit neue Erfahrungen machen, Einsatzmöglichkeiten diskutieren.

- In einer Großbank wird die Ausbildung verändert. Schlüsselqualifikationen wie Selbstständigkeit und Kooperationsfähigkeit sollen größeres Gewicht erhalten. Die Ausbilder werden nicht, wie früher üblich, entsprechend den neuen Vorgaben eingeschult. Sie erarbeiten in mehreren Workshops die konkrete Umsetzung der neuen Ziele selbst: »Wie erreichen wir in unserer Ausbildung noch mehr Selbstständigkeit, noch mehr Kooperationsfähigkeit?«

- Ein Naturschutzverband hat viele »zahlende« Mitglieder, aber zu wenige Aktivisten. Der Vorstand lädt daher einige interessierte Mitglieder, zwei Werbefachleute sowie zwei Redakteure der Verbandszeitschrift ein für zwei Tage zu einem Workshop mit dem Thema: »Karteileichen aktivieren, aber wie?«

So unterschiedlich die Ziele dieser fünf Veranstaltungen im Einzelnen sind, der Workshop-Charakter ist ihnen allen gemeinsam: Eine Gruppe von Personen nimmt sich Zeit, um außerhalb des Arbeitsalltags eine spezielle Aufgabe zu lösen.

Unsere Definition von Workshop

Workshops sind Arbeitstreffen, in denen sich Leute in Klausuratmosphäre einer ausgewählten Thematik widmen.

Neben den hier enthaltenen Grundelementen:
- Arbeit,
- in einer Gruppe,
- an einer Aufgabe,
- außerhalb der Routinearbeit,

gelten für die meisten Workshops als weitere Merkmale:
- Teilnehmer sind Spezialisten oder Betroffene.
- Die Leitung übernimmt ein Moderator als Experte für Besprechungsmethodik und Gruppendynamik.
- Das Zeitbudget ist nicht zu knapp bemessen.
- Die Ergebnisse wirken über den Workshop hinaus.

Die Inflation des Begriffs Workshop

Eigentlich lässt sich mit dieser Definition ein Workshop von anderen Veranstaltungsformen klar abgrenzen. Weit gefehlt! Selten wird ein Begriff so inflationär ge- und missbraucht. Sie können heute jede x-beliebige Tageszeitung aufschlagen und werden die Ankündigung irgendeines Workshops finden. Darin spiegelt sich die Tendenz, alle Veranstaltungen, in denen Teilnehmer auch nur am Rande aktiv werden, als Workshop zu titulieren.

Wenn Bäcker neue Produkte vorstellen und Zuschauer auch mal Hand anlegen dürfen, ist das gleich ein Back-Workshop. Übungsphasen im Rhetoriklehrgang werden zum Rhetorik-Workshop hochstilisiert. Die Unternehmensleitung beschließt Personaleinsparungen um zehn Prozent und verkauft die

Nicht überall, wo Workshop draufsteht, ist Workshop drin!

Bekanntgabe dieser Entscheidung als Zielvereinbarungs-Workshop. Es gibt Schuhplattler- und Bauchtanz-Workshops oder es wird zu einem Workshop »Die Wirkung elektromagnetischer Schwingungen auf den menschlichen Organismus« eingeladen.

Workshop klingt positiv, modern, aktiv und damit scheint das Schicksal des Worts besiegelt: Es droht zum »Schicki-Micki-Begriff« zu verkommen, bis es irgendeinmal so ausgelutscht, nichtssagend und »out« geworden ist, dass es auf der Halde der abgetragenen Modewörter deponiert wird. Es wäre schade.

Rettung durch Abgrenzung

Workshops bezeichnen spezielle Veranstaltungsformen. Diese lassen sich deutlich von anderen abgrenzen:

- Veranstaltungen, in denen Wissen vermittelt wird, sind *Lehrgänge* oder *Seminare*. Verwirrend ist, dass in vielen Seminaren und Trainings mit Workshop-Methoden und Workshop-Sequenzen gearbeitet wird (s. S. 267).
- Liegt ein Schwerpunkt neben der Vermittlung auf der Übung des Gelernten, so sprechen wir sinnvollerweise von *Training*. Es gibt zwar auch in Workshops Teile, in denen Wissen vermittelt wird. Sie dienen aber nicht vorrangig der Weiterbildung der Teilnehmer, das Wissen ist vielmehr nötig, um die anstehenden Aufgaben zu bewältigen.
- *Präsentationen* sind auch dann keine Workshops, wenn die Zuhörer aktiviert werden (das gehört zu einer guten Präsentation ohnehin dazu!), ihre Anregungen einbringen dürfen oder selbst etwas ausprobieren können. In Präsentationen wird etwas vorgestellt und nicht bearbeitet.
- Manchmal werden *Routinebesprechungen*, Konferenzen mit langer Tagesordnung oder die wöchentliche Projektteamsitzung als Workshop bezeichnet. Das ist zwar verständlich, weil die Ankündigung Workshop (noch) nicht den tiefen Seufzer auslöst, in dem der ganze Frust über ineffektive Besprechungen kumuliert. Trotzdem ist das Etikettenschwindel: Workshops haben ein, nicht mehrere Themen, sie sind nicht Bestandteil alltäglicher Arbeitsabläufe und sie finden nicht regelmäßig jede Woche oder alle 14 Tage statt.

Nicht alles ist Workshop

Es gibt allerdings auch Besprechungen, die echte Workshops sind, ohne so zu heißen. Sie verbergen sich manchmal hinter Titeln wie Klausur, Milestone-Konferenz, Meeting oder Tagung.

10 Jahre danach ….

Die Prophezeiung aus der Erstauflage ist nur zum Teil wahr geworden. Inflationär wird der Workshop-Begriff immer noch und mehr denn je verwendet. Aber statt auf der Deponie alter Modewörter zu verschwinden, ist das Wort Workshop in den allgemeinen Sprachgebrauch eingegangen und nicht mehr wegzudenken.

Heute weiß tatsächlich niemand genau, was ihn erwartet, wenn er zu einem Workshop eingeladen wird. Vermutlich muss er irgendwie selbst aktiv werden und kann sich nicht passiv zurücklehnen. Aber nicht einmal das ist sicher.

Auffällig ist eine Spezialverwendung des Begriffs. Wenn bei einem Kongress oder einer anderen Großveranstaltung ein Plenum für Teilthemen in kleinere Einheiten aufgeteilt wird, spricht man regelmäßig von Workshops.

Alle Versuche, den Begriff Workshop genauer zu bestimmen, unterscheiden sich nur unwesentlich von unserer »alten« Definition. Positiv ist das Wort immer noch besetzt mit Ausnahme von einigen Unternehmen und Organisationen, in denen ein Workshop den anderen jagt und die Mitarbeiter vor lauter Workshops zur eigentlichen Arbeit überhaupt nicht mehr kommen.

Argumente für Workshops

Workshops sind teuer, aufwendig und riskant. Da ist zum einen der Kostenfaktor (Arbeitsausfall, Hotel- und Reisekosten, externer Moderator und einiges mehr ...), der Zeitbedarf, die grundsätzlich offene Frage, ob ein brauchbares Ergebnis erreicht wird, und die Unsicherheit, ob die Maßnahmen und Beschlüsse auch umgesetzt werden und greifen. Wenn sich Workshops »rentieren« sollen, müssen die folgenden Stärken der *Methode Workshop* zum Tragen kommen.

- **Konzentration auf eine Thematik**
  Workshops bieten die Möglichkeit, sich einer Aufgabe in Ruhe, das heißt ohne Störungen durch Alltagsgeschäft und ohne Zeitdruck, widmen zu können. Das ermöglicht auch ein tieferes Eindringen und differenzierte Sichtweisen.

- **Kurzfristige Aktivierung von Leistungsreserven**
  Der begrenzte Zeitrahmen, ein gemeinsames Ziel, dazu die Arbeit im Team unter Klausurbedingungen, das sind Faktoren, die Leistungsreserven aktivieren. Wenn der Workshop gut läuft, stürzen sich die Teilnehmer förmlich in die Arbeit. Was dabei allerdings auffällt, ist der »Workshop-Kater«, der mit Alkohol nichts zu tun hat. Das ist der Durchhänger am Tag danach als Tribut für die Überanstrengung bei Teilnehmern und Moderatoren.

- **Synergieeffekte**
  Die Vielfalt der Sichtweisen im Workshop regt zu neuen Gedanken und Überlegungen an. Durch Kooperation werden neue Wege auch außerhalb des individuellen Horizonts sichtbar. Deshalb ist das Ergebnis eines Workshops durch das Zusammenwirken der einzelnen Spezialisten und der Teilnehmer mehr als die Summe dessen, was die einzelnen Teilnehmer einbringen.

- **Workshop-Ergebnisse sind Gruppenergebnisse**
  Konzeptionen, Innovationen, aber auch Entscheidungen aus Workshops werden in der Gruppe erarbeitet, das heißt, sie werden von den Teilnehmern gemeinsam getragen. Das erleichtert über die Akzeptanz der Teilnehmergruppe die Um- und Durchsetzung der Ergebnisse nach dem Workshop.

- **Nebenwirkungen**
  Daneben haben Workshops positive »Auswirkungen« in Richtung Personalentwicklung: In gelungenen Workshops lernen die Teilnehmer das Arbeiten und Zusammenarbeiten in Teams, das Einbringen von Informationen kurz und knackig, das Über-den-Tellerrand-Blicken und ähnliche »Arbeitstugenden« viel intensiver als auf manchen einschlägigen Seminaren.

Aus eigener Kraft!
Ein Plädoyer für hausinterne Problemlösungen in Workshops

Es gibt Argumente für externe Berater in Unternehmen: Sie sind bei Problemlösungen weitgehend unbelastet von Interna und Abteilungs-»Politik«. Sie laufen auch weniger Gefahr, unangenehme Problemlösungen auszuklammern.

Berater als probates Mittel ohne Risiko und Nebenwirkungen?

Ganz unabhängig von der Qualität der Berater gibt es dennoch Reibungsverluste: Die Mitarbeiter im Unternehmen fassen das Auftauchen der Externen im eigenen Verantwortungsbereich, und sei es nur zur Bestandsaufnahme, allzu leicht als Kritik oder Bescheinigung eigener Unfähigkeit auf. Das provoziert Widerstand oder führt zur Passivität.

Warum also gehen nicht mehr Unternehmen ihre Probleme selbst an? Oft wird das Potenzial, das in den eigenen Mitarbeitern steckt, unterschätzt. Ein anderer Grund, weniger auf die gemeinsame Arbeit der eigenen Mitarbeiter zu setzen, sind negative Besprechungserfahrungen: Da wird viel um den heißen Brei herumgeredet, werden Sitzungszimmer als Bühne für Selbstdarstellung missbraucht und Privatfehden ausgefochten.

Professionelle interne Moderatoren!

Genau genommen sind es zu einem beträchtlichen Teil »handwerkliche«, also methodische Probleme: Wenn ein Moderator es schafft, eingefahrene und verfahrene Besprechungsrituale zu umgehen und aus dem Werkzeugkasten der Workshop-Methoden die passenden Werkzeuge so anzusetzen, dass das Potenzial der Mitarbeiter voll zum Tragen kommt, werden externe Berater teilweise überflüssig.

Leider hat die Sache einen Haken: Workshop-Moderatoren aus den Reihen der unmittelbar Betroffenen sind wegen der fehlenden Distanz und wegen des Eingebundenseins in Rituale und Machtstrukturen schnell überfordert. Das ist kein Plädoyer für externe Moderatoren. Es gibt gute Erfahrungen mit Mitarbeitern innerhalb der Unternehmen, deren Spezialität die professionelle Leitung von Workshops in verschiedenen Abteilungen ist. Professionalität bedeutet dabei in erster Linie die Beherrschung des Werkzeugkastens der Workshop-Methoden.

> **Workshops in Veränderungsprozessen**
>
> Isolierte Workshops »auf der grünen Wiese« sind schnell ein Problem. Erst die Einbettung in einen Veränderungsprozess lässt Workshops richtig erfolgreich werden. Der Workshop ist nur eine von vielen verschiedenen Maßnahmen, die alle notwendig sind, um zum Ziel zu gelangen. Der Workshop muss dabei zu den anderen Maßnahmen passen. So haben wir Auftraggebern öfter schon einen Workshop zugunsten eines Gesamtprojekts ausgeredet.

Workshop-Dünger

Was ist der Dünger, der Workshops gut gedeihen lässt? Vier Grundbestandteile sollten unabhängig vom speziellen Teilnehmerkreis und den konkreten Zielen immer vorhanden sein:

- **Konsequent visualisieren!**
  Je mehr Ideen »sprudeln«, je vielfältiger die Sichtweisen, je differenzierter die aufgeworfenen Fragen, umso intensiver wird der Workshop. In dieser Vielfalt gehen leider häufiger als wir annehmen, gute Ideen und wichtige Fragen verloren. Deshalb: Alle Informationen, Ideen, Vorschläge, Einwände usw. konsequent und lückenlos auf Folien, Pinnwänden, Tafeln oder Flipcharts festhalten!

- **Teilnehmeraktivierung!**
  Der Clou von Workshops ist das gemeinsame Arbeiten. Die Teilnehmer dürfen nicht auf die Idee kommen, sich zurückzulehnen und abzuwarten, was ihnen geboten wird. Lange Grundsatzvorträge, die noch dazu wenig offene Fragen hinterlassen, sind deshalb Gift. Workshop-Methoden sind auf Aktivierung möglichst aller Teilnehmer angelegt.

- **Positive Atmosphäre!**
  Mehr noch als für die alltägliche Arbeit gilt für Workshops: Positive Atmosphäre und ein angenehmes Klima sind Voraussetzung und wenn nicht Motor, so doch Schmiermittel des Erfolgs. Damit erhält alles, was die Atmosphäre beeinflusst, besonderes Gewicht: Teilnehmerzusammensetzung, Vorgespräche, Einladung, das Ambiente bis hin zur Wahl des Mittagessens.

- **Offene Planung**
  Jeder Moderator tut gut daran, sich einen Fahrplan für den Workshop zurechtzulegen, den er allerdings jederzeit beiseitelegen kann. Nichts engt die Arbeit mehr ein als ein zu starres Konzept, das nicht mehr zum Workshop passt.

Das schaffen Workshops!

Was Workshops oder einzelne Workshop-Teile nebenbei bewirken:

- Sachverhalte und Positionen sichtbar machen und pointieren.
- Austausch von Erfahrungen, Meinungen, Forschungsergebnissen, Ideen.
- Meinungsbildung und Konsens vorantreiben.
- Kontakte herstellen.
- Vertrauen aufbauen und festigen.
- Gemeinsame Erlebnisse schaffen.
- Kommunikation und Kooperation fördern.
- Eingefahrene Verhaltensmuster und Abläufe lockern.
- Konfliktenergien »abfackeln«.
- Konfliktpotenziale bearbeitbar machen.
- Gruppen lockern und entspannen.
- Teamgeist fördern.
- Kreative Ideen und Strategien aushecken.
- Halb fertige Lösungen weiterentwickeln.
- Aufbruchstimmung entwickeln.
- Kooperation anleiern und Kooperationspartner zusammenbringen.
- Ideen und Pläne realisieren.
- Und vieles mehr.

Ulrich Lipp

Kapitel 2:
Ablaufpläne von Workshops

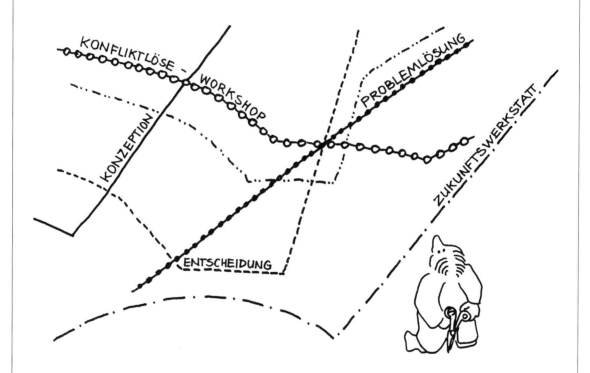

Das fertige Schnittmuster für Workshops gibt es nicht. Jeder Workshop braucht seine eigene Dramaturgie. Das darf kein vorgefertigter Fahrplan sein, den der Moderator einzuhalten hat. Die Ablaufpläne in diesem Kapitel sind Schritte von Workshop-Typen, die uns häufiger untergekommen sind.

Ein Standardablauf

Folgender Workshop-Ablauf orientiert sich stark an den klassischen Dramaturgien der Moderationsmethode. Er eignet sich für Fragestellungen, bei denen zuerst möglichst breit Ideen und Beiträge gesammelt werden, um dann einzelne davon zu vertiefen, zu konkretisieren und zu umsetzbaren Maßnahmen weiterzuentwickeln.

Workshop-Beispiel: »Am Montag fängt die Arbeit an.«

Beispiel: Eine Studie der Personalabteilung eines Metall verarbeitenden Unternehmens (Beschläge an Fenstern und Türen) stellt fest, dass unter den Arbeitern am Wochenanfang die Krankheitsrate auffällig hoch ist (»blauer Montag«). Statt »von oben« Maßnahmen zu ergreifen, wird diesmal auf einen Workshop mit den Meistern gesetzt, weil diese als unmittelbare Vorgesetzte einerseits die Problematik genauer kennen und andererseits die Chancen von Maßnahmen realistischer abschätzen können. Ein Workshop unter dem Motto »Am Montag fängt die Arbeit an!« wird geplant. Er soll eineinhalb Tage dauern.

- **Schritt 1: Vorfeldkontakte**
  In der Personalabteilung des Unternehmens gibt es eine Mitarbeiterin, die die Vorbereitung und die Moderation des Workshops übernimmt. Sie spricht mit allen elf Meistern, versucht sie für den Workshop und die Zielsetzung zu gewinnen. Das hat in diesem Fall besonders hohe Chancen, da sich die Meister geehrt fühlen, dass die Personalabteilung ihnen die Lösung dieses Problems zutraut und ihre Mitarbeit gefragt ist. Die Mitarbeiterin bittet zudem den Betriebsarzt, einen Kurzvortrag vorzubereiten, in dem das Problem »blauer Montag« im ganzen Betrieb angerissen wird.

- **Schritt 2: Einfädelphase**
  Die Moderatorin startet mit einem Blitzlicht mit folgendem Text auf dem Flipchart: »An diesem Tag ging ich besonders gern zur Arbeit, weil ...« Jeder sagt dazu ein bis zwei Sätze der Reihe nach. Es gibt keine Diskussion über die Statements.

Alternativen: Statt des Blitzlichts ist auch eine Punktabfrage denkbar. »Der blaue Montag hat mit dem Betriebsklima zu tun.« Oder: »Wir gingen bisher zu lasch mit den Blaumachern um!« Das wären Statements, zu denen jeder Meister per Klebepunkt auf einem Kontinuum von »Ja, auf alle Fälle« bis »Nein, nie und nimmer« seine Meinung abgeben und im Anschluss auch verbalisieren kann.

- **Schritt 3: Informationsphase**

  Ein gemeinsamer Informationsstand wird hergestellt. Dazu hält der Betriebsarzt einen zehnminütigen, gut mit Grafiken visualisierten Vortrag, in dem er das Ausmaß des »blauen Montags« im Vergleich zu den Vorjahren im eigenen Betrieb, aber auch zu anderen Unternehmen darstellt. Er hat die angegebenen Ursachen genauer betrachtet und versucht, in etwa eine Trennungslinie zu den echten Erkrankungen zu ziehen. Zudem berichtet er über das Scheitern eines Versuchs mit strengerer Gangart (Vorladung zum Gespräch mit dem Betriebsarzt).

  Alternativen: Denkbar wäre ebenso eine Expertenbefragung, bei der der Betriebsarzt oder ein anderer Spezialist von den Meistern zum Thema »blauer Montag« im Betrieb befragt wird. Wenn die Meister selbst die Problematik gut kennen und den Überblick haben, ließe sich auch mit einer Sammeltechnik (»Deshalb bleiben manche Mitarbeiter am Montag zu Hause«), etwa der Zurufliste, der notwendige gemeinsame Informationsstand herstellen.

- **Schritt 4: Zielphase** (eventuell auch schon vor der Informationsphase)

  Die Moderatorin kann in dieser Phase versuchen, die Teilnehmer mit gut vorbereiteten Argumenten für das Ziel zu gewinnen: »Wir wollen den Montag im Betrieb attraktiver machen!«

  Sie muss aber auch damit rechnen, dass den Meistern dieses Ziel zu eng gefasst ist. Ein umfassenderes Ziel wäre: Wir wollen die Fehlzeiten bei den Arbeitern am Wochenanfang reduzieren. Die Moderatorin darf ihr Ziel dann auf keinen Fall gegen die Meister durchsetzen, weil sie ihren Workshop sonst alleine durchziehen müsste.

- **Schritt 5: Ideensuche und Ordnung**

  Wenn die engere Zielsetzung durchgeht, könnte die Fragestellung für die hier gewählte Kartenabfrage lauten: »Wie wird der Montag für alle Mitarbeiter attraktiver?« Die Moderatorin tut gut daran, das als Fragestellung in den Raum zu stellen und die endgültige Formulierung den Meistern zu

überlassen. Sie lässt die Teilnehmer zu zweit oder dritt jeweils etwa acht bis zehn Vorschläge auf Karten scheiben und ungeordnet an eine Pinnwand heften. Dann folgt die Phase des Kartenordnens beziehungsweise Clusterns.

Alternativen: Das Ordnen der Karten kostet immer viel Zeit, deshalb wäre hier auch das Rosinenpicken (Auswahl der Rosinen = die besten Ideen aus der ungeordneten Kartensammlung) eine gute Alternative. Statt der Kartenabfrage ließen sich hier auch die Zurufliste oder ein Mind-Map auf Zuruf einsetzen. Denkbar ist auch eine ganz offene Diskussion, wobei die sicher am schwierigsten zu moderieren ist, denn in der Diskussion wird sofort jeder Vorschlag ge- und bewertet. Zu offenen Diskussionen fehlt auch oft eine Visualisierung. Wenn Ideen nicht festgehalten werden, sind die Weiterarbeit und die Vertiefung schwierig.

- **Schritt 6: Vertiefung**

  Am Ende der Ideensuche stehen mit Überschriften versehene Cluster (= zusammengeordnete Vorschläge). Eine Wertungsphase mit Klebepunkten (Kennzeichnen Sie bitte die drei Cluster, in denen die aussichtsreichsten Vorschläge stecken, mit je einem Klebepunkt!) ist möglich, aber nicht nötig. Es folgt die Gruppenbildung: Jeder Teilnehmer heftet eine Karte mit seinem Namen zu dem Cluster, an dem er vertiefend weiterarbeiten möchte. Die Moderatorin schreibt nach Rücksprache mit den Teilnehmern den Arbeitsauftrag auf ein Flipchartblatt: Suchen Sie bitte in der Kleingruppe aus den Vorschlägen die Erfolg versprechenden aus! Konkretisieren Sie diese Ideen für unseren Betrieb! Notieren Sie Ihre Arbeitsergebnisse für die Präsentation im Plenum (maximal zehn Minuten) auf einem Plakat. Arbeitszeit: 60 Minuten. Während der Arbeit in den Kleingruppen wird die Moderatorin »rumtigern«, also immer wieder mal nachschauen, vor allem, ob die Meister auch ihre Diskussionsergebnisse festhalten.

  Variationen: Noch konkreter wird der Arbeitsauftrag, wenn die Moderatorin ein Fadenkreuz mit vier Quadranten (im Moderationschinesisch auch Szenario genannt) anbietet. Im ersten Quadranten steht: »Konkret sieht das so aus«, im zweiten: »Das wollen wir damit erreichen«, im dritten und vierten: »Aufwand« und »Hindernisse«. Statt Gruppenarbeit wäre auch eine Diskussion einzelner Vorschläge denkbar. Diese Form kostet aber sehr viel Zeit, wenn mehrere Ideen konkretisiert werden sollen. Zudem arbeitet eine Gruppe mit elf Teilnehmern im Plenum eher schwerfällig.

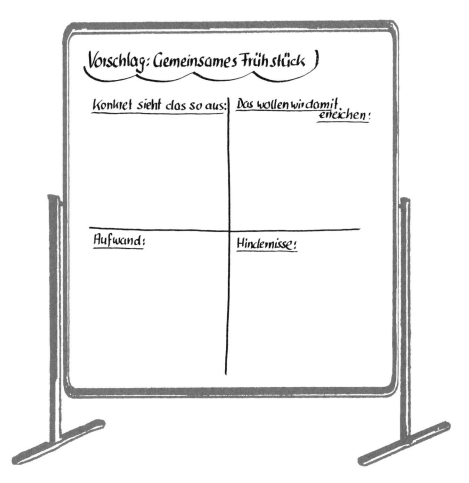

- **Schritt 7: Präsentation und Diskussion der Ergebnisse**
  Nacheinander werden alle konkretisierten Vorschläge im Plenum präsentiert und diskutiert. Die Moderatorin achtet darauf, dass alle Ergänzungen, Einwände und offenen Fragen festgehalten werden, am einfachsten auf Karten. Nach Präsentation und Diskussion empfiehlt es sich, die Kleingruppen nochmals kurz tagen zu lassen, um die Ergänzungen usw. aus der Diskussion in ihre Vorschläge einarbeiten zu können. Es ist auch möglich, dass zwei Gruppen ihre Vorschläge zu einem gemeinsamen integrieren.
  Alternativen: Statt der üblichen Präsentation ist auch eine Postersession möglich. Die Gruppen haben ihre Arbeitsergebnisse auf weitgehend selbstredenden Plakaten visualisiert. Die Meister gehen nun von Plakat zu Plakat. Die Gruppen erläutern nur auf Nachfrage.

- **Schritt 8: Bewerten und Entscheiden**
  Diese Phase ist kaum vorzuplanen, da es sehr stark davon abhängt, wie die Vorschläge letztendlich aussehen. Nehmen wir an, es gibt an dieser Stelle acht konkurrierende Vorschläge (gemeinsames Frühstück auf Firmenkosten um sieben Uhr, späterer Arbeitsbeginn …), so wird die Moderatorin zunächst in einer Favoritenkür die aussichtsreichsten Ideen herausarbeiten, um diese dann genauer unter die Lupe zu nehmen. Bleiben diese hier genannten Vorschläge als Favoriten übrig, sammelt die Moderatorin auf einer Pinnwand die Argumente, die für diese Vorschläge sprechen. Erst wenn in diesem Verfahren des schriftlichen Argumentierens alle Argumente auf dem Tisch sind, lässt sie die Gruppe abstimmen.

  Varianten: Oft entstehen nicht konkurrierende Vorschläge, sondern solche, die sich teilweise in Gesamtkonzepte integrieren lassen oder die parallel nebeneinander zu realisieren sind (zum Beispiel die Idee eines gemeinsamen Frühstücks und die von einer Prämie für Mitarbeiter, die montags immer da sind). Das muss vor der Bewertungsphase geprüft werden. Manche Workshops sind an dieser Stelle von der Zeit oder der Entscheidungskompetenz her überfordert. Der Workshop wird dann die Vorschläge für einen attraktiveren Wochenbeginn am Montag nicht auf wenige Favoriten reduzieren, sondern genau dokumentieren und der Unternehmensführung oder der Personalabteilung zur Weiterarbeit übergeben. Nur sollte dieser Schritt von Anfang an in der Zielsetzung vorgesehen sein.

- **Schritt 9: Maßnahmenkatalog**
  Im Idealfall wird das Ergebnis der Gruppe so konkret sein, dass es direkt umgesetzt werden kann. Nehmen wir als Beispiel das gemeinsame Frühstück auf Firmenkosten. Die erste Maßnahme könnte in einem Gespräch mit der Kantine bestehen. Neben dem Inhalt (Was ist zu tun?) wird festgehalten, wer das erledigt und bis wann. Dasselbe gilt für die anderen Maßnahmen wie Brief an die Mitarbeiter, Aushang im Betrieb … Wichtig ist, dass die Teilnehmer festlegen, wer sich um die Kontrolle des Maßnahmenkatalogs oder des Aktionsplans kümmert.

  Es gibt keine Alternative zum Maßnahmenkatalog am Ende dieses Workshops, weil sonst nämlich überhaupt nichts passiert. Selbst wenn die Ideen nicht bis zur Umsetzungsreife konkretisiert werden und noch Arbeit nötig ist, geht am Maßnahmenkatalog kein Weg vorbei. Er enthält dann eben die nächsten Arbeitsschritte. Wer sich um die nächsten Schritte kümmert und bis wann, muss feststehen.

Maßnahmenkatalog	Vorschlag: Gemeinsames Frühstück		
Was ist zu tun?	Wer?	Bis wann?	Schnittstelle
• Verhandlung mit Geschäftsführung über Kostenrahmen	Meyer + Bösig	18.3.	GF
• Gespräch mit Kantine	Bösig + Hdl ev. Rump	25.3.	Kleinküche
• Planung und Durchführung des Probelaufs in der Stanzerei und der Lackiererei	Rump, Winkler + MA	bis Ende Mai	
• Auswertung des Probelaufs + Bericht	Winkler + Meyer	Ende Juni	Bericht an alle MA's
• Planung des Projekts für die ganze Firma	Bösig + Winkler	Anfang September	Treffen 15.9.

- **Schritt 10: Schlusspunkt und Nachsorge**

  Manch schöner Maßnahmenkatalog schlummert trotz festgelegter Erledigungstermine staubbedeckt und unerledigt in einer Schublade. Das ist ein klassisches Workshop-Risiko. Schon vor dem Schlusspunkt muss daher klar werden, dass die eigentliche Arbeit erst beginnt. Im Beispiel-Workshop spielt die Moderatorin am Ende entgegen aller Schlusseuphorie den »Advocatus Diaboli« (s. S. 66): »Morgen überfällt uns der Alltag. Der Maßnahmenkatalog als zusätzliche Arbeit wird hinten angestellt. Termine werden verschoben.«

  Die Nachsorge über den Maßnahmenkatalog hinaus wird oft in Händen einer Führungskraft liegen: Was ist nach mehreren Monaten tatsächlich geschehen? Als Moderator wird man auch ohne ausdrücklichen Auftrag nachfragen, ob die »Kinder«, bei deren Geburt man geholfen hat, gedeihen.

Kapitel 2: Ablaufpläne von Workshops

Workshop-Schritte

10. Schlusspunkt und Nachsorge

9. Maßnahmenkatalog

8. Bewerten und Entscheiden

7. Präsentation und Diskussion der Ergebnisse

6. Vertiefung in Kleingruppen

5. Ideenfindung und Ordnung

4. Zielphase

3. Informationsphase

2. Einfädelphase

1. Vorfeldkontakte

Problemlöse-Workshop

Neben diesem ganz allgemeinen Ablauf gibt es Ablaufmuster für verschiedene Workshop-Typen. Auch das sind keine beliebig übertragbaren Muster. Sie können allerdings der Orientierung dienen, wie bei bestimmten Aufgabenstellungen ein Workshop in etwa aussehen könnte.

Workshop-Beispiel: »Schneller zum Flughafen!«

Längere Wege zum neuen Flughafen machen die frühere Fertigstellung der ersten Ausgabe einer Tageszeitung nötig. In einem Workshop treffen sich Mitarbeiter aus der Redaktion, der Druckerei, dem Versand, dem Controlling und ein Geschäftsführer. Der Moderator stammt aus der Personalabteilung.

- **Definition des Problems**
  Der Geschäftsführer schildert nach einer Anwärm- und Kennenlernphase das Problem. Er stellt auch die Konsequenzen dar, wenn ein früherer Fertigstellungszeitpunkt nicht erreicht wird.

- **Zielphase**
  Worum es geht, wissen alle Teilnehmer. Trotzdem ist auch hier eine Phase der Zielarbeit nötig. Inhaltlich ist das Ziel schnell klar: Vorverlegung der Fertigstellung der ersten Ausgabe um mindestens 45 Minuten. In welchem »Reifegrad« sich das Workshop-Ergebnis befinden sollte, wird heftig diskutiert. Sollen das nur verschiedene Ideen sein oder ein Fix-und-fertig-Plan? Man einigt sich auf einen Entwurf eines Plans, der in den Abteilungen noch diskutiert werden soll.

  Ziele präzise festlegen

- **Analyse der Einflussfaktoren**
  Es gibt zwar schon eine ganze Menge an Ideen, aber gerade fertige Ideen im Kopf machen oft blind für andere Wege. Deshalb werden im nächsten Schritt alle Einflussfaktoren gesammelt, also alle Schräubchen, an denen man überhaupt drehen kann, um das Problem in den Griff zu bekommen.

Einflussfaktoren analysieren

In unserem Beispiel heißt die Frage (Zurufliste auf Karten): »Welche Faktoren beeinflussen den Fertigstellungszeitpunkt unserer ersten Ausgabe?«

- **Entwicklung von Problemlösungen**
  In Kleingruppen (hier wichtig: jeweils bunt gemischt) werden, ausgehend zunächst von den wichtigsten Einflussfaktoren (zum Beispiel Redaktionsschluss, Druckgeschwindigkeit ...), Lösungsvorschläge erarbeitet. Der Moderator muss in dieser Phase darauf achten, dass sich die Gruppen nicht verselbstständigen. Also wird die Gruppenarbeit – auch wenn das etwas stört – durch kurze Plenumsphasen unterbrochen, in denen die Gruppen über den aktuellen Stand berichten, Anregungen bekommen und geben. Das kann auch dazu führen, dass Gruppen wegen der Nähe ihrer Ideen verschmelzen.

- **Präsentieren, Bewerten und Entscheiden**
  In aller Regel gibt es trotz der Kooperation der Gruppen konkurrierende Vorschläge. Der Moderator lässt nach einer intensiven Bewertungsphase die Gruppe entscheiden.

- **Maßnahmenkatalog**
  Da in unserem Fall noch kein Fix-und-fertig-Plan entstehen sollte, sondern eine Diskussionsvorlage, wird im Maßnahmenkatalog festgehalten, wer den Plan in den einzelnen Abteilungen vorstellt und wie die Ergebnisse dann weiterbearbeitet werden.

Konfliktlöse-Workshop

Workshop-Beispiel: Konflikt zwischen Führung und Mitarbeitern

Zwei Führungskräfte in einer Abteilung haben Schwierigkeiten mit ihren Mitarbeitern. Diese fühlen sich eingeengt, bevormundet und verlassen die Abteilung relativ häufig. Die beiden lassen sich auf den Vorschlag einer Führungskräfteberatung nicht ein, wohl aber auf einen Workshop (»Das muss doch auszureden sein!«). Ziel: die Kluft zwischen Führungskräften und Mitarbeitern verringern, durch konkrete Vereinbarungen das Arbeitsklima verbessern und langfristig die Fluktuation reduzieren.

- **Positive Bilanz**
  Konfliktlöse-Workshops leiden unter den negativen Vorzeichen. Da gibt es in der Regel eine ganze Menge an Wut und Ärger, und das festgemacht an Personen. Deshalb fangen wir mit einer positiven Bilanz an: »Darauf können wir in unserer Abteilung stolz sein ...« (Zurufliste).

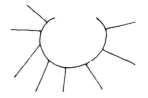

- **Diagnosephase**
  Nachdem so eine positive Grundstimmung geschaffen ist, geht es an die Konflikte. Der Moderator lässt herausarbeiten, wo es hakt und warum. In unserem Beispiel geschieht das mit einer Kartenabfrage: »Deshalb gibt es in unserer Abteilung so viele Kündigungen.«

- **Perspektivephase**
  Bevor an den Ergebnissen weitergearbeitet wird, ist eine Einigung auf grobe Ziele nötig: kurze Diskussion im Plenum. Aus verschiedenen Vorschlägen wird eine Formulierung herausgegriffen: Verbesserung des Arbeitsklimas, damit alle gern in der Abteilung bleiben.

- **Wünsche und Angebote**
  Ausgehend von der Kartenabfrage, werden Gruppen gebildet mit dem Auftrag, einen möglichst konkreten Wunschbrief an die Mitarbeiter/Führungskräfte zu erarbeiten und gleichzeitig festzuhalten, was die einzelnen

Gruppierungen anzubieten haben, um den Zielen näherzukommen. Es hat sich bewährt, in dieser Phase die »gegnerischen Lager« in den Gruppen nicht zu mischen. In unserem Fall arbeiteten so die beiden Führungskräfte allein zusammen und die Mitarbeiter aufgeteilt in einzelne thematische Gruppen.

- **Verhandlungsphase**

  Die Stunde des Moderators

  Wenn die Gruppen ihre Wünsche und Angebote im Plenum präsentieren und diskutieren, ist der Moderator gefragt. Seine Aufgabe ist es, immer dann, wenn sich Kompromisse und Einigungen andeuten, nachzuhaken, diese zu konkretisieren und sie, wenn sie »reif« sind, auf der Pinnwand für die Ergebnisse festzuhalten. In unserem Fall ist ein solches Ergebnis der Verzicht auf zu häufige Kontrollen.

- **Maßnahmenkatalog**
  Ist die Verhandlungsphase gut gelaufen, ist das Spiel fast schon gewonnen. Oft sind die Ergebnisse nur noch zu konkretisieren, überprüfbar zu machen und mit Erledigungsterminen zu ergänzen. Bei Maßnahmen wie »Reduzierung von Kontrolle« ist das jedoch nicht ganz einfach.

Konzeptions-Workshop

Workshop-Beispiel: Die neue Schulungskonzeption

In der Personalentwicklung eines Unternehmens gab es bisher vor allem drei- bis fünftägige Seminare, die in der Regel in Tagungshotels stattfanden. Nicht nur die enormen Kosten ließen die Skepsis wachsen. Eine interne Studie belegte die geringe Effektivität dieser Veranstaltungen. Ein Workshop der gesamten Personalentwicklung sollte den Grundstein für eine andere Konzeption der Weiterbildung legen.

- **Aufgabenfeld abstecken**
  Wo neue Konzeptionen erarbeitet werden, muss klar sein, in welchem Rahmen Veränderungen vorgenommen werden können. Der Moderator tut gut daran, die Eckpfosten möglichst weit außen einschlagen zu lassen. So gewinnt er das weitest mögliche Feld. In unserem Fall sind solche Eckpfeiler, gesetzt vom zuständigen Geschäftsführer, die Beibehaltung der Weiterbildung als Angebot, eine Reduzierung der Kosten für Weiterbildung um zehn Prozent bei möglichst höherer Effektivität gerade der verhaltensorientierten Weiterbildung (Techniken: Minivortrag und Expertenbefragung).

Kreativität in klaren Grenzen

- **Konzeptionsziele klären**
  Zuerst werden mit einer Zurufliste mögliche Ziele gesammelt, dann Einigung über favorisierte Ziele hergestellt. Diese Favoriten werden in einer offenen Diskussion präzisiert. Eines der Ziele ist: Steigerung der Effektivität von Weiterbildung durch Splitten der langen Seminare in halbtägige, maximal eintägige Veranstaltungen. Ein anderes Ziel heißt: Reduzierung des Incentive-Charakters von Weiterbildung durch Verlagerung in den Betrieb.

- **Konzeptionsinhalte entwickeln**
  In dieser Phase wird, in Gruppen aufgeteilt, daran gearbeitet, wie die Ziele konkret erreicht werden, wobei der Moderator darauf achten muss, dass die Ziele nicht zu starr als vorgegeben betrachtet werden. Gibt es durch Splitten und Arbeiten im Betrieb tatsächlich effektivere Weiterbildung? Wie könnte das in etwa aussehen?

- **Bewerten und Verdichten**
  Die schwierigste Phase dieser Art Workshop beginnt, wenn die Gruppen ihre Ergebnisse präsentieren und miteinander in Verbindung bringen müssen. Einfach aneinandergereiht, passen die Teile selten zusammen, ergeben keine Konzeption aus einem Guss. In unserem Beispiel ist noch eine Arbeit in neu zusammengesetzten Gruppen nötig, die sich ganz gezielt die Nahtstellen vornehmen.

Zu einem Guss verschmelzen

- **Feststellen der nächsten Schritte**
  Am Ende des Workshops gibt es noch nicht die fertige Konzeption, sondern einen Berg mehr oder weniger ausgereifter Ideen. Damit daran weitergearbeitet wird, muss der Moderator Aufgaben verbindlich verteilen und weitere Schritte planen.

Entscheidungs-Workshop

Workshop-Beispiel: Was ist der beste Plan?

In einem Automobilunternehmen sind für die Steuerung der Wankstabilisierung, die dafür sorgt, dass das Auto auch in den Kurven waagrecht fährt, verschiedene Pläne entwickelt worden. In einem Workshop, der die Entwickler dieser Pläne mit Vertretern des Fahrversuchs, der Produktion und des Controllings zusammenführt, soll unter den sieben Plänen die Entscheidung für den besten fallen.

- **Zielarbeit**
  Die Teilnehmer müssen auf das Ziel eingeschworen werden: Von den sieben Plänen bleibt nur einer übrig, an dem dann alle weiterarbeiten. Jedem Teilnehmer muss klar sein, dass sich nach dem Workshop sein Plan möglicherweise im Papierkorb wiederfindet.

- **Vorstellung der Alternativen**
  Schon bei den Vorfeldkontakten werden die »Väter« der verschiedenen Pläne gebeten, eine Kurzpräsentation ihrer Version auf einer Pinnwand vorzubereiten. In einer geführten Postersession geht die Gruppe von Pinnwand zu Pinnwand, die Autoren erläutern ihre Entwürfe.

- **Entwicklung von Beurteilungskriterien**
  Mithilfe einer Zurufliste auf Karten werden Beurteilungskriterien gesammelt: Sicherheit, Gewicht, Kosten, Platzbedarf der Steuereinheit usw. In der Diskussion werden einzelne Kriterien präzisiert. (Zum Beispiel heißt Sicherheit: Ein Systemausfall in der Kurve darf die Fahreigenschaften nicht beeinträchtigen.) Jeder Teilnehmer bekommt Klebepunkte, um die für ihn wichtigsten Kriterien zu kennzeichnen; durch Häufeln (zwei oder drei Punkte auf ein Kriterium) kann er einzelne Punkte höher gewichten. Das Ergebnis ist eine gemeinsam gewichtete Liste von Beurteilungskriterien.

Kriterien gemeinsam erarbeiten

- **Bewertungsphase**
  Diese Liste vor Augen, werden zunächst aus den sieben Alternativen Favoriten ausgewählt (Favoritenkür). Drei Varianten bleiben übrig, die in einer Entscheidungsmatrix genauer untersucht werden. Welche Variante ist die sicherste, welche ist kostenmäßig die günstigste, wo wird die geringste Reparaturanfälligkeit erwartet?

- **Entscheidung**
  Die Entscheidung zwischen den drei Plänen wird durch das Auszählen der Matrix getroffen. Welche Variante ist unter Berücksichtigung des unterschiedlichen Gewichts der Kriterien die beste?

- **Folgemaßnahmen**
  Verlierer einbinden! Entscheidungen schaffen Verlierer, die sich leicht zurückziehen. Dies sollte der Moderator berücksichtigen, wenn ein Maßnahmenkatalog für Folgeaktivitäten erstellt wird. Je mehr »Verlierer« am »Siegerplan« weiterarbeiten, umso besser.

Hermann Will

Kapitel 3:
Inputs: Informieren, ohne zu erschlagen

Es ist gar nicht so einfach: Alle sollen mitreden und mitentscheiden – aber nicht alle wissen in gleicher Weise Bescheid. Gezielte »Inputs« gleichen Wissenslücken aus und bringen alle Teilnehmer auf einen einheitlichen Informationsstand.

Wie »pumpt« man Information in Workshops? Das geht zum Beispiel mit Vorabmaterial, mit Kurzreferaten von Erfahrungsträgern, mit Postersessions oder mit einer Expertenbefragung. Zeitpunkte und Methoden der Info-Inputs sind unterschiedlich, aber es gibt ein Grundprinzip: die Teilnehmer so wohl dosiert mit Information oder nötigem Spezialwissen füttern, dass sie im Workshop qualifizierter arbeiten und entscheiden können, ohne dass die Veranstaltung zur reinen Informationsveranstaltung oder Schulung mutiert.

Nicht nur im eigenen Saft schmoren

Nützliche Rezepte für knappe und inszenierte Inputs finden Sie im »Mini-Handbuch Vortrag und Präsentation« (Will 2002).

Vorabmaterial:
Was tun, damit es gelesen wird?

Beispiel: Führen durch Zielvereinbarung

Beschluss von oben: Die Führungskräfte eines Pharmaunternehmens sollen sich in einem Seminar-Workshop-Mix mit »Zielvereinbarung« auseinandersetzen: Philosophie, Voraussetzungen, Erfahrungen und Schritte sind Themen der Veranstaltung. Dann wird es aber konkret: Was müsste ich tun, damit Zielvereinbarungen innerhalb meines Bereichs zum Laufen kommen?

Knapp drei Wochen vor dem Termin finden die Teilnehmer einen zehnseitigen Vorabtext in ihren Fächern mit der Bitte, ihn zur Einstimmung zu lesen und gezielt Bestandsaufnahmen durchzuführen. Man hat sich einiges einfallen lassen, damit der Text nicht verloren geht und bearbeitet wird: Ein auffällig knallgelbes Deckblatt hebt ihn aus der Papierflut heraus und gibt ihm auch gleich seinen Namen: »Das gelbe Papier«. Der Text hat viele kurze Kapitel und liest sich leicht und schnell. Illustrationen und Cartoons bringen die Sache auf den Punkt, sind Gedächtnisstützen und lockern auf. Trotzdem rufen die Moderatoren eine Woche vor dem Workshop alle Teilnehmer an: »Haben Sie das gelbe Papier bekommen? Gibt es noch Fragen oder Anregungen zur Veranstaltung und zum Text?« Und dabei betonen sie nochmals die Wichtigkeit des Vorabmaterials und der Bestandsaufnahmen für den Workshop.

Leider klappt die Entlastung des Workshops durch Vorabversand von Infomaterial nicht immer: Manche Teilnehmer haben die verschickten Papiere nicht oder zu spät erhalten, andere haben sie kaum gelesen, geschweige denn durchgearbeitet.

Die Fülle von E-Mails haben das Problem noch verschärft: Vorabinfos, die nicht unmittelbar bearbeitet werden müssen, gehen in der E-Mail-Flut leicht unter und werden dann vergessen.

Prüfen Sie daher, ob Vorabmaterial wirklich nötig ist. Wenn ja, dann braucht es flankierende Maßnahmen, damit es wirklich gelesen wird, insbesondere:

Damit es gelesen wird

- **Eindeutige Aufgabenstellung**
  Den Empfängern muss klar sein, was von ihnen erwartet wird und warum. Sollen sie das Material bis zur Veranstaltung nur durchblättern oder (wie) durcharbeiten? Und vor allem: Welche Bedeutung hat das verschickte Material später im Workshop?

- **Lesefreundlich: Klare Struktur und Kurzversion**
  Wenn sich umfangreiche Texte nicht vermeiden lassen, dann müssen diese wenigstens deutlich erkennbar in Kapitel gegliedert sein – am besten mit einer orientierenden Übersicht als Vorspann. Wie wäre es mit einer Zweiteilung: Die ersten beiden Seiten sind komprimierter Unbedingt-lesen-Text – also die Kurzfassung für Chefs und andere Eilige –, die folgenden Seiten ergänzende Detailinformation (Tipps für Texte: vgl. Ballstaedt 1994).

- **Zusätzlich: Das Gedächtnishilfe-Plakat im Workshop**
  Selbst nach gründlicher Lektüre haben nicht alle Teilnehmer alle Informationen abrufbar im Kopf. Darum stehen im Workshop eine Gliederung oder die zentralen Aussagen des Vorabmaterials nochmals stichpunktartig auf einer Pinnwand – als Gedächtnisstütze.

Oder Sie nutzen Intranet und E-Mail

Information durch Kurzreferate

Beispiel: Der Landrat als Überraschungsgast

Nach spektakulären Vorfällen im Landkreis hat das Jugendamt Schulleiter, Elternvertreter, Sozialarbeiter, Sprecher einer Initiativgruppe und den Jugendbeauftragten der Polizei zum »Planungsgespräch Jugendarbeit« eingeladen. Themen: Der Stand der Dinge aus den unterschiedlichen Sichtweisen. Wo sind Problempunkte? Wo gibt es Ansatz- und Kooperationsmöglichkeiten? Der Vormittag verläuft trotz der bunt gemischten Gruppe überraschend gut. Niemand vermisst die Begrüßung durch den Landrat. Der hohe Gast kommt dann überraschend am Nachmittag, und noch bevor Moderatorin und Plenum sich so recht versehen, haben sie einen »Wahlkampfredner« am Podium, der den Anwesenden sagt, was sie wie zu tun und zu lassen hätten. Die Lähmung ist perfekt und der Elan des Vormittags verflogen.

»Einleitende Worte« entwickeln sich nur allzu leicht zu erschlagenden Festreden und Grundsatzreferaten und dann bleiben für Moderatoren kaum noch höfliche Möglichkeiten zum Eingreifen. Im Vorfeld hätte man Vereinbarungen

Vorsicht vor Monologen!

treffen können, zum Beispiel über Kernpunkte und Stoßrichtung des Kurzreferats und über eine zeitliche Begrenzung auf maximal fünf Minuten. In der Regel sind zwei oder drei kurze, pointierte Impuls- oder Positionsreferate (jeweils drei bis fünf Minuten) besser als ein langer Vortrag. Gute Startreferate setzen markante Eckpflöcke, lassen aber auch Freiräume zum Weiterdenken. Sie stellen zum Beispiel Thesen oder offene Fragen in den Raum. Damit etwas hängen bleibt, sollten unbedingt die vorhandenen Medien genutzt werden.

Referenten werden Plakatautoren

Wichtige Informationen und Thesen müssen im Workshop präsent bleiben. Das tun sie nicht, wenn sie nur verbal oder foliengestützt präsentiert werden. Es sollte Sitte werden, dass jeder Infogeber seine Kernaussagen auf einem Plakat mitbringt. Das geschieht alles nicht von selbst: Der planungsverantwortliche Moderator spricht frühzeitig mit jedem Referenten (»Infogeber«) über die Ziele des geplanten Auftritts: Was soll mit dem Kurzreferat genau erreicht werden? Wo sind die Freiräume, Suchrichtungen oder Visionen für die Arbeit im Workshop? Ermutigt das Referat? Was ist schon entschieden und steht im Workshop nicht mehr zur Disposition? Was muss unbedingt gesagt werden und was kann wegbleiben? Geht das in fünf oder notfalls zehn Minuten? Welche Ausstattung und Hilfe braucht der Referent bei der Visualisierung? (Tipps im »Mini-Handbuch: Vortrag und Präsentation«, Will ^{6}2006.)

Kapitel 3: Inputs: Informieren, ohne zu erschlagen   **43**

Postersession und Infomarkt: Information im Plakatformat

Die Information der Teilnehmer erfolgt durch große »Wandzeitungen«. Das braucht spezielle Vorbereitung: Schon frühzeitig bittet der Moderator die »Referenten«, ihre Thesen oder Lösungsvorschläge auf einem oder mehreren großen Plakaten zum Workshop mitzubringen. Wir arbeiten mit Überredungskunst und geben manchmal auch Hilfestellung, denn Postersessions leben von guten Plakaten (s. S. 139ff.). Besonders interessant sind Großflächen- beziehungsweise Plankopien.

Plakate für Herz und Hirn

Die große Postersession für Tagungen

Beispiel: Arbeitssicherheit – Eine Fachtagung einmal etwas anders

Die zweitägige Fachtagung zur Arbeitssicherheit steht wieder an. Die Tagungen der letzten Jahre waren voll gepackt mit Vorträgen. Das war für alle anstrengend und wenig motivierend. Heute läuft das aber anders. Nur noch wenige handverlesene Positionsreferate stehen auf dem Programm. Statt der zahlreichen Kurzvorträge gibt es dieses Jahr eine »Postersession«. Die »Referenten« wurden dafür schon frühzeitig um ein gut gestaltetes, möglichst selbst erklärendes Pinnwandplakat gebeten – anstelle ihres Vortrags. Im Programm des zweiten Tages hat man knapp zwei Stunden für eine Postersession reserviert. An die dreißig großformatige Plakate stehen im Foyer – alles Fachbeiträge zur Arbeitssicherheit. Die Autorinnen und Autoren sind bei ihren Wänden. Wie in einer Gemäldeausstellung spazieren die Tagungsteilnehmer an den Plakaten entlang. Zuerst verschaffen sie sich einen Überblick. Dann lesen sie ausgewählte Poster gründlicher und fragen bei den Plakatautoren nach. Bald gibt es viele lebendige Diskussionen in kleinen und kleinsten Grüppchen.

Plakat statt Vortrag!

Neben der großen Postersession für Tagungen gibt es deren »kleine Schwester« – die geführte Mini-Postersession. Streng genommen ist das eine Serie von Kurzpräsentationen mit Plakaten plus Diskussion. Oft kombinieren wir das mit »Schriftlicher Diskussion« (s. S. 70ff.). In der Regel reicht die Aufmerksamkeitsspanne des Plenums für maximal fünf Plakatpräsentationen.

Geführte Mini-Postersession

»Geführte Mini-Postersession« für Workshops

Beispiel: Vier konkurrierende Alternativen stehen zur Wahl

Im Workshop stehen vier Alternativen zur Diskussion. Auf Anregung der Moderatorin bringen vier Personen (»Autoren«) jeweils ihren Entwurf als Pinnwandposter mit. Nach einer Schaupause und einer kurzen Einführung ins Thema versammelt die Moderatorin das Plenum vor dem ersten Plakat. Dessen Autor erklärt und kommentiert es und beantwortet Verständnisfragen. Diskutiert wird (noch) nicht! Alles, was den Zuhörern jetzt durch den Kopf geht oder auf der Zunge liegt, notieren sie sich auf große gelbe Post-it®-Zettel (10–15 cm) und kleben diese abschließend an die Pinnwand. Dann zieht das Plenum zum nächsten Plakat. Der Ablauf wiederholt sich: wieder eine kurze Plakatpräsentation und Klären von Verständnisfragen. Die Teilnehmer notieren auch diesmal ihre Diskussionsbeiträge, Anregungen und Kritikpunkte. Beim dritten und vierten Plakat die gleiche Prozedur. Erst nach der letzten Präsentation diskutiert das Plenum ausführlich das Für und Wider aller vier Vorschläge und hat dabei immer alle vier Plakate und die angehefteten Karten im Blick.

Schreiben statt diskutieren

Der Infomarkt

Beispiel: Infotag für Schulabgänger

Ein Unternehmen will Schulabgänger als Mitarbeiter gewinnen. Man entscheidet sich für einen Infotag. Abschlussschüler und deren Eltern können sich dort aus erster Hand über das Ausbildungsangebot informieren. Konzeption und Gestaltung des Tages liegen bei den Auszubildenden des Unternehmens. Sie haben in Arbeitsgruppen Infostände vorbereitet. Großformatige Abbildungen,

Fotos und Schemadarstellungen auf Pinnwänden informieren über die Ausbildung. Maschinen, Modelle und Produkte des Unternehmens ziehen die Aufmerksamkeit auf sich. Bei einem Quizstand über Ausbildungsfragen kann man kleine Überraschungspreise gewinnen, bei einem »Prüfstand« die eigene Geschicklichkeit erproben. Kurze, selbst gedrehte Videospots (Interviews und eine Talk-Show-Parodie) informieren über Tätigkeitsfelder und den Berufsalltag der Azubis. Ein Hauch von Messeatmosphäre liegt in der Luft.

Bei manchen Themen und Veranstaltungen ist mehr möglich und nötig als nur Plakate. Infostände mit Ausstellungsobjekten oder Modellen, mit kurzen Videoeinspielungen, szenischen Darbietungen oder Spielmöglichkeiten ergänzen oder ersetzen die zweidimensionale Darstellung. Postersessions mausern sich zu fantasievollen kleinen Ausstellungen (Sautter 1996), Happenings, zum Lernmarkt oder zum »Markt der Möglichkeiten«.

Markt der Möglichkeiten

Echte Infomärkte sind meist eigenständige Informationsveranstaltungen und keine reinrassigen Workshops, denn es wird dort nur selten etwas erarbeitet. Aber als animierender Bestandteil kann ein kleiner Infomarkt Leben in einen Workshop bringen, beispielsweise, wenn Gruppen ihre Arbeitsergebnisse »einmal anders« präsentieren möchten.

Expertenbefragung:
Die Gruppe holt sich, was sie braucht

In manche Workshops laden wir Gäste für Informations- und Diskussionsrunden ein. Effektiver als ein langes, schwer steuerbares Referat oder ein zufallsgesteuertes »Kamingespräch« ist dafür eine straff geleitete Frage-Antwort-Runde. Der Workshop-Gast beantwortet einen vorbereiteten Fragenkatalog der Teilnehmer. Diese bekommen dann wirklich das zu hören, was sie wissen möchten.

Fragerunde als Wunschkonzert

Beispiel: Projektorientierte Ausbildung – Wie bewährt sich das?

Klausur der Personalabteilung: Projektorientierte Ausbildung steht zur Diskussion. Konzepte gibt es viele – aber wie bewährt sich das in der Praxis? Der Workshop braucht Spezialinformation von außen – möglichst aus erster Hand. Der Moderator hat den Ausbildungsleiter eines anderen Unternehmens als Erfahrungsträger eingeladen. Dort praktiziert man diese Form der Ausbildung bereits. Statt einen Vortrag abzuspulen, stellt sich der Gast für knapp zwei Stunden den gesammelten Fragen der Runde.

Expertenbefragung: Der Standardablauf

6 Schritte Wir halten uns an folgende sechs Ablaufschritte (Schritte 1 bis 3 betreffen die Vorbereitung, Schritte 4 bis 6 die eigentliche Frage-Antwort-Runde):

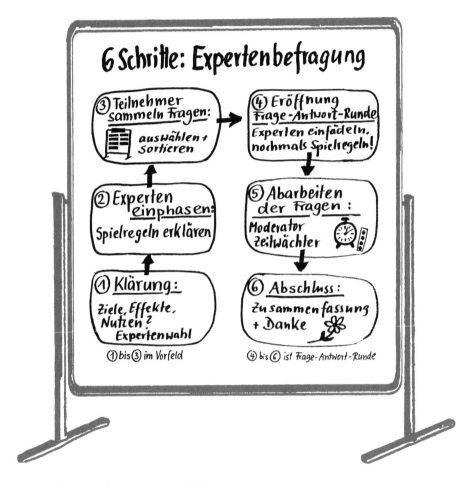

- **Schritt 1: Klärung im Vorfeld**

Vorbereitung Ist der Auftraggeber mit einem Gast von außen einverstanden? Eignet sich der Experte für diese Fragestellung und den Teilnehmerkreis? Was soll mit der Fragerunde erreicht werden? Wann ist der beste Zeitpunkt im Workshop?

- **Schritt 2: Experten im Vorfeld »einphasen«**
  Dreierlei muss ihm klargemacht werden: Kein Vortrag! Die Teilnehmerfragen stehen im Mittelpunkt! Reduktion auf das Wesentliche, um in der geplanten Zeit alle Fragen zu beantworten.

- **Schritt 3: Die Workshop-Teilnehmer sammeln ihre Fragen**
  Spätestens eine Stunde vor Eintreffen des Gastes – entweder im Plenum oder in kleinen Gruppen. Jede Frage kommt in großer Schrift auf einen DIN-A4-Karton oder einen langen Papierstreifen. Dann hängen alle Fragen an einer Pinnwand. Gut, wenn jetzt noch Zeit bleibt für eine gemeinsame Endredaktion: Sind alle wichtigen Fragen gestellt? Lassen die Formulierungen konkrete Antworten erwarten? Reicht die vereinbarte Zeit für die Fragen?

Fragen für den Experten an der Pinnwand

- **Schritt 4: Eröffnung der Fragerunde**
  Der Experte kommt. Der Moderator stellt ihn vor und erinnert nochmals an die geplante Gesamtdauer und die Regelung mit den Durchschnittszeiten pro Frage (zum Beispiel »durchschnittlich vier Minuten pro Frage«).

- **Schritt 5: Abarbeiten der Teilnehmerfragen**
  Der Experte pickt sich die erste Frage heraus und antwortet. Eventuell fragt er nach, um die Frage besser zu verstehen. Der Moderator achtet auf die Zeit und die Reaktionen der Teilnehmer. Sind sie noch bei der Sache? Zu günstigen Zeitpunkten fragt er ins Plenum, ob die Frage im Wesentlichen beantwortet ist. Erledigte Fragen markiert er an der Pinnwand mit einem großen Klebepunkt. Das setzt jeweils den Schlusspunkt pro Karte, erinnert so ganz nebenbei an die vereinbarten Regeln und festigt die Leitungsmacht des Moderators.

Der Experte hat das Wort, der Moderator bleibt im Hintergrund

- **Schritt 6: Abschluss der Frage-Antwort-Runde**
  Eine ganz knappe (!) Zusammenfassung oder ein kurzes Fazit und vor allem ein Dankeschön an alle Beteiligten. Manchmal schreibt ein Teilnehmer die wichtigsten Informationen des Experten mit. Der Moderator fragt am Ende der Expertenbefragung den Schreiber, ob er noch Rückfragen hat.

»Hierarchenbefragung«: Chefs als Gast im Workshop

Beispiel: Der Geschäftsführer als Workshop-Gast

Im Workshop des Bereichs »Pharma« sind im Laufe des Tages viele Fragen zur langfristigen Geschäftspolitik aufgetaucht. Damit man nicht die Rechnung ohne den Wirt macht, wollen die Teilnehmer brandaktuelle Information »von oben«. Zudem möchten sie wissen, ob die andiskutierten Lösungsideen Rückendeckung bekämen. Die Moderatoren haben deshalb (schon vorsorglich) den zuständigen Geschäftsführer für den Abend zu einer Frage-Antwort-Runde eingeladen. Beim Abendessen ist die Spannung hoch – wie ehrlich und informativ werden die Antworten ausfallen? Es klappt. Die straff strukturierte Fragerunde dauert fast zwei Stunden. Es folgt noch eine informelle Runde bei Bier, Wein und Mineralwasser. Dann fährt der Workshop-Gast.

Bei dieser Variante der Expertenbefragung geht es nicht so sehr um Expertenwissen. Hochrangige Vorgesetzte oder Entscheidungsträger liefern interessante Hintergrundinformation zur Firmenpolitik, sie werten den Workshop auf und es besteht die Chance, sie in Ziele und Maßnahmen des Workshops einzubinden. Das kann selten schaden.

Chefs als Experten für Firmenpolitik

Expertenbefragung:
Häufige Fragen – unsere Antworten

? Was tun, wenn die Teilnehmer zu viele Fragen sammeln?
Wenn Sie es bemerken, bevor alles an der Pinnwand hängt, dann unterbrechen Sie und sprechen das Dilemma an. Die Teilnehmer sollen ihre Fragen nach Dringlichkeit ordnen – pro Gruppe maximal zwei Fragen. Nur diese Karten erster Priorität kommen an die Pinnwand und der Experte geht ausführlich darauf ein. Die übrigen Fragen (zweite Priorität) bleiben bei den Gruppen oder kommen auf eine zweite Pinnwand. Falls am Schluss noch Zeit bleibt, geht der Experte darauf im Schnellverfahren ein.

? Schadet es, wenn der Experte beim Antworten springt?
Nein. Wir lassen dem Gast die Freiheit, mit der Frage seiner Wahl zu starten. Er bestimmt auch die weitere Reihenfolge. Das macht es lebendig und bleibt ohne Nachteil, wenn der Moderator die jeweils erledigten Karten mit einem farbigen Klebepunkt markiert. Trotz aller Wahlfreiheit muss immer klar sein, welche Frage der Gast gerade beantwortet.

? Der Experte hält sich nicht an die vereinbarte Redezeit?
In Zukunft einen anderen Gast einladen! Nutzen Sie eine Sprechpause und weisen Sie darauf hin, dass die restlichen Fragen der Anwesenden unter den Tisch fallen würden. Die Teilnehmer sollen jeweils entscheiden, ob ihnen die Antwort reicht – in Anbetracht der anderen Fragen. Wenn Sie es gut inszenieren, entwickeln sich Ihre gezückten Klebepunkte als Schlusssignal. Nur wenn die Befragung ganz unerwartete Dimensionen annimmt – und das Plenum zustimmt –, wird man den Zeitplan über den Haufen werfen. Sie wollen ja nicht den Orden für perfektes Zeitmanagement, sondern Info-Input für Ihren Workshop.

? Was kann man für das Auge tun?
Visualisierung von Anfang an einplanen! Flipchart, Pinnwand und Filzstifte in Reichweite platzieren. Den Experten zu Handskizzen animieren. Für alle Fälle haben Sie auch einen Overheadprojektor im Raum – aber Vorsicht, es soll keine Folienschlacht geben.

? Was sind »Pils-Fragen«?
Das sind wichtige und komplexe Fragen, die sich im straffen Zeittakt der Expertenbefragung nur ansatzweise beantworten lassen und über die man eigentlich ausführlich diskutieren müsste. Das tut man am besten anschließend bei einem frisch gezapften Pils.

? Gibt es kritische Signale?
Ja. Wir werden zum Beispiel hellhörig, wenn der Gast sagt: »Da muss ich mal ein bisschen ausholen.« Natürlich beobachten wir auch die Teilnehmer: Wie reagieren sie auf die Antworten des Workshop-Gastes?

? Der eingeladene Vorgesetzte weicht den Fragen aus!
Der falsche Gast? Oder die Fragen waren taktisch unklug gewählt. Bitten Sie um eine persönliche Meinung – statt einer offiziellen Verlautbarung, die er vielleicht nicht geben kann oder darf. Mobilisieren Sie das Plenum. Es soll entscheiden, ob die Antwort den Kern der Frage trifft. Oder Sie fragen, was in Kurzform im Protokoll stehen soll.

? Wie lange soll eine Fragerunde dauern?
Ein bis maximal zwei Stunden für die Fragerunde einplanen und eventuell eine kurze Pause zur Halbzeit anbieten.

? Gibt es die optimale Durchschnittszeit pro Frage?

Weniger als drei Minuten pro Frage sind zu wenig, mehr als fünf Minuten (im Durchschnitt) sind meist zu viel. Für Ihre Planung brauchen Sie frühzeitig die Zahl aller Fragen erster Priorität. Der Rest ist ein Rechenexempel. Zum Beispiel: 90 Minuten sind veranschlagt, 20 Fragen gesammelt. Mit etwas Pufferzeit für Anfang und Ende ergibt das durchschnittlich vier Minuten pro Frage. Diese Zeitregelung lassen Sie sich zu Beginn der Runde nochmals von allen absegnen.

? Wie steht es mit dem Protokoll der Expertenaussagen?

Oft ist es sinnvoll, Kernaussagen der Gäste festzuhalten (zum Beispiel als Folienprotokoll). Wenn allerdings »Firmenhierarchen« ein Protokoll wittern, dann fallen ihre Antworten oft diffus aus. Da kann es sinnvoll sein, sie um persönliche Stellungnahmen oder eine Hypothese zu bitten, und das ohne Dokumentation.

? Das klingt ja alles ganz einfach, warum erklären Sie das so ausführlich?

Das Grundprinzip der Expertenbefragung ist einfach, aber der Teufel steckt im Detail: Das Sammeln der Fragen muss zum Laufen kommen und die richtigen Fragen müssen aufs Tablett. Gruppe und Workshop-Gast sind freundlich, aber bestimmt zu steuern, denn innerhalb von knapp zwei Stunden sollen alle Fragen ausreichend beantwortet sein – ohne erkennbaren Zeitdruck. Das ist Arbeit.

Hermann Will

Kapitel 4: Diskussionsformen für Workshops

Workshops leben vom Austausch und Infofluss. Die Diskussion im Plenum ist dafür eine traditionelle Methode. Damit sich Diskussionen nicht endlos hinziehen oder immer nur dieselben dasselbe sagen, braucht es klare Ziele, fest umrissene Fragestellungen, straffe Leitung und einige »Spezialwerkzeuge«.

Drei Phasen der Diskussion

Beispiel: Das neue Marketingkonzept

Gute Diskussionen sind selten

Das Leitungsteam tüftelt am Marketingkonzept für die nächsten zwei Geschäftsjahre. In den letzten Monaten wurde (zu) viel mit Kärtchen und »Metaplan« gearbeitet. Eine ansteckende Kartenallergie hat sich breit gemacht: »Können wir nicht mal ganz normal reden?«, tönt es aus der Runde. Die Moderatorin ist anfangs skeptisch. Diskussionen haben Risiken: Sie ziehen sich hin, Ideen werden zerredet und gehen verloren und die bekannten Wortführer dominieren. Aber die Gruppe meint, das sei zu schaffen. Man einigt sich auf eine Stunde Testlauf. Mal sehen, ob das auch so »formlos« klappt.

1 - 2 - 3

Im skizzierten Beispiel war das Diskussionsexperiment erfolgreich. Aber das hatte Gründe: Erstens war es ein Wunsch der Gruppe, diese akzeptiert dann eher Längen und Hänger im Verfahren. Zweitens ist die Diskussion nicht formlos und unstrukturiert. Die Moderatorin hatte das Thema in vier Hauptpunkte geteilt. Am Ende jedes Teilaspekts gab es eine Zusammenfassung. Drittens war die Moderatorin eine geschickte Diskussionsleiterin. Sie erteilte das Wort nicht nur der Reihe nach, sondern achtete auf inhaltliche Passung. Langredner stoppte sie geschickt.

Die Aufgaben der Gesprächsleitung werden deutlicher, wenn man folgende drei Phasen der Diskussion unterscheidet:

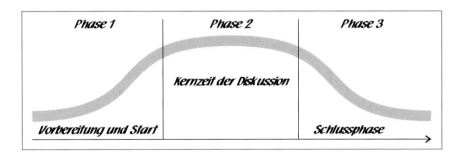

Moderationsaufgaben in der Vorbereitungs- und Startphase?   *Phase 1*

- **Stimmen Rahmenbedingungen und Atmosphäre?**
  Diskutieren die richtigen Leute? Macht es Spaß, in diesem Raum zu diskutieren? Unterstützt oder behindert die Sitzordnung das Gespräch? Wichtig ist auch, dass nicht nur Schwierigkeiten und Schattenseiten auf den Tisch gebracht werden. Nach Möglichkeit eine »Wir-können-es-schaffen-Atmosphäre« aufbauen!

- **Themen und Ziele präzisieren**
  Welches Thema steht an und wie heißt es genau? Ist das Thema positiv und konstruktiv formuliert – und zwar so, dass es nicht schon von Anfang an einzelne Teilnehmer rauswirft? Komplexe Themen sollten unbedingt in Unterthemen zerlegt werden. Womit beginnen? Welche Ziele sind für diese Diskussion realistisch (zum Beispiel nur Meinungsaustausch oder auch Entscheidung)?

- **Spielregeln klären und vereinbaren**
  Zeitlimit: Wie lange diskutieren wir heute? Vereinbaren, ob die Redezeit pro Beitrag begrenzt werden soll. Braucht es eine Rednerliste für die Reihenfolge der Beiträge? Eventuell eine Diskussion nach dem Strickmuster des Brainstormings vorschlagen: zuerst gemeinsam per Diskussion kreative Ideen entwickeln und aufpäppeln und erst im zweiten Schritt mit der Kritik loslegen?

Moderationsaufgaben in der Kernzeit der Diskussion?   *Phase 2*

- **Vereinbarte Diskussionsregeln einhalten**
  Besonders anfangs muss streng auf Themen-, Ziel- und Zeitorientierung geachtet werden. Freundlich, aber bestimmt gegensteuern, wenn die vereinbarten Spielregeln unterzugehen drohen. Blickkontakt halten, namentlich ansprechen, unterbrechen, an die Regeln erinnern.

- **Strukturieren, vermitteln, unterstützen**
  Schlüsselworte wiederholen, zusammenfassen, heterogene Diskussionsbeiträge auf den Punkt bringen oder deren Verbindungslinien und Gemeinsamkeiten hervorheben. Den roten Faden hochhalten. An vergessene Teilthemen und Argumente erinnern. Neue Perspektiven ins Gespräch bringen.

- **Optisch unterstützen und mitvisualisieren**
  Ausgangsfragen, Zwischenpositionen und Ergebnisse stichpunktartig auf der Pinnwand festhalten.

Phase 3 **Moderationsaufgaben in der Schlussphase der Diskussion?**

- **Schluss- und Landepunkte anpeilen**
  Nicht so lange diskutieren, bis sich die erschöpften Teilnehmer auf irgendetwas einigen – nur damit endlich Schluss ist. Auf unterschwellige Schlusssignale achten (zum Beispiel erhöhte Unruhe, zunehmende Unkonzentriertheit, es reden immer dieselben, Wiederkehr der gleichen Themen in Varianten). Testweise Versuchsballons für das Diskussionsende steigen lassen – vielleicht sind sich alle schon weitgehend einig und nur noch einige Details zu klären.

- **Ergebnissicherung**
  Das Diskussionsergebnis zusammenfassen und offene Fragen oder Themen festhalten. Nachfragen, ob das von allen so gesehen wird. Konsequenzen, Folgeaktivitäten oder den nächsten Schritt vereinbaren. Die Visualisierung oder Dokumentation aktualisieren und abschließen.

- **Emotionalen Schlusspunkt setzen**
  Das Ergebnis der Gesprächsrunde sollte immer gewürdigt werden. Für die konstruktive Diskussion und das Einhalten der Regeln bedanken.

Moderator soll Diskussion leiten, nicht führen!

Diskussion:
Häufige Fragen – unsere Antworten

? Die Gruppe und ich haben den roten Faden verloren. Was kann ich als Moderatorin tun?

Klären Sie, ob die Ausgangsfrage und die ursprünglichen Ziele der Diskussion noch aktuell sind – vielleicht sieht die Welt inzwischen ganz anders aus. Dann mit neuer Zielrichtung nochmals starten. Die Diskussion durch eine Rednerliste, durch Begrenzung der Redezeit oder stichpunktartiges Mitvisualisieren stärker strukturieren.

? Die Teilnehmer kommen sich sachlich in die Wolle. Soll ich einschreiten?

Wenn Teilnehmer nur um Inhalte streiten, dann ist es noch relativ harmlos. Sprechen Sie die Gegensätze an und halten Sie diese stichpunktartig auf Flipchart oder Pinnwand fest. Wir markieren den strittigen Sachverhalt gerne mit einem roten »Konfliktblitz«. Die Gegensätze sind damit anerkannt und festgehalten, ohne sie auszudiskutieren. Problematischer ist es, wenn es nur vordergründig um Sachverhalte geht, in Wirklichkeit aber um persönlich-emotionalen Streit, der sich mit dem Inhalt vermischt.

? Einzelne Teilnehmer greifen sich persönlich an. Was mache ich dann?

Persönliche Angriffe zwischen den Teilnehmern auf alle Fälle unterbinden, denn jeder Hammer kommt zurück! Und daran haben weder Sie noch der Großteil der anderen Diskussionsteilnehmer ein Interesse. Oft geht es dabei um länger bestehende Rivalitäten und Verletzungen, also um »alte Leichen im Keller«. Diese können Sie in der Diskussion aber auch nicht so nebenbei mit Anstand beerdigen. Eine allgemein gültige Ideallösung gibt es nicht. Oft versuchen wir, wieder auf die Sachebene zu kommen, und verkneifen uns psychologische Kommentierungen – aber wir denken uns unseren Teil. Bitten Sie um die Wahrung der Form – Gentlemen! Manchmal glättet eine inhaltliche (!) Zusammenfassung der Positionen die Wogen und leitet zum nächsten Thema über.

? Wenn die Diskussion schief läuft, darf ich dann zu anderen Methoden wechseln?
Natürlich. Sie wollen ja nicht um jeden Preis die freie Diskussion im Plenum zelebrieren, sondern ein Ziel erreichen. Nicht umsonst wurden Kartenabfrage, Zurufliste, Expertenbefragung usw. als besser steuerbare Methoden entwickelt. Oft teilen wir dann das Plenum auf und arbeiten in kleinen Untergruppen.

? Würde da auch ein Blitzlicht passen?
Ja. Damit können Sie klären, wie es weitergehen soll. Mehr dazu finden Sie auf Seite 94ff.

? Darf eine Diskussion scheitern?
Sie soll nicht, aber sie darf! Stellen Sie gemeinsam das Scheitern der Diskussion fest und suchen Sie nach Ursachen und Gründen. Nicht immer ist dann alles verloren. Oft sind gescheiterte Diskussionen Basis für einen Neuanfang – mit präzisem Thema, realistischeren Zielen, strafferer Diskussionsleitung oder mit einer anderen Methode.

Mitvisualisieren in der Diskussion

Alle denken, alles sei sonnenklar, aber dann hat doch jeder etwas anderes gehört und verstanden. Mitvisualisieren (Mivi) schafft da Abhilfe – übrigens auch, wenn die Diskussion aus dem Ruder zu laufen droht. Mehrere Formen der Visualisierung eignen sich für Gesprächsrunden: Zurufliste (s. S. 88ff.), und Simultanprotokoll (s. S. 149). Es folgt ein Beispiel zum Mitvisualisieren per Mind-Map (s. S. 97ff.).

Mivi hilft

Beispiel: Mind-Map als »Nebelhilfe«

Neun Personen einer Workshop-Gruppe diskutieren schon fast eine Stunde lang, wie man kurze Videomitschnitte oder Videoszenen in Trainings und Workshops reportageartig verwenden könnte. Irgendwie hat man den roten Faden verloren. Da rafft sich eine Teilnehmerin auf und greift zu Filzstiften. Sie versucht die bisherigen Redebeiträge auf der Pinnwand zu rekonstruieren. Die übrigen Gruppenmitglieder helfen mit beim rückblickenden Sortier- und Ordnungsversuch. Und siehe da, das Durcheinander lässt sich doch zu Themengruppen ordnen (siehe Foto). Jetzt fällt es wieder leichter, neue Gedanken zu entwickeln, die man dann schrittweise ins Mind-Map einfügt.

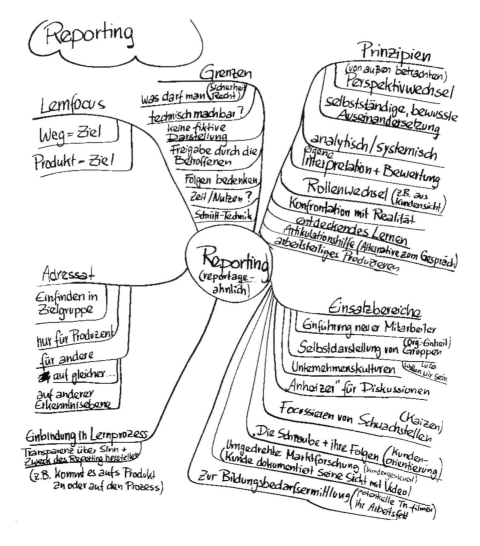

Redezeitbegrenzungen und Signale

Probieren Sie es mit einer Zeitbegrenzung pro Redebeitrag, zum Beispiel maximal ein oder zwei Minuten. Bei größeren Veranstaltungen helfen da Lichtsignale. Beim Ablauf der vereinbarten Redezeit schaltet der Moderator per Fußschalter eine Tischlampe ein: Die »Zeitgrenze« leuchtet für alle sichtbar. Solche Regelungen müssen schon zu Beginn der Diskussion begründet, erklärt und akzeptiert sein – andernfalls gibt es Zunder.

In eine ähnliche Richtung gehen farbige Signalkarten, die jeder Teilnehmer am Platz liegen hat. Die gelbe Karte bedeutet: »Wortmeldung«. Rot signalisiert: »Sofortiger Widerspruch«. Grün bedeutet: »Zustimmung«. Workshop-Teilnehmer, die im Verlauf der Diskussion den Eindruck haben, jetzt sei eine gelbe oder rote Karte fällig, heben diese hoch. Der Moderator fragt nach und klärt, wie es weitergehen soll. Natürlich diskutiert man dann nicht stundenlang, ob man weiterdiskutieren soll.

Ampeldiskussion

Pro-Kontra- und Pro-Pro-Diskussion

Für spezielle Anlässe haben Moderatoren deutlicher strukturierende Diskussionsformen im Werkzeugkoffer. Diese geben Perspektiven und Schemata vor, unter denen diskutiert wird. Oft geschieht das im Vorfeld von Bewertung und Entscheidung (s. S. 105ff.).

Trüffelschweine und Geier in der Pro-Kontra-Diskussion

Beispiel: Weitermachen oder neues Verlagskonzept?

Für einen renommierten Buchverlag stehen Neuerungen ins Haus: Soll man eine neue Sparte beziehungsweise Tochterfirma gründen oder sich im bewährten Bereich konsolidieren? Meinungsbildung und Diskussion dauern schon lange, zu viel spricht dagegen und dafür. Um die Sache auf den Punkt zu bringen, bildet der Moderator zwei gleich große Zufallsgruppen (jede gemischt aus den verschiedenen Abteilungen). Eine Gruppe (die Befürworter, »Schutzengel« oder »Trüffelschweine«) hat den Auftrag, alle Pro-Argumente zu sammeln, die für die Neuerung sprechen. Die andere Gruppe (»die Aasgeier«) sammelt ausschließlich Kontra-Argumente zum neuen Konzept – so viele wie möglich.

Trüffelschwein und Geier

Nach knapp einer Stunde Arbeitszeit schickt jede Gruppe zwei Vertreter auf das Podium (jede Gruppe bringt eine Pinnwand mit ihren wichtigsten Argumenten mit).

Die Leitung der nun folgenden »Pro-Kontra-Podiumsdiskussion« (maximal 30 Minuten) liegt beim Moderator. Damit der Ablauf sonnenklar ist und beide Seiten gleiche Chancen haben, wurde ganz zu Beginn folgendes Ablaufschema auf einer Pinnwand erklärt:

Pro-Kontra-Diskussion

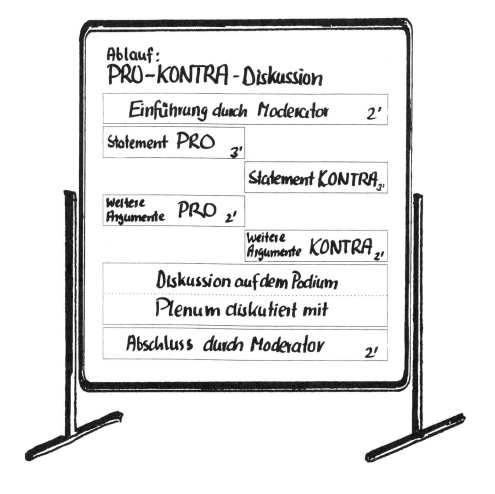

Dieser Ablauf sieht recht formalistisch aus, hat aber Vorteile: Die Argumente für jede Position treten besonders deutlich hervor. Wer die Gruppen durch Zufall bildet oder absichtsvoll Gegner und Befürworter mischt, baut bereits dort Zündstoff ab – das entlastet das Plenum. Die »Aasgeier« handeln im Schutz der Spielregel: »Wir wollen niemandem Böses antun, sondern haben einen speziellen Suchauftrag.« Das vermeidet zusätzliche Frontenbildung. Schließlich sollen die Teilnehmer auch später noch zusammenarbeiten.

Damit sich die Gruppen schnell in ihre Rollen einfinden, geben wir ihnen Kärtchen mit ihrer Aufgabenstellung mit. Je nach Arbeitsatmosphäre steht dann entweder »Pro«, »Schutzengel« oder »Trüffelschwein« drauf beziehungsweise »Kontra«, »Geier« oder »Aasgeier«. Bei großer Teilnehmerzahl bilden wir jeweils zwei Pro- und Kontra-Gruppen. Jede von ihnen schickt dann einen Vertreter auf das Podium.

Pro-Kontra ist nicht neu. Die katholische Kirche praktiziert dies schon lange: Heiligsprechungen werden in Rom vor einem speziellen Kirchengericht verhandelt. Der Advocatus Diaboli trägt dort (als Vertreter des Teufels) alle Negativpunkte aus dem Leben der potenziellen Heiligen vor und alle sonstigen Argumente gegen eine Heiligsprechung. Der Advocatus Dei sammelt die Pluspunkte und hält sein Plädoyer.

Pro-Pro-Diskussion als konstruktive Variante

Pro-Pro oft besser

»Pro« und »Kontra« wiederholt bei manchen Themen nur Argumente mit umgedrehten Vorzeichen und die Kontras hinterlassen leicht emotionale Wunden. Bei der Pro-Pro-Diskussion ist das anders: Die erste Gruppe sammelt alle Argumente »pro« Lösungsidee A. Die zweite trägt alles zusammen, was »pro« Lösungsidee B spricht. Eine dritte Gruppe sammelt alle Argumente »pro« Lösung C. Damit stehen mehrere Lösungswege vergleichend zur Diskussion und man konzentriert sich jeweils auf die konstruktiven Pro-Aspekte – statt sich bei Kontras festzubeißen (s. S. 119).

Beispiel: Vereinheitlichung in der Dokumentation

Die Dokumentationsabteilungen zweier bisher weitgehend eigenständiger Tochterunternehmen werden zusammengefasst. Das macht nicht nur emotionale Probleme: Im Lauf der Jahre haben sich in beiden Unternehmen unterschiedliche Lösungswege entwickelt. Der erste gemeinsame Workshop soll die Vereinheitlichung vorantreiben. Die wichtigsten Unterschiede kommen jeweils einzeln aufs Tablett: Lassen sie sich zusammenführen? Wenn nein, welche Lösung wird gemeinsamer Standard? Das läuft auf den Vergleich bestehender Verfahren hinaus: Wo liegen jeweils ihre Stärken, Schwächen und Entwicklungspotenziale? Damit sich in der angespannten Situation nicht noch mehr Gräben vertiefen, kommen alle Unterschiede per Pro-Pro-Diskussion auf den Prüfstand. Kleine Vierergruppen – jeweils zwei Personen aus einem Unternehmen – sammeln jeweils alle Pros zu einer Lösung.

Diskussion mit »neuer Identität«

Mit anderen Augen sehen!

Bei fest eingefahrenen Meinungen wiederholen Gespräche oft nur Altbekanntes. Da führt man die Diskussionen besser mit »neuer Identität«, zum Beispiel aus der Position eines Kunden, eines Auszubildenden oder aus dem Blickwinkel der Gegenposition. Das braucht Einstimmung, denn ganz so schnell schlüpft niemand aus seiner Haut. Wir unterstützen den Rollenwechsel durch große, verschiedenfarbige Clownbrillen oder andere typische Requisiten und sprechen dann vom »Brillensehen«.

Beispiel: Neue Auftragsabwicklung in der Messtechnik?

Die Abteilung für Messtechnik ertrinkt in kurzfristigen Aufträgen aus den Bereichen Forschung, Entwicklung und Fertigung. So soll es nicht weitergehen. Im Workshop entwickelt man Lösungen, unter anderem die Einschränkung des firmeninternen Services und begrenzte Sprechzeiten am Telefon. Bevor man diese Ideen weiter ausarbeitet, will man sie testweise auf Herz und Nieren prüfen. Drei Mitarbeiter bekommen die »große gelbe Brille« des Leiters von »Forschung und Entwicklung« überreicht und schlüpfen kurzfristig in seine Rolle. Zwei andere Mitarbeiter bekommen die »große rote Brille« des gemeinsamen Vorgesetzten in die Hand gedrückt. Und die restlichen Teilnehmer des Workshops verwandeln sich in typische Kunden. In einer halben Stunde sammeln sie alle nur denkbaren Einwände und Kritiken – aus dem jeweiligen Brillenblickwinkel. Der Leiter der Messtechnik – der die angedachten Lösungen später auch vertreten muss – hat in dieser Zeit Gelegenheit, sich gemeinsam mit zwei Gruppenleitern auf die Abwehr vorzubereiten.

Dann wird es ernst: Die »Brillenträger« schießen aus allen Rohren. Der Leiter und seine Gruppenleiter versuchen abzuwehren. Gut, wo es ihnen überzeugend gelingt. Bei manchen Argumenten sind sie noch »schwach auf der Brust«. Für diese schwachen Antworten sucht anschließend das ganze Plenum nach schlagkräftigeren Gegenargumenten. Falls das nicht gelingt, muss die ursprüngliche Lösungsidee variiert werden.

Ihr Workshop-Thema durch die Brille:

- eines Hausmeisters,
- einer jungen Mitarbeiterin mit Kind,
- Ihres schärfsten Mitbewerbers,
- eines Pensionisten,
- des Controllers,
- des Kunden.

Schweigender Austausch: »Schriftliche Diskussion«

Diskussionen sind nicht immer ein Gewinn. Unkalkulierbare Zeitfresser werden sie zum Beispiel, wenn die Basisinformation noch nicht vollständig beim Plenum angekommen ist und redefreudige Teilnehmer trotzdem schon jedes Detail diskutieren. Nochmals zur Erläuterung das Beispiel »Geführte Mini-Postersession« (s. S. 43f.), diesmal mit einer methodischen Erweiterung:

Beispiel: Vier Planungsalternativen stehen zur Wahl

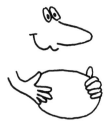

Vier konkurrierende Planungsentwürfe stehen zur Wahl. Zu jedem gibt es eine kurze Präsentation plus Poster. Damit sich der Workshop nicht gleich beim ersten Plakat festbeißt – und dann bei den anderen Entwürfen der Dampf raus ist –, einigt man sich auf eine ausführliche Diskussion erst nach Abschluss aller vier Inputs. Was ist aber zu tun, wenn einem Zuhörer zwischendurch ein äußerst interessanter Diskussionsbeitrag durch den Kopf schießt: das Diskussionsverbot brechen? Sich die Zunge abbeißen? Den Gedanken dauernd im Kopf wälzen und dann doch vergessen?

Das kann nicht gut gehen. Darum greift die Moderatorin in die Methodenkiste: »Schriftliche Diskussion«. Alle Diskussionsbeiträge oder Anmerkungen bleiben (fürs Erste) unausgesprochen. Stattdessen notiert sie jeder »Diskutant« mit Filzstift lesbar auf ovale Moderationskarten. Am Ende der ersten Präsentation ist Gelegenheit für Verständnisfragen. Dann nadeln die Schreiber ihre ovalen »Eierkarten« an die passenden Stellen der Pinnwand. Es folgt die zweite Präsentation – ebenfalls mit Diskussionsbeiträgen auf Karten. Beim dritten Planungsentwurf die gleiche Prozedur. Erst nach der vierten Präsentation »taut« man die »tiefgefrorenen Redebeiträge« auf allen vier Pinnwänden auf: Welche muss man jetzt noch im Plenum diskutieren? Aus der Gesamtschau ist nur noch ein Teil der angehefteten Karten wirklich »heiß«. Die anderen haben sich zwischenzeitlich erledigt oder als Randthemen entpuppt.

Das Verfahren mit dem vorerst »schweigenden Austausch« auf Karten aktiviert die Zuhörer von Kurzreferaten (da muss zumindest die Gliederung auf der Pinnwand stehen). Noch idealer ergänzt es aber Postersessions: Die Diskussion verheddert sich nicht schon frühzeitig an einem zufälligen Aspekt. Alle Argumente und Gegenargumente werden optisch sichtbar und hängen schon an der richtigen Stelle. Schriftliches Diskutieren stoppt Vielredner und reduziert Wiederholungen. Und last but not least: Konflikte verlieren an Schärfe, denn »Kärtchenduelle« verletzen weniger schwer.

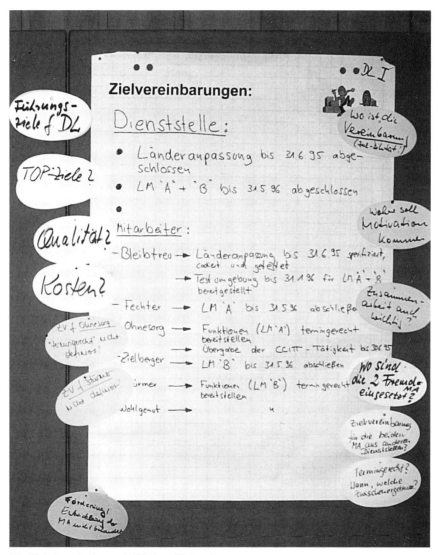

Ein Plakat nach der »schriftlichen Diskussion«

»Schriftliche Diskussion«: die Ablaufschritte

Schritt 1: Die »Autoren« bereiten ihre Inputs vor
Vor dem Workshop zum Beispiel Pinnwände für eine Postersession oder Kurzreferate, im Workshop sind das oft die Ergebnisse von Gruppenarbeit. Auf dem Plakat muss Platz für die schriftlichen Anmerkungen sein.

Schritt 2: Der Moderator erklärt Vorgehensweise und Funktion
Regeln: Zuerst alles anhören, erst am Schluss diskutieren. Damit bis dahin nichts an Ideen, Anmerkungen und Beiträgen verloren geht, kommt alles »zu Protokoll« auf Karten (jeweils auf eine Karte).

Schritt 3: Nun gibt es den Input
Manche Teilnehmer notieren bereits jetzt ihre Anmerkungen mit Filzstift auf ovalen Karten oder Haftnotiz-Klebezetteln (tesa®-Notes 10 – 15 cm).

Schritt 4: Fragen klären
Reine Sachverhalts- oder Verständnisfragen zum Input werden gleich vorgebracht und kurz beantwortet.

Schritt 5: Alles, was darüber hinausgeht, kommt auf Karten
In manchen Workshops bitten wir die Teilnehmer, ihre Karten jeweils mit Namenskürzel zu versehen. Ein Teil der Diskussion kann dann außerhalb des Plenums unter vier Augen erfolgen.

Schritt 6: »Eierlegen«
Die Teilnehmer nadeln ihre ovalen Karten oder Klebezettel möglichst nahe an die thematisch passende Stelle der Pinnwand (= »Eierlegen«).

Schritt 7: Der nächste Input folgt
Die Prozedur mit den Karten wiederholt sich.

Schritt 8: »Heiße Karten« bestimmen
Nach dem letzten Durchgang kommt die entscheidende Frage: Welche der Karten sind jetzt noch »heiß« und stehen zur Diskussion an? Diese Karten werden nun markiert.

Schritt 9: Diskussion der verbleibenden Beiträge
Diese ausgewählten Karten mit aktuellem Diskussionsbedarf diskutiert man nun ausführlich im Plenum.

»Schriftliche Diskussion«: Häufige Fragen – unsere Antworten

? **Wollen nicht alle Workshop-Teilnehmer am Schluss »ihre« Karten diskutieren – dann wäre nichts gewonnen?**
Schon möglich, aber wir haben andere Erfahrungen. Üblicherweise klären sich viele Beiträge durch die folgenden Inputs oder sie erweisen sich rückblickend als Randthemen.

? **Erhöht das Annadeln der Karten auf den jeweiligen Plakaten nicht die Konkurrenzsituation?**
Ja, möglicherweise. Wenn Sie die Rivalität zwischen Alternativvorschlägen bewusst niedrig halten wollen, dann lassen Sie alle Karten auf einer neutralen Extra-Pinnwand annadeln. Dort stehen dann alle Diskussionsthemen gebündelt – ohne direkt ersichtlichen Bezug zum jeweiligen Plakat.

? **Wie bekommt man heraus, welche Beiträge am Schluss noch »heiß« und diskussionsbedürftig sind?**
Wir bitten die Teilnehmer – über alle Plakate hinweg –, nur noch die Karten auszuwählen, die »jetzt unbedingt diskutiert werden müssen«. Wenn es wenig formalisiert zugeht, dann dreht jeder die Karten mit Diskussionsbedarf senkrecht. Die Alternative: Wir verteilen Klebepunkte. Karten erster Priorität bekommen einen ganzen Punkt. Auf wichtige Karten zweiter Priorität kommt ein halber Punkt. Der Großteil der übrigen Karten geht leer aus. Die Diskussion startet mit den meistgepunkteten Karten.

? **Geht es auch ohne Kärtchen?**
Ja. Manchmal nehmen wir große Haftnotizzettel. Oder wir lassen direkt auf die Plakate schreiben, das gibt ein »kommentiertes Kritzelplakat« beziehungsweise eine »Wandzeitung«. Aber Vorsicht: Manche Plakatautoren reagieren empfindlich, wenn andere auf ihrem Poster herumkritzeln.

? Das mit den Kärtchen ist ja ganz nett. Gibt es aber nicht ein Durcheinander, wenn schon auf dem Input-Plakat Kärtchen waren?

Auf einen Blick muss sichtbar sein, was ursprüngliches Plakat und was schriftliche Ergänzung ist. Wenn schon rechteckige Karten auf dem Poster waren, dann nimmt man ovale für die schriftliche Diskussion oder schneidet rechteckigen zur Unterscheidung ein »Ohr« ab.

Ulrich Lipp

Kapitel 5: Kartenabfrage

Meistens ist in Gruppen mehr Know-how und ein umfassenderer Ideenschatz vorhanden, als man zunächst annimmt. Das Problem ist eigentlich nur: Wie »kitzle« ich das aus den Teilnehmern heraus? Dafür holen wir in unserer Arbeit immer wieder die Kartenabfrage aus der Werkzeugkiste.

Kartenabfrage im Standardeinsatz

Die Kartenabfrage ermöglicht allen Teilnehmern gleichzeitig eine schriftliche Form der Äußerung in einer Gruppe. Alle kommen zu Wort. Keine Beiträge gehen verloren. Rhetorisch geschickte Teilnehmer und Vielredner dominieren sehr viel weniger als sonst.

Die Kartenabfrage eignet sich zum Sammeln zum Beispiel von Informationen oder möglichen Erklärungen (»Welche Ursachen hat die Fluktuation im Vertrieb?«), von Problemlösungen (»Wie verringern wir die Fluktuation im Vertrieb?«), von kreativen Ideen (»Wie gestalten wir unsere Pressekampagne?«). Kartenabfragen sind allerdings nur dann sinnvoll, wenn die Anwesenden etwas »zu sagen« haben (zum Beispiel eigene Erfahrungen, Meinungen, Fragen, Wünsche, Befürchtungen, Vermutungen) und wenn mit diesen Beiträgen weitergearbeitet wird.

Das Schreiben und Sammeln der Karten

- Der Moderator erläutert inhaltlich das Zustandekommen der Fragestellung und vergewissert sich, dass die Frage von allen akzeptiert und verstanden wird.
- *Musterkarte* Er erklärt die Regeln: gut lesbare, große Schrift, pro Idee nur eine Karte verwenden. Wir erleben immer wieder: Eine Musterkarte wirkt hier Wunder.
- Die Teilnehmer schreiben ihre Beiträge auf die Karten und heften sie dann ungeordnet an die Pinnwand.
- Wenn alle Karten an der Pinnwand hängen, bittet der Moderator die Teilnehmer zu einer »Stehparty« im Halbkreis um die Pinnwand. Er fordert auf, alle Karten zu lesen und bei unklaren oder zu stark verkürzten Ideen beim Autor nachzufragen. Das sind die sogenannten »Loreley-Karten«, benannt nach dem Lied der Loreley: »Ich weiß nicht, was soll es bedeuten ...«.

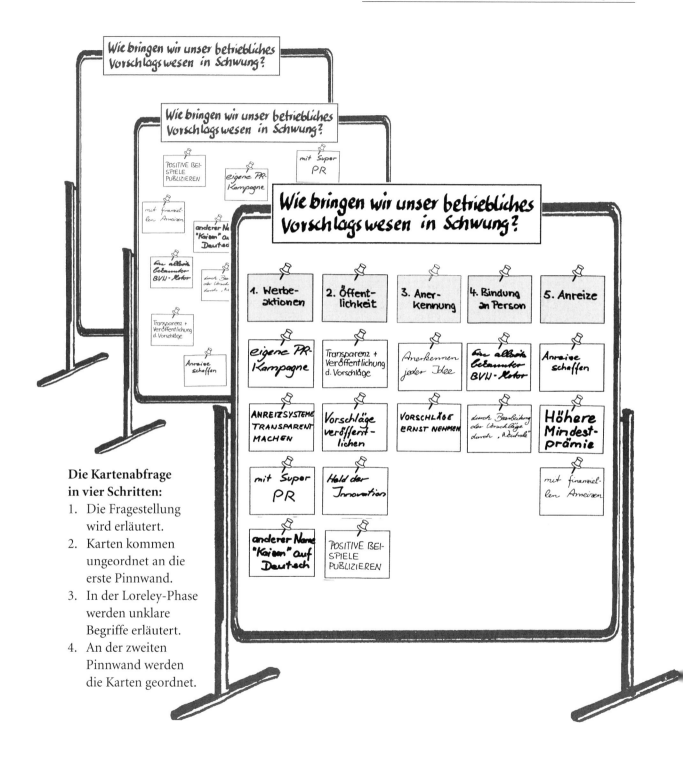

Die Kartenabfrage in vier Schritten:
1. Die Fragestellung wird erläutert.
2. Karten kommen ungeordnet an die erste Pinnwand.
3. In der Loreley-Phase werden unklare Begriffe erläutert.
4. An der zweiten Pinnwand werden die Karten geordnet.

Das Ordnen der Karten

- Der Moderator nimmt eine beliebige Karte von der Sammel-Pinnwand und heftet sie an die zweite, noch leere Ordnungs-Pinnwand. Dann nimmt er die nächste Karte von der Sammelwand und fragt, ob diese thematisch zur ersten Karte gehört oder zu einer neuen Gruppe. So geht das Karte für Karte weiter. Zur leichteren Verständigung stehen über den Gruppen von Karten (auch Säulen, Wolken oder Cluster genannt) Ziffern.

- Für den Moderator gelten dabei folgende Regeln:
  - Die Teilnehmer und nicht der Moderator schlagen vor, wohin die Karten gehören.
  - Im Zweifelsfall entscheidet der Autor der Karte.
  - Mehrere Karten mit der gleichen Aussage hängt man sichtbar untereinander, denn die Häufigkeit der Nennung sagt auch etwas aus.
  - Generell gilt: Keine Karte wegwerfen! Auch »witzige« und doppelte Karten bleiben an der Pinnwand.

- Sind alle Karten eingeordnet, dann werden die einzelnen Säulen gemeinsam mit Überschriften versehen.

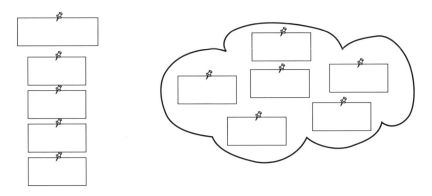

Kartenabfrage-Variationen

- Bei vielen Fragestellungen hat sich bewährt, dass die Workshop-Teilnehmer die Karten nicht allein, sondern zu zweit oder zu dritt schreiben. Das reduziert Wiederholungen und einer Kleingruppe fällt im Gespräch auch mehr ein.
- Der Moderator gibt einige Kategorien (Cluster-Überschriften) an der Sammel-Pinnwand vor und jeder Teilnehmer hängt seine Karten nur noch in die entsprechenden Spalten. Wenn neben den vorgegebenen Überschriften mehrere, noch leere Überschriftenstreifen hängen, wird die Kreativität weniger eingeengt.
  Auf der Pinnwand können ruhig auch schon einzelne Karten hängen: »Das ist uns eingefallen, was fällt Ihnen ein?« Gerade für Workshop-Teilnehmer, die aus der Produktion kommen, ist das auch eine willkommene Hilfestellung.
- Gelegentlich sammelt auch der Moderator (oder ein Helfer) die Karten selbst ein, zeigt jede Karte und heftet sie dann schon geordnet (mit der Gruppe!) an die Pinnwand.
- Erfahrene Teilnehmer nehmen das Ordnen gern selbst in die Hand. Der Moderator ermuntert dazu möglicherweise: »Sehen Sie Karten, die thematisch zusammengehören?« Wichtig ist hierbei, am Ende Einverständnis über die entstandene Ordnung einzuholen. Zwischendurch empfiehlt sich, eventuell vorpreschende »Dominierer« zu bremsen.

Kartenabfrage-Tipps

- Entscheidend ist die Fragestellung, die erstbeste ist selten auch wirklich die beste. Wir »prüfen« Fragestellungen oft schon im Vorfeld an unbeteiligten Testpersonen. Die Frage muss immer visualisiert sein.
- Die Pinnwand wird grundsätzlich mit Pinnwandpapier bespannt. So können wir zum Beispiel gleiche Karten mit Stift einkreisen oder die Karten zur Dokumentation und Archivierung ankleben. Wenn man Karten und Filzstifte schon vorher austeilt, gibt es weniger Ablenkung vom Inhalt.
- Eine »Musterkarte« für die Schriftgröße und den Umfang der Beiträge annadeln (auf der Karte steht nichts, was die Abfrage inhaltlich beeinflussen könnte). Unser Standardtext: »Pro Karte bitte nur eine Idee!«
- Die Überschriften schreiben wir, auch wenn sich Bezeichnungen schon während des Ordnens herauskristallisieren, immer erst nach dem Ordnen auf. Günstig ist das auf andersfarbigen oder andersformatigen Karten direkt über die Cluster.

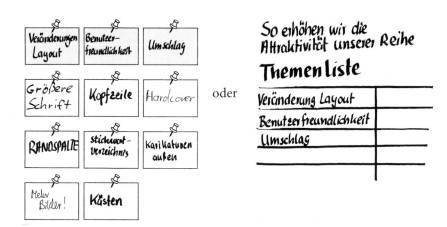

- Manchmal erleichtert eine Themenliste, die nur die gefundenen Überschriften enthält, die Übersicht.
- Wir verwenden meist größere als die Standardmoderationskarten (DIN A5 oder DIN A4, längs geteilt).

- Beim Sortieren ist es sinnvoll, sich die »schweren Fälle« für den Schluss aufzuheben, weil dann die Ordnungsstruktur deutlicher erkennbar ist.
- Für die Nadeln sind Schneidernadelkissen praktisch oder die Nadeln stecken bereits oben in der Pinnwand.
- Mehr als 40 Karten auf der Pinnwand sind schwer zu verarbeiten, denn das Ordnen dauert zu lange! Wie reduziert man die Kartenmenge? Mehrere Leute schreiben gemeinsam ohne zahlenmäßige Beschränkung Karten und wählen dann für die Pinnwand die besonders interessanten aus. Jede Karte sofort annadeln (lassen), das vermeidet Wiederholungen.
- In manchen Unternehmen zucken die Leute verschreckt zusammen, sobald mit Karten gearbeitet wird. Mit dieser ausgeprägten Kartenallergie muss man immer häufiger rechnen. Weil die Workshop-Inhalte wichtiger sind als die Anwendung der Kärtchenmethoden, greifen wir bei einer ausgeprägten Kartenabneigung auf andere, oft gleichwertige Techniken wie Mind-Mapping oder Zuruflisten zurück.

Achtung Kartenallergie!

Das Wichtigste nach 20 Jahren Kartenabfrage

- **Tödlich:** Kartenabfragen, mit denen nicht weiter gearbeitet wird, sind tödlich für den Workshop selbst und tödlich für die Methode, weil Teilnehmer solche Kartenabfragen um der Kartenabfrage willen zu Recht ablehnen.
- **Formate:** Unsere Kartenformate werden immer größer. Unser Standardformat ist DIN A5 und manchmal auch DIN A4. Gerade wenn es um neue Ideen geht, reichen Schlagworte nicht aus, manchmal ist ein Halbsatz oder eine Zeichnung hilfreich, um eine Idee zu veranschaulichen.
- **Askese:** Es muss nicht immer Kartenabfrage sein. Mind-Mapping, Zuruflisten oder das Blitzlicht sind andere Sammeltechniken (vgl. Kapitel 6), die sich für eine schnelle Abfragerunde oft besser eignen.
- **Digitalresistenz:** Es gab viele Versuche, Kartenabfragen zu digitalisieren. Zufriedenstellend war bisher keine, weil das technisch immer viel zu kompliziert war und eine Projektionsfläche dafür zu wenig ist. Einige Software-Ingenieure sitzen aber weiter dran.
- **Rosinenpicken:** Wir ordnen in Workshops die Karten selten. Clustern ist ein Zeitfresser und weitergearbeitet wird oft nur an einzelnen Karten. Wir suchen sie nach der Loreley-Phase (Klärung unklarer Karten) mit der Frage: »Welche Ideen auf den Karten habe es verdient, dass wir an ihnen, als den Rosinen, weiterarbeiten?« Die Rosinen ergeben sich aus einer kurzen Diskussion und werden auf eine separate Pinnwand gehängt. Rosinenpicken funktioniert auch mit Klebepunkten (s. S. 247f.).
Wichtig ist, dass allen klar wird, dass an den Karten ohne »Rosinenstatus« nicht weitergearbeitet wird. Sie tauchen nur in der Dokumentation auf.

»Text-plus-Bild-Kartenabfrage« von erfahrenen Moderatoren

Für die Kartenabfrage gilt noch mehr als für andere Methoden: Kreativer Einsatz ist gefragt. Ein 08/15-Standardablauf führt nicht selten zu Langeweile. Gleichzeitig muss aber der Eindruck der »Methodenspielerei« auf alle Fälle vermieden werden.

Moderation – Modeerscheinung oder Handwerk?

Die Moderationsmethode gerät teilweise in Verruf. Woran liegt das?

- Da geht es der Moderationsmethode so wie vielen anderen Neuentwicklungen, die begeisterten Zuspruch finden: Es wurde übertrieben, *zu viel moderiert* und versucht, *alle* Probleme mit Pinnwand und Karten anzugehen. Die Kartenabfrage ist eigentlich ein viel zu gutes Instrument, um in jeder Routinebesprechung beansprucht und damit verschlissen zu werden.
- *Die vordergründig einfache Handhabung* ist nicht ungefährlich. Einmal gesehen, glaubt jeder: »Das kann ich auch«, und findet sich dann wieder mit viel zu vielen klein geschriebenen, zu allgemein gehaltenen Karten und bemüht sich vergebens, die schon zehnminütige Diskussion, wohin die Karte zugeordnet werden kann, abzuwürgen.
- Einen dritten Grund sehen wir in der eher *»orthodoxen« Einstellung* vieler Moderationstrainer. Im gut gemeinten Bemühen, den oben angesprochenen Pinnwand-Pfusch kurz zu halten, bekommen Kategorien wie richtig und falsch viel zu viel Gewicht. Allzu starre Regeln hemmen nur die Weiterentwicklung der Methode, sie verkalkt und stirbt.

Wie können wir das verhindern?

- Die Moderation ist *nur eine neben anderen Methoden*. Der Workshop-Moderator muss in seinem Koffer auch anderes Werkzeug haben, je mehr, umso besser. Es gibt nämlich eine ganze Reihe von Problemen, die mit Karten, Klebepunkten und Pinnwänden nicht zu lösen sind.
- Wichtig ist, auf *sauberes handwerkliches Arbeiten* zu achten, damit man alle Karten lesen kann, dass das Zuordnen zügig abläuft, dass die Teilnehmer immer wissen, was sie tun sollen, und vor allem, warum.
- Wir ermuntern zum *spielerischen Umgang mit den Moderationstechniken*. Das saubere handwerkliche Arbeiten sehen wir dafür nicht als Hindernis, sondern als Voraussetzung. Wichtig sind nur drei Grundprinzipien: breit angelegte Aktivität, konsequente Visualisierung und die Unterordnung der Methode unter die Inhalte des Workshops.

Kartenabfrage: Häufige Fragen – unsere Antworten

? Die Teilnehmer haben trotz Aufforderung und Musterkarte so klein geschrieben, dass einige Karten von den Plätzen aus nicht zu lesen sind. Reicht es, wenn ich die Karten vorlese?

Nein, das ist zu wenig, weil sich kaum jemand die Inhalte merken wird. Veranstalten Sie eine »Stehparty ohne Sekt« rund um die Pinnwand, dann kann jeder alle Karten lesen. Wir machen das manchmal sogar bei gut lesbaren Karten, um die Leute aus den Stühlen zu bringen und auch um Hilfe beim Ordnen zu haben.

? Soll ich für die Kartenabfrage nur eine Kartenfarbe verwenden?

Das muss nicht sein. Sie können ganz bunt gemischte Karten verwenden. Nur wenn sich zum Beispiel drei grüne unter ansonsten nur weiße Karten gemogelt haben, stört das, weil Sie immer wieder die Frage hören werden, was die andere Farbe zu bedeuten hat. Sie können den Farben aber ebenso gut eine Bedeutung geben. Beispielsweise gelb für Beiträge aus der einen Abteilung, grün für die aus der anderen. Machen Sie das aber bitte immer für die Teilnehmer durchsichtig!

? Mich stört, dass ich mit der Kartenabfrage sehr viele Punkte sammle, von denen in der Regel nur ein Teil weiterbearbeitet wird. Kann ich das vermeiden?

Nein, vermutlich nicht. Es gehört zum System dieser Technik, zuerst Ideen in der Breite zu suchen und dann nur die wichtigsten, Erfolg versprechendsten usw. weiterzuverfolgen. Das stört uns genauso, ist aber, wenn Sie so wollen, ein Systemfehler.

? Ich mag das Kartenschreiben in meinen Zukunftswerkstätten nicht so gerne, weil da jeder isoliert vor sich hin schreibt und denkt. Da ist keine Kooperation. Was soll ich tun?

Dem ist leicht abzuhelfen, wenn man die Karten nicht alleine schreiben lässt, sondern zu zweit oder zu dritt. Das ist nicht nur kooperativer, unserer Erfahrung nach steigert es auch die Qualität der Beiträge und die Wiederholungen werden weniger.

? Wie kann ich beim Ordnen der Karten vermeiden, dass Teilnehmer zu lange diskutieren, ob eine Karte zur einen oder anderen Säule gehört?
Da gibt es verschiedene Möglichkeiten: Erstens können Sie den Autor fragen, der schließlich entscheidet. Sie können die Karte auch vom Autor verdoppeln lassen und sie zwei Clustern zuordnen, was vom Inhalt her manchmal durchaus angebracht ist. Oft reicht ein Hinweis auf den Sinn des Ordnens: Es müssen keine ganz sauber zu trennenden Kartengruppen entstehen, sondern in etwa zusammengehörige Karten werden zusammengehängt, um das Weiterarbeiten an ihnen zu erleichtern.

? Wo ist rein zahlenmäßig die Obergrenze, um Kartenabfragen einzusetzen?
Wir haben schon mit 40 Leuten gearbeitet. Da schreiben dann vier Leute zusammen Karten und nadeln die nach ihrer Meinung wichtigsten an. Das ist zwar nicht optimal, aber es ist machbar. Die größeren Probleme entstehen, wenn nach dem Vertiefen in Kleingruppen deren Ergebnisse präsentiert werden. Viel besser sind Teilnehmerzahlen zwischen acht und 20. Bei ganz kleinen Gruppen ist keine so streng formalisierte Vorgehensweise nötig. Da gibt es Besseres, zum Beispiel ein gemeinsames Mind-Map.

Wie viele Teilnehmer?

? Was ich zu sagen habe, kann ich doch nicht auf ein paar Schlagworte und eine Karte reduzieren?

Rhetorisch versierte Teilnehmer, die gewöhnt sind, wegen ihrer Kompetenz in Besprechungen größere Redeanteile zu haben, werden dieses Problem immer haben und sich so eher gegängelt fühlen. Für das Steigenlassen von Versuchsballons, für das Ausloten von Spielräumen, für den Schlagabtausch beispielsweise zwischen Umweltschützern und Politikern ist so eine Technik ohnehin untauglich.

? Ich möchte eine Kartenabfrage machen und habe keine Pinnwand. Was tun?

Reisen Sie grundsätzlich nur mit mindestens drei Pinnwänden, wohin Sie auch fahren. Aber Spaß beiseite, auch wir kamen schon in diese Misere. Eine glatte Fläche findet sich überall (Wände, Fenster, zur Not ein senkrecht gestellter Tisch). Darauf halten normale Karten auch mit Klebepunkten oder Kreppband.

Im Fachhandel (Neuland) gibt es auch selbstklebende Moderationskarten in allen Variationen. In England und Südafrika benutzen die Moderatoren in Ermangelung von Pinnwänden »Blue Tack« (Blue wegen der blauen Farbe. Das gibt es aber auch in Weiß). Das ist eine ungiftige, dauerelastische Knet- und Klebemasse, die rückstandslos von den Wänden entfernt werden kann. Geübte Kollegen befestigen mit kleinen Kügelchen Karten schneller an jeder Fläche als wir mit Nadeln an der Pinnwand.

? Wenn ich an meine Leute denke, da gibt es zwei, die schreiben mir garantiert keine Karte. Soll ich die Kartenabfrage dann nicht lieber gleich sausen lassen?

Muss nicht sein. Oft ist es nur die Angst vor möglichen Methodenverweigerern, die einen zaudern lässt. Und wenn einer wirklich nicht will, versuchen Sie nicht, ihn mühsam zu überreden. Lassen Sie ihn einfach zuschauen. Wenn es gut läuft und er nicht fürchten muss, sein Gesicht zu verlieren, wird er beim nächsten Mal mitmachen.

Ulrich Lipp

Kapitel 6:
Zuruflisten, Blitzlicht,
Mind-Mapping

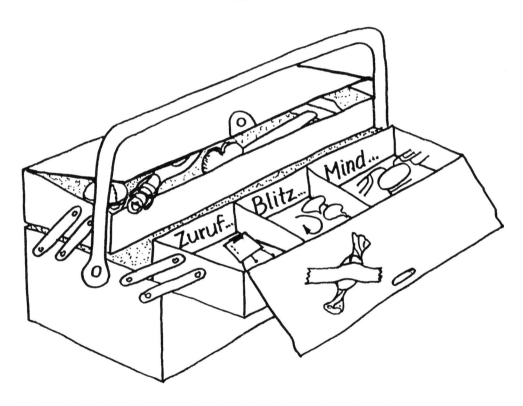

Es gibt neben der Kartenabfrage auch andere in Workshops bewährte Sammeltechniken: Zuruflisten, das Blitzlicht und Mind-Mapping. Natürlich taugt nicht jede Technik gleichermaßen für jede Fragestellung, aber darin besteht eben die »handwerkliche Geschicklichkeit« eines Moderators, aus dem Werkzeugkasten die passende Technik auszuwählen.

Zuruflisten

Die einfachste, unspektakulärste und deshalb bei jedem Teilnehmerkreis einsetzbare Sammeltechnik sind Zuruflisten. Die Ideen von Teilnehmern zu einer Fragestellung werden dabei einem Schreiber zugerufen, der sie sichtbar notiert.

Wichtig: Ideen nicht werten und nicht kommentieren und keine Diskussion in der Sammelphase!

Zuruflisten im Standardeinsatz

- Der Leiter der Runde (Moderator) gibt eine kurze Einführung ins Thema und notiert auf Flipchart oder Pinnwand die Fragestellung.
- Er bittet einen oder zwei Teilnehmer, beim Anschreiben zu helfen.
- Der Moderator erklärt die wichtigsten Spielregeln:
  - Diskussion und Rückfragen erst im Anschluss ans Sammeln!
  - Zurufe ohne Wortmeldungsrituale bunt durcheinander!
- Nach einer Pause zum Nachdenken gibt der Moderator den Startschuss. Die Schreiber notieren die Zurufe der Teilnehmer sichtbar auf Pinnwand oder Flipchart. Der Moderator achtet darauf, dass kein Zuruf verloren geht.
- Wenn wirklich nichts mehr kommt, schließt der Moderator das Sammeln ab. Noch vor dem Weiterarbeiten werden inhaltlich unklare Zurufe geklärt.

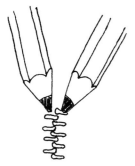

Zwei Schreiber im Reißverschlusssystem

Wenn der Moderator selbst schreibt, geht es langsam, und die Gefahr, dass Beiträge verloren gehen, ist groß. Ein schreibender Helfer aus dem Teilnehmerkreis erleichtert das Verfahren wesentlich. Ideal bei einer größeren Runde und vielen Zurufen sind zwei Schreiber (plus Moderator), die im »Reißverschlussverfahren« arbeiten: Schreiber A notiert den ersten Beitrag, Schreiber B den zweiten. Den dritten Zuruf schreibt wieder A usw.

Bei speziellen Anwendungen (schriftliches Argumentieren, Kapitel 7) und in heiklen Situationen schreiben wir als Moderatoren auch schon mal selbst.

Zurufliste mit Laptop und Beamer

Wir machen auch Zuruflisten mit Laptop und Beamer. Das geht am besten in Word, Querformat, zweispaltig oder Tabelle und Arial mit Schriftgröße minimal 20 Punkt. Für die Dokumentation ist eine so entstehende Zurufliste natürlich ideal. Der Vorteil der guten Lesbarkeit ist offensichtlich und auch die Schreibgeschwindigkeit passt, wenn nicht gerade jemand mit Zwei-Finger-Adler-Such-System arbeitet. Der Moderator sollte dabei nicht selbst schreiben. In unserer Praxis fielen allerdings zwei Probleme auf:

- Die Kapazität ist auf rund 25 Zurufe beschränkt, dann ist eine Seite voll und eine zweite Seite beginnen bedeutet, dass alle Ideen von Seite 1 nicht mehr zu sehen sind.
- Schwierig wird die Weiterarbeit. Punkten geht mit Kreuzen, die in Blitzlichtform abgerufen und hinter das Wort gemacht werden. Das ist aber sehr umständlich.

So ganz zufrieden sind wir also mit dieser Lösung nicht, aber vielleicht liegt das auch an einer gewissen nostalgischen Anhänglichkeit an Papier und Flipchart.

Hier ein Beispiel einer Zurufliste mit Laptop und Beamer:

Was sollte ein Elite-Software-Ingenieur können?

- Interpersonal Skills	10x	- Abstrahieren	7x
- C programmieren		- Schnelles Einarbeiten in neue Gebiete	10x
- Dokumentieren, Spezifizieren		- Code smells erkennen	
- Verschiedene Entwicklungsparadigmen beherrschen		- Anforderungen ermitteln	
- Projekterfahrung	2x	- Ein Spezialgebiet	2x
- Entwurfsmuster erkennen und anwenden		- Software-Architektur (Dekomposition)	1x
- Selbst fortbilden		- Überblick über aktuelle Technologien	2x
- Selbstbewusstsein	1x		
- Gruppenführung	1x	- Zielstrebigkeit	3x
- Überstunden machen können		- Komplexe Konzepte durchdenken können	2x
- Datenanforderungen / -analysen		- Technisches Verständnis	2x
- Konfliktlösung		- In Konzepten denken	1x
- Sich in fremde Gebiete einarbeiten können		- Ethisches Verhalten	2x
		- Fehler zugeben können	1x

Zuruflisten in Variationen

- **Zweiteilige Zurufliste**

Pro-Kontra Diese Zurufliste hat Unterkategorien. Die Beiträge der Teilnehmer kommen jeweils in die entsprechende Spalte. Pro-Kontra- oder Plus-Minus-Listen sind dafür Beispiele. Die Schreiber protokollieren nicht im Reißverschlussverfahren, sondern einer übernimmt die »Plus-Beiträge«, der andere die »Minus-Zurufe«.

- **Zuruflisten auf Karten an der Pinnwand**
  Als Schreibfläche dient hier eine mit (etwas größeren) leeren Karten bestückte Pinnwand. Nach dem Schreiben können die Karten wie bei der Kartenabfrage leicht geclustert werden. Eine unserer Lieblingsvorgehensweisen: Ideen per Zurufliste auf Karten sammeln, mit Rosinenpicken die wertvollsten Ideen auswählen und diese dann vertiefen.

  Der Vorzug der Zurufliste, dass eine in der Gruppe geäußerte Idee die nächste bewirkt, wird bei dieser Variante mit den differenzierten Weiterarbeitsmöglichkeiten der Kartenabfrage verbunden.

Zuruflisten auf Karten

Die Mischung aus Kartenabfrage und Zurufliste

- **Dezentrale Zuruflisten auf Karten**
  Bei dieser Variante schreiben die Teilnehmer ihre Beiträge selbst auf Karten. Wie bei der üblichen Zurufliste nennt der Teilnehmer seinen Beitrag. Der Moderator bittet ihn dann, diesen prägnant formuliert aufzuschreiben. Die so entstandenen Karten kommen kontinuierlich, schubweise oder am Schluss an die Pinnwand. Falls Sortieren sinnvoll ist, lässt sich das mit Karten leicht bewerkstelligen.

Tipps für die Zurufliste

- Haben Sie Geduld, wenn die Gruppe nach der Themenstellung nicht gleich lossprudelt. Auch wenn Fragestellung und Ablauf klar sind, brauchen die Teilnehmer Zeit zum Nachdenken. Also: einfach warten!
- Der Moderator wertet keine Zurufe, er gibt nur kurzes, neutrales Feedback. Manchmal ist es angebracht, mit kurzen Impulsen etwas zu lenken, zum Beispiel: »An unseren Außendienst haben wir noch nicht gedacht.«
- Angeschrieben wird der Originalton, also möglichst keine Umformulierungen durch den Schreiber. Falls der Zuruf zu lang oder unklar formuliert ist, bittet man die Redner um einen prägnanten Formulierungsvorschlag. Nur notfalls macht der Schreiber einen Vorschlag und fragt um Zustimmung.
- Manchmal sprudelt die Gruppe so intensiv, dass im Nu Flipchartblätter oder Pinnwände gefüllt sind. Wer dann erst nach Papier suchen muss, hat den Ideenfluss ganz schnell zum Versiegen gebracht. Deshalb: Ersatzschreibflächen bereithalten. Bei Flipcharts nur im Notfall umblättern, sonst geht die Stärke von Zuruflisten verloren, nämlich dass notierte Ideen immer wieder neue anregen.
- **Der heiße Tipp zum Schluss: Die zweite Welle abwarten!** Zuruflisten haben einen ganz typischen Lebenszyklus. Es geht mit den Zurufen langsam und zögerlich los, dann kommt die Flut an Zurufen, sodass die Schreiber kaum mehr mitkommen. Danach ebben die Zurufe wieder ab, kommen manchmal ganz zum Stillstand. Wichtig ist hier, nicht abzubrechen, sondern die zweite Welle abzuwarten oder zu unterstützen (»Schauen Sie sich bitte die Ideen noch mal an! Haben wir wirklich alles? ...«). In der zweiten Welle, die nur selten ausbleibt, stecken oft die besten Ideen.

Mit Zuruflisten weiterarbeiten

- In Ausnahmefällen ist die Zurufliste mit dem Sammeln *beendet*. Beispiel: Ein Teilnehmer bekommt im Workshop »Hausaufgaben«. Er soll Einsparungsmöglichkeiten bei Werbemitteln der Pharmareferenten untersuchen. Er bittet um Anregungen und bekommt sie per Zurufliste, die er zusammenrollt und mitnimmt.
- Manchmal ist *Sortieren* notwendig. Wer nicht gleich mit Karten gearbeitet hat, kann nachträglich grob sortieren. Dazu eignen sich Wachsmalkreideblocks, wie sie Kinder oft verwenden, in verschiedenen Farben. Gleiche Farben für gleiche Themengruppen. Die Wachsmalkreiden ergeben 4 cm breite farbige Unterlegungen der Schrift. Zur Not lassen sich Flipchartbögen auch ganz flott in Textstreifen zerschneiden.

- Häufig wird mit *Punkten* (siehe Kapitel 7) weitergearbeitet. Mit Klebepunkten kennzeichnen die Teilnehmer die Beiträge. Beispiel: »An welchen Ideen wollen Sie jetzt weiterarbeiten?« Oder: »Was ist Ihnen besonders wichtig?«, »Wo sollen wir zuerst ansetzen?« So erhält man aus der Vielzahl der Ideen eine Auswahl.
- Es werden *Gruppen* zu einzelnen Zurufen gebildet: »Hängen Sie bitte eine Karte mit Ihrem Namen zu der Idee, an der Sie gerne mit anderen weiterarbeiten wollen!«

Das Blitzlicht

Blitzlicht oder Statementrunde nennen wir die »Momentaufnahme« in einer Gruppe. Jeder äußert sich kurz und knapp zu einer Frage, ohne darüber zu diskutieren. Für uns ist es eine kleine, aber feine Technik, um ein Meinungsbild in einer Gruppe zu erheben.

So funktioniert das Blitzlicht

- Der Moderator erläutert die Fragestellung.
- Er begründet, warum er dazu gerne von jedem eine Stellungnahme hätte.
- Er erklärt die Grundregeln des Blitzlichts beziehungsweise erinnert an sie:
  - Maximal ein bis zwei Sätze.
  - Ohne Diskussion.
  - Der Reihe nach.
- Er lässt den Teilnehmern eine genügend lange Nachdenkpause. Durch Blickkontakt und Nachfragen wird festgestellt: Können wir starten?
- Der Moderator bittet einen Teilnehmer anzufangen. Dann geht es zügig reihum.

> **Mit dem Blitzlicht lässt sich fragen nach:**
>
> - Erwartungen;
> - positiven Erfahrungen zu dem Thema;
> - der persönlichen Meinung zu einem Vorschlag;
> - dem wichtigsten Denkanstoß, den ich hier erhalten habe;
> - dem zentralen Problem aus meiner Sicht;
> - Beispielen guter beziehungsweise unbefriedigender Zusammenarbeit in der letzten Zeit (»Sonnenschein« beziehungsweise »Gewitterwolken«);
> - einem denkbaren Idealzustand;
> - Fantasien, die mir bei diesem Thema in den Kopf kommen;
> - zu erwartenden Transferproblemen;
> - offenen Fragen, die hier noch geklärt werden sollten;
> - Wünschen oder Vorschlägen für das weitere Vorgehen.

Blitzlicht: Variationen

- Je nach Situation und Fragestellung kann man zulassen, dass Teilnehmer, die im Augenblick nichts sagen können oder nichts sagen wollen, mit »weiter« an den nächsten in der Reihe weitergeben. In kniffeligen Situationen ist es jedoch sinnvoll, dass sich alle Teilnehmer ohne Ausnahme äußern.
- Statt Fragen können auch Satzanfänge, Statements, Zitate, Bilder, Fotos oder Toneinspielungen (zum Beispiel Interviewausschnitte) Sprechanreize sein.
- Eine Variante ist das »begründete Blitzlicht«. Die Teilnehmer sollen nicht nur eine Aussage treffen, sondern sie auch kurz begründen. Diese Begründungen helfen oft, Kompromisslösungen zu finden.
- Beim »*dokumentierten Blitzlicht*« bittet der Moderator einen Teilnehmer, alle Beiträge mitzuschreiben.

Blitzlicht: Tipps

- Der Moderator gibt neutrales Feedback (nicken, danke, ja ...) und enthält sich jeden Kommentars, selbst wenn das schwerfällt.
- Oft ist es unnötig, mit der Bezeichnung »Blitzlicht« Teilnehmer zu verunsichern. Es reicht zu sagen: »Ich hätte dazu gern von jedem ein kurzes Statement gehört, schnell reihum und ohne Diskussion.«

- Das Standardblitzlicht ist ungeeignet für große Gruppen über 20 Teilnehmer. Wenn aber zum Beispiel jeder Dritte gefragt wird oder einzelne Teilnehmer gezielt gefragt werden, funktioniert das Blitzlicht auch bei Großgruppen.
- Auch beim Blitzlicht bleiben dem Moderator kleine Möglichkeiten der Beeinflussung über die Formulierung der Frage sowie über die Reihenfolge der Beiträge. Er kann den ersten Sprecher (über Blickkontakt oder Gestik) festlegen und hat damit indirekt den Sprecher des Schlusswortes bestimmt.
- **Ein heißer Blitzlicht-Tipp zum Schluss:** Die Qualität der Beiträge steht und fällt mit der Pause zwischen Fragestellung und Start. Viele Moderatoren übersehen dabei das andere Zeitempfinden vor der Gruppe: Was für den Moderator ewig dauert, sind für den Teilnehmer nur wenige Sekunden.

Pause vor No. 1

Mind-Mapping in der Gruppe

Mind-Mapping in der Kleingruppe

Wenn wir selbst Ideen zum Beispiel für ein neues Seminar oder eine Workshop-Planung zusammentragen, dann »mappen« wir. Für Leser, die Mind-Mapping nicht kennen, haben wir den Abschnitt »Mind-Mapping für Einsteiger« gedacht.

Mind-Mapping ist nicht prinzipiell besser als die Kartenabfrage, aber es ist die flexiblere Methode. Sie lässt sich selbst bei einem chaotischen (vornehmer ausgedrückt: kreativen) Diskussionsstil einsetzen. Mind-Mapping macht die größten Sprünge, Exkurse und Abwege mit. Zudem geht das Mappen um einiges schneller, vorausgesetzt, die Technik sitzt.

Mind-Mapping für Einsteiger

Mind-Mapping ist eine »etwas andere« Technik, etwas auf- und mitzuschreiben. Das können die eigenen Gedanken sein, Ideen, die eine Gruppe produziert, aber genauso Diskussionen und Vorträge. Das Grundprinzip ist die Überwindung des traditionellen »Schön-geordnet-und-untereinander«-Aufschreibens. Der »Erfinder« Tony Buzan wollte das Notieren den Vorgängen im Gehirn anpassen, dem Hin- und Herhüpfen der Gedanken. Trotzdem sollte diese »Gedanken-Landkarte« ein geordnetes, übersichtliches und wieder erkennbares Ganzes ergeben, vergleichbar einer echten Landkarte.

So funktioniert Mind-Mapping:

Schritt 1: Auf ein Blatt Papier (für den Anfang DIN A3 quer) schreiben Sie *das Thema, die Fragestellung in die Mitte!*

Schritt 2: Überlegen Sie sich jetzt zwei oder drei übergeordnete, *wichtige Aspekte* zu diesem Thema und notieren Sie diese als *Hauptäste*. Lassen Sie den Anspruch auf Vollständigkeit und saubere Trennschärfe ruhig weg. Sie sollen damit nur ins Thema eindringen.

Schritt 3: *Nun notieren Sie die Gedanken, »wie sie kommen«* in Stichworten. Wenn der Gedanke zu einem schon vorhandenen Hauptast passt, hängen Sie ihn dort an. Wenn nicht, gehört er (oder wird er) zu einem neuen Hauptast. Auch wenn es am Anfang etwas schwerfällt, konzentrieren Sie sich mehr auf das Thema als auf die Frage, wo gehört was hin. Wichtig ist, dass kein Gedanke verloren geht und der Gedankenfluss möglichst wenig gestört wird.

Unser Beispiel auf der nächsten Seite zeigt das Entstehen eines Mind-Maps.

Regel
Zwei Regeln erleichtern das Mappen:
- Schreiben Sie auf die möglichst waagrechten Linien wenige Wörter und einigermaßen leserlich!
- Lassen Sie die Äste nach außen wachsen!

Schrittweise entsteht ein Mind-Map zum Kapitel 1

1. Das Thema in die Mitte

2. Wenig Hauptäste

3. Gedanken »mitschreiben«

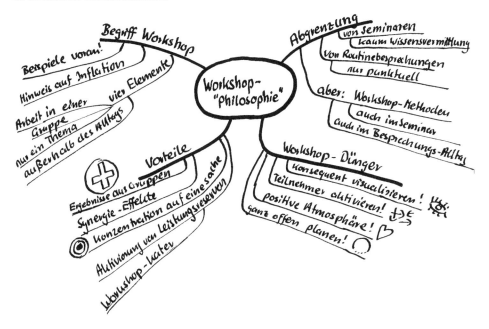

Learning by doing!

Mind-Mapping mit Worten zu erklären ist genauso schwer wie den Schaltvorgang im Auto. Das liest sich samt Zeichnung unheimlich kompliziert. Ausweg: Sie müssen das einfach einmal tun! Es wird beim ersten Mal (wie im Auto) noch ein wenig Mühe bereiten, dann geht es ganz automatisch.

Ein Tipp für Ihr erstes Mind-Map. Wählen Sie ein unkompliziertes Thema, in dem Sie fit sind. Stellen Sie sich beispielsweise vor, Sie müssten über Ihr Hobby, über Ihren Betrieb oder über Ihren Heimatort einen Kurzvortrag halten, und dazu sammeln Sie die Inhalte mit einem Mind-Map.

Anwendungsfelder

In unserer Sammlung gibt es Mind-Maps zum Entwerfen von Präsentationen, Büchern, sogar Predigten, Seminaren, Mitschriften von Vorträgen und Diskussionen, für alle Arten von Briefen, Checklisten, Buchexzerpten, Zeitplanungen, Unterrichtskonzepten, Prüfungsvorbereitungen …

In Workshops setzen wir Mind-Mapping zum Sammeln und Mitschreiben von Ideen und Informationen ein, zum Protokollieren, für Ablaufplanungen, als Visualisierung, wenn wir selbst Informationen in die Gruppe tragen, als Strukturierungsvorschlag für Kleingruppenarbeit.

Ablauf der Ideensammlung per Mind-Map

- Wir sitzen um eine größere Schreibfläche, ideal ist eine mit Papier bespannte Pinnwand. Einer wird zum Schreiber beziehungsweise Hauptschreiber erkoren.
- Das Thema (zum Beispiel Barfuß-Video-Workshop) kommt in die Mitte. Wir sprechen kurz die Zielsetzung der Besprechung ab (hier: grobe Workshop-Bausteine und Aspekte, die wir bei der Vorbereitung noch beachten müssen).
- Der Schreiber fragt nach den wichtigsten Aspekten (= erste Hauptäste) und schreibt sie an.
- Wir sprudeln munter drauflos, die Gruppe hilft dem Schreiber: »Bausteine gibt einen neuen Hauptast.« Oder: »Tätigkeitsfelder eruieren gehört zu Vorfeldkontakte!«

- Es gilt die Grundregel: Alles, sogar die scheinbar abwegigen Gedanken, werden unzensiert notiert.
- Am Ende einigen wir uns drauf, woran wir beim nächsten Treffen weiterarbeiten wollen. Das wird farbig gekennzeichnet. Wenn in der Zwischenzeit jemand etwas erledigen muss, wird das mit einem Kuller mit Namen und Termin gekennzeichnet.

Alles notieren!

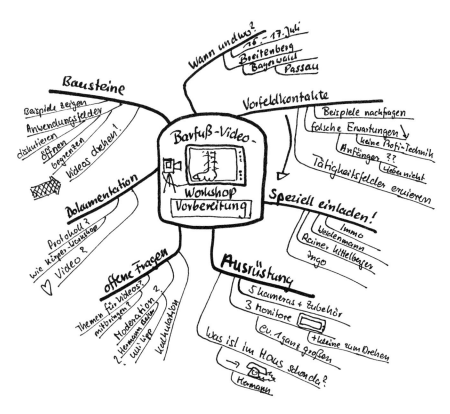

Mind-Map: Variationen

Vorstrukturiertes Mind-Map
Manchmal ist es nützlich, die Thematik vor der Besprechung genauer vorzustrukturieren. Das Mind-Map enthält also hier am Anfang schon die Hauptäste und einige wichtige Verzweigungen. Der Gedankenfluss kann damit gezielt auf die noch offenen Detailfragen gelenkt werden. Schon notierte Ideen regen neue an.

Trennung Schreiber – Moderator
Bei größeren Gruppen ist es ratsam, dass die Rollen Schreiber und Moderator getrennt sind. Der Moderator nimmt die Zurufe auf, achtet darauf, dass keiner verloren geht, und gibt sie richtig zugeordnet an den Schreiber weiter.

Mind-Maps als (Zwischen-)Zusammenfassung
Der Moderator lässt die Diskussion »laufen«. Er stoppt, um den Stand per Mind-Map zu visualisieren: »Ich will den augenblicklichen Diskussionsstand kurz festhalten. Bitte helfen Sie mir dabei.« Damit werden nicht nur Ergebnisse festgehalten, das Mind-Map bietet dem Moderator gute Steuerungsmittel für die weitere Diskussion: »Ich denke, wir sollten an diesem Hauptast weiterdiskutieren.« Oder: »Sie sehen, wir sind inzwischen etwas weit vom Zentrum der Fragestellung entfernt, gehen wir doch wieder dichter an die Mitte.« (Siehe auch Kapitel 4.)

Tipps zum Mind-Mapping

- Für Mind-Map-Neulinge unter den Workshop-Teilnehmern ist eine kurze methodische Erklärung angebracht, sie erleichtert die Konzentration der Teilnehmer auf die Inhalte. Wer nämlich zum ersten Mal sieht, wie ein Mind-Map-Krake seine Arme entfaltet, achtet vermutlich mehr darauf als auf die jeweilige Fragestellung.
- *Üben!* Mind-Maps im Pinnwandformat, und das im ICE-Tempo vor und mit einer Gruppe, erfordern viel Geschicklichkeit. Sie sind deshalb als Einstieg zum Mind-Mapping ungeeignet. Probieren Sie also Mind-Maps zuerst einmal allein für sich im DIN-A3-Format aus. Der nächste Schritt sind Mind-Maps auf der Pinnwand, aber immer noch allein. Dann können Sie sich ans »Mappen« zur Ideensammlung in einer Gruppe wagen.
- Zeichnen Sie das Zentrum nicht zu groß, verteilen Sie die ersten Hauptäste gleichmäßig über die Fläche und suchen Sie die Waagrechte!
- Auch wenn die Zeit drängt: Verwenden Sie, wo immer es geht, Symbole und einfache Zeichnungen statt der Wörter! Vermeiden Sie Abkürzungen!
- Zusammengehörige Aspekte, Wechselbeziehungen usw. wurden durch Pfeile, Symbole oder Farben gekennzeichnet. Eine Reihenfolge kann durch Nummerierung festgelegt werden.
- Mind-Maps lassen sich auch gut per PC erstellen. Es gibt inzwischen ausgereifte Programme (www.mindjet.com). Ein per PC erstelltes Mind-Map findet sich auf Seite 156).

Vier Techniken zum Sammeln und Zusammentragen auf einen Blick

Technik	So geht das	Stärken und Schwächen	Aufwand
Kartenabfrage	• Ideen zum Thema auf Karten • Sammeln an der Pinnwand • Ordnen und Kategorien suchen	+ jeder wird aktiv + ideal zum Weiterarbeiten − Wiederholungen − etwas stark formalisiert − bedarf methodischer Einführung	• mindestens 2 Pinnwände • Moderationskoffer • durch das Ordnen relativ zeitaufwendig (nicht unter 30 Minuten)
Zurufliste	• Ideen werden einem oder besser zwei Schreibern zugerufen und gleich an Pinnwand oder Flipchart notiert	+ kaum Einführung nötig + Teilnehmer regen sich mit Ideen gegenseitig an − schwer sortierbar − Dominanz einzelner Teilnehmer möglich	• mindestens ein Flipchart und ein Stift • selten länger als 10 Minuten
Blitzlicht	• jeder Teilnehmer äußert sich kurz zur Fragestellung • max. 1–2 Sätze • ohne Diskussion • der Reihe nach	+ fördert persönliche Antworten + alle äußern sich − in der Regel wird nichts festgehalten − Gefühl der Gängelung bei den Teilnehmern	• ein Blatt Papier für die Frage • 5–10 Minuten
Mind-Maps	• Schreiber notiert Ideen der Teilnehmer auf eine Pinnwand in Mind-Map-Struktur: Zentrum, Hauptäste, Nebenäste	+ Ergebnis entsteht aus Diskussion + offen für Ergänzungen + beliebig beendbar − ungewohnte Struktur − anfangs schwierig für Schreiber	• eine Pinnwand, ein Stift • mindestens 10 Minuten

Ulrich Lipp

Kapitel 7:
Bewerten und Entscheiden

Manche Workshops scheitern daran, dass zwar sehr viele Ideen produziert oder Problemlösungen gefunden werden, aber am Ende nicht die Spreu vom Weizen getrennt wird. Der Workshop-Moderator muss eine Gruppe auch dahin bringen können, dass sie aus der Fülle auswählt. Das Gros der mühsam erarbeiteten Ideen landet dann notgedrungen im Papierkorb. Das ist hart.

Fehlt nach der Ideensuche der Ausleseprozess, dann endet der Workshop mit vielen mehr oder weniger schönen Ideen statt mit konkret umsetzbaren Maßnahmen.

Nur wenige Workshops sind so konzipiert, dass wirklich nur Ideen produziert werden sollen und andere dann den nötigen Auswahl- und Entscheidungsprozess übernehmen. Das setzt eine penible Dokumentation voraus. Wir haben aber auch Workshops moderiert, deren alleinige Aufgabe eine Entscheidung war (s. S. 35).

Methodisch unterscheiden wir Bewertungs- von Entscheidungsverfahren. Bewerten ist dabei der Prozess des Sammelns und Gewichtens von Argumenten. Das ermöglicht dem Einzelnen und der Gruppe, begründet Stellung zu beziehen. Erst dann ist die eigentliche Entscheidung, verstanden als Festlegung der Gruppe, sinnvoll. Sie selbst schafft in der Regel die wenigsten Probleme. Dafür gibt es eine ganze Reihe von bewährten Abstimmungsprozeduren, vom Handaufheben bis zur schriftlichen Abstimmung. Schwieriger ist die Phase davor. Wie bringe ich alle Argumente auf den Tisch beziehungsweise die Pinnwand? Was kann ich tun, dass die Teilnehmer tatsächlich abwägen? Wie dränge ich sachfremde Beweggründe in den Hintergrund?

Bewertungsphasen müssen nicht zwangsläufig in eine Entscheidung münden. So kann der Moderator beispielsweise in einen Problemkreis einführen, indem er die Teilnehmer schon am Anfang ganz persönlich Stellung beziehen lässt. Auch zwischendurch schaffen Bewertungsphasen immer wieder Raum für Reflexion und den etwas distanzierteren, kritischen Blick. Von einer Entscheidung abgekoppelte Bewertungsphasen sind viel unkomplizierter.

Entscheidungen schaffen Verlierer

Was in Workshops durch Entscheidungen in der Gruppe verworfen und aussortiert wird, sind Ideen, an denen Herzblut hängt. Das sind in vielen Fällen Projekte, in die viel Zeit und Engagement investiert wurden. Einige Beispiele machen das deutlich:

- Die Forschungsabteilungen in einem Pharmaunternehmen stellen 15 Projektideen für die Arbeit in den nächsten Jahren vor. Es stellt sich heraus: Alle sind nicht zu realisieren. Aber: Es ist eine Auswahl zu treffen, die von allen mitgetragen werden soll.
- Die Abteilung »Zentrales Bildungswesen« braucht zur sinnvollen Weiterarbeit eine Grundsatzentscheidung. Nach langer Debatte bleiben zwei Alternativen übrig, und zwar: Sollen wir weiterhin dreitägige Moderatorentrainings in einem Tagungshotel durchführen oder sollen mehrere eintägige Kurzseminare in der Firma mit jeweils eingegrenztem Themenfeld stattfinden?
- Vor dem Workshop und im Workshop selbst entstehen mehrere Vorschläge für ein neues Abteilungslogo. Die Teilnehmer sollen sich auf das beste Logo einigen.

Verlierer sind im ersten Beispiel die Forscher, die mit ihren Projekten in den Workshop hinein- und mit den Ideen anderer zum Bearbeiten herausgehen. Verlierer im zweiten Fall ist ein Abteilungsleiter, der sehr große Hoffnungen auf neue Inhouse-Trainings setzte, das sind im dritten Beispiel die Designer, die ihren eigenen Entwurf natürlich für den besten hielten. Verlierer passen nicht zu den Grundprinzipien der Methode Workshop. Deshalb ist es Aufgabe gerade des Moderators, die Verlierer wieder einzubinden, das Verlieren leichter zu machen.

Tipps für Entscheidungen

- **Negative Argumente vermeiden!**
  Teilnehmer am Workshop haben zwei Wege, vor einer Entscheidung einen Vorschlag zu pushen: Sie können seine Vorzüge in den Mittelpunkt stellen oder die Alternativen schlecht machen. Das ist in der Sache meistens nur eine Frage der Formulierung. Atmosphärisch gibt das allerdings einen riesigen Unterschied: Es ist viel schwieriger, mit einem Vorschlag zu verlieren, weil er so schlecht war, als einem guten anderen zu unterliegen.

- **Personalisierungen umgehen!**
  Die Unsitte, Vorschläge mit dem Namen ihres Mentors zu kennzeichnen (zum Beispiel das Endreskonzept kontra den Hilgersplan), führt dazu, dass mit ihren Konzepten auch die Personen verlieren. Deshalb ist es hilfreich, Alternativen mit neutralen Begriffen zu bezeichnen, vielleicht aber auch nur mit Buchstaben (Plan A kontra Plan C). Genauso werden sie an der Pinnwand nebeneinander visualisiert und ihren Verfechtern »weggenommen«. Der Moderator muss sich erfahrungsgemäß dazu zwingen, Formulierungen zu vermeiden wie »Vorschlag von Herrn Hell«.

- **Verlierer einbinden!**
  Der Moderator muss sich um die »Verlierer« in Abstimmungen besonders kümmern, er muss darauf achten, dass diese weiterhin konstruktiv mitarbeiten. Ein Pausengespräch, ein weiterführender Teilaspekt ihres Vorschlages sind denkbare Ansatzpunkte. In schwierigen Fällen ist Metakommunikation angesagt: Wie gehen wir mit der durch die Abstimmung veränderten Situation um, wo einige Teilnehmer ihre Vorschläge in den Papierkorb werfen müssen?

- **Transparenz schaffen und erhalten!**
  Wenn der Moderator zulässt, dass etwas »undurchsichtig« ist, wird es brenzlig. Das bezieht sich sowohl auf die zur Wahl stehenden Alternativen wie auf die Konsequenzen der Entscheidung und ebenso auf das Vorgehen. Wie die Entscheidung herbeigeführt wird, mit welchen Arbeitsschritten und mit welcher Technik, das muss für alle klar durchschaubar, offen und akzeptiert sein.

Drei Argumente für Gruppenentscheidungen

Firmen und Organisationen, die sich einem kooperativen Stil verpflichtet fühlen, werden Entscheidungen auch in Teams treffen.

Mehrere Menschen bringen in Bewertungs- und Entscheidungsprozessen automatisch verschiedene Sichtweisen und mehrere Blickwinkel ein. Diese differenzierte Sicht hilft Fehler vermeiden!

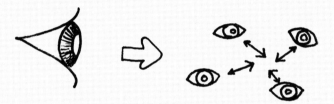

Der einsamen Entscheidung im stillen Kämmerchen muss eine aufwendige Werbe- und Durchsetzungskampagne für die getroffene Wahl folgen. Bei Gruppenentscheidungen lastet die Verantwortung von vornherein auf mehreren Schultern. Das kann die Umsetzung der Entscheidung enorm vereinfachen.

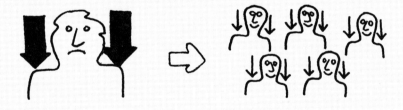

Punkten als Bewertungsmethode

Punkten ist wortwörtlich eine »auf den Punkt« gebrachte und reduzierte Form der Meinungsäußerung. Teilnehmer kleben selbsthaftende Punkte in vorbereitete beziehungsweise vorher erstellte Plakate oder Listen. Damit lassen sich:

- **Aussagen oder Argumente gewichten**
  Die Gruppe hat auf der Pinnwand alle möglichen Ursachen für den hohen Ausschuss in der Profilproduktion gesammelt. Der Moderator bittet jeden Teilnehmer, mit vier Klebepunkten die für ihn persönlich ausschlaggebenden Ursachen zu kennzeichnen.

- **Ideen aus einer Sammlung auswählen**
  Die Mitarbeiter der Arztpraxis haben zwei Dutzend Ideen gesammelt, wie die Wartezeit für die Patienten angenehmer gestaltet werden könnte. Der Moderator lässt mit drei Klebepunkten kennzeichnen, an welchen Ideen im Workshop weitergearbeitet werden soll.

- **Entscheidungen treffen**
  In der Lehrerkonferenz stehen sechs Themen für die nächsten zwei Pädagogischen Konferenzen zur Wahl. Jeder Lehrer hat zwei Stimmen (= Punkte). Die zwei Themen mit den meisten Punkten haben gewonnen.

- **Meinungen und Gefühle ausdrücken**
  Ein Trainer-Workshop erarbeitet neue methodische Konzepte. Die Frage nach Körperübungen zwischendurch taucht auf. Der Moderator lässt die Teilnehmer ihre Meinung dazu mit einem Klebepunkt ausdrücken.

lehne ich ab	eher skeptisch	+ warum nicht	++ ja, auf alle Fälle
●	● ●	● ● ● ● ●	● ●

Ablauf des Punktens

- Die Frage und die Wahlmöglichkeiten sind an der Pinnwand visualisiert.
- Der Moderator ermöglicht eine inhaltliche Klärung.
- Ziel und Konsequenzen der Prozedur »Punkten« werden erläutert. Es muss klar sein, welche Folgen die Schwerpunktbildung für den weiteren Workshop hat. Ebenso sollte vorher besprochen werden, wie viele Ideen weiterverfolgt werden und was mit den anderen geschieht. Zudem muss der Moderator vor dem Punkten begründen, warum er dieses Vorgehen gewählt hat.
- Der Moderator erklärt kurz das Verfahren: Wohin sollen die Punkte geklebt werden? Wie viele Punkte bekommt jeder Teilnehmer? Darf »gehäufelt« werden (wenn ja, wie viele Punkte pro Variante maximal?) oder bekommt jeder gewählte Vorschlag nur einen Punkt?
- Die Teilnehmer kleben ihre Punkte selbst.
- Der Moderator zählt die Punkte vor aller Augen aus und vergibt die Rangplätze.

Tipps zum Punkten

- Nicht nur bei kniffeligen Fragen oder einer hierarchischen Zusammmensetzung der Gruppe orientieren sich Teilnehmer beim Punkten an anderen (»Herdentrieb«). Zu beobachten ist auch das »Zünglein-an-der-Waage-Spiel«: Teilnehmer warten, bis alle anderen gepunktet haben, um dann selbst den Ausschlag zu geben.
Der Ausweg: Teilen Sie die Punkte (keine schwarzen oder mit Motiven bedruckten) an jeden Teilnehmer aus und bitten Sie die Teilnehmer, die gewählten der vorher durchnummerierten Kategorien noch auf dem Platz auf dem Punkt zu vermerken. Dieses Vorgehen erhöht auch die Qualität des Punktens, weil jeder sich in Ruhe seine Wahl überlegen muss, bevor das Gerenne auf die Pinnwand beginnt.
- Punkten ist ein recht simples und formales Entscheidungsinstrument. Man erfährt nichts über die Beweggründe der Teilnehmer. Deshalb nur selten punkten!
- Nur umherlaufende Schafe sind schwieriger zu zählen als im Pulk ungeordnet aufgeklebte Punkte in größerer Zahl. Hilfe: Streichen Sie jeden gezählten Punkt einfach ab, damit Sie ihn nicht zweimal zählen.

Vorsicht: Klebepunkt-Allergie!

Schlussnummer in einem Wiener Seminarkabarett: Der Kabarettist hat Klebepunkte verteilt und steht mit bloßem Oberkörper vor der Runde: »Wenn ich Sie verstandesmäßig angesprochen habe, kleben Sie bitte einen Punkt auf meinen Kopf. Sie können aber auch auf Herz oder Bauch punkten ...« Die Nummer kam gut an.
Ist das Hantieren mit Klebepunkten wirklich zur Lachnummer verkommen? Es gibt sie tatsächlich, die Punkteallergiker, die zu oft mit zu unklarem Arbeitsauftrag zu viele Punkte kleben mussten. Viele Leute besitzen die Fähigkeit, Dinge »auf den Punkt zu bringen«, das bedeutet aber nicht einen Punkt zu kleben und sonst zu schweigen, sondern ihre Meinung klar und unmissverständlich zu sagen. Wem das versagt wird, der wehrt sich und das mit Recht.
Wir punkten trotzdem! Nicht inflationär, nie ohne erklärendes »Wozu«, oft ergänzt durch die Möglichkeit sich verbal zu äußern. Die Grundidee ist so simpel wie einleuchtend: In einer Gruppe wird eine Bewertung mit Klebepunkten sichtbar gemacht und das in kurzer Zeit.

Punkten anders

- Punkten ohne Klebepunkte: Markierungen können auch mit Stiften oder Stempeln gemacht werden, insbesondere, wenn man in einer Veranstaltung öfters punktet. Ein Kollege spricht vom UVP (= umweltverträgliches Punkten) und verwendet daher Nadeln mit besonders großen Köpfen.
- In manchen Fällen ist es wichtig, dass die Gruppe das Abstimmungsverhalten jedes Einzelnen und eventuell die Begründung dafür genau mitbekommt. Jeder Teilnehmer reihum gibt also seine Wahl und die Beweggründe dafür bekannt. Um Unruhe zu vermeiden, kennzeichnet der Moderator die Wahl hier stellvertretend an der Pinnwand.
- Es gibt auch Möglichkeiten, zwei verschiedene Kategorien auf einmal punkten zu lassen. In der folgenden Abbildung wurde zudem zweimal gepunktet: blaue Punkte zu Beginn der Veranstaltung, rote Punkte an deren Ende. Es gibt eine Gegenüberstellung von Erwartung und Ergebnis.

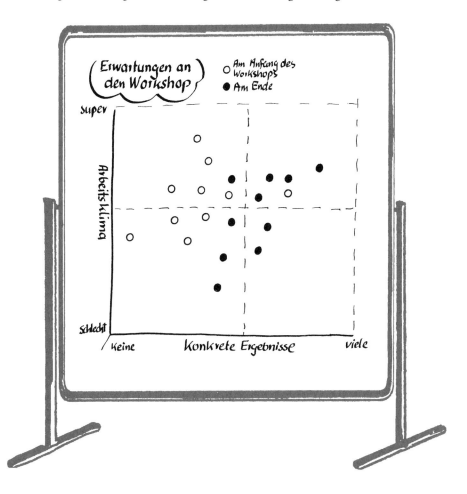

- Wenn Stimmungen und Meinungen (wie in unserem Beispiel mit den Körperübungen) mit einer Skala von »Lehne ich ab« bis »Ja, auf alle Fälle« abgefragt werden, lässt sich die inhaltliche Aussage der Visualisierung einfach erhöhen: Der Moderator fragt die Teilnehmer nach Begründungen für ihre Punktwertung und notiert die Statements.

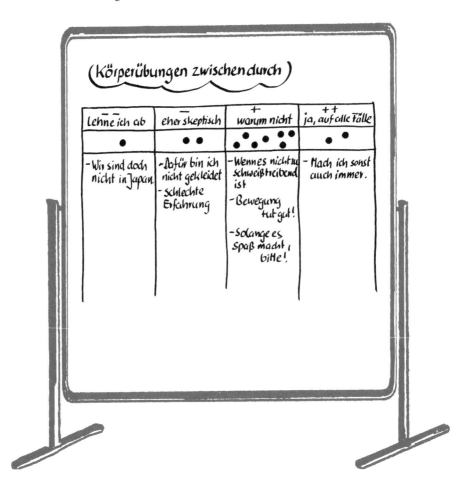

Punkten mit dem Körper

Eigentlich heißt diese Übung »Stellung nehmen«. Das ist hier ganz wörtlich aufgefasst. Jeder Teilnehmer einer Gruppe gibt ganz persönlich und körperlich seine Wertung zu einer Problemstellung oder Aussage ab, indem er sich mehr in Richtung der Ja- oder der Nein-Ecke eines Raumes stellt. Das ist einer unserer liebsten Workshop-Starts.

Beispiel: Start in einen heiklen Workshop

Ein Workshop in einem Naturschutzverband mit vielen passiven »Karteileichen« sollte Möglichkeiten der »Wiedererweckung« erarbeiten. Um den ganz persönlichen Anteil der Teilnehmer herauszukitzeln, fing ich mit der Übung Stellung nehmen an. Auf dem Flipchart stand als erster Satz: »Wenn ich ganz ehrlich bin, möchte ich selbst oft Karteileiche sein.« Eine Ecke des Raumes definierte ich als »Ja-Ecke«, die gegenüberliegende als »Nein-Ecke«, dazwischen war Platz. Dann forderte ich die Teilnehmer auf, sich auf der gedachten Linie zwischen Ja und Nein so zu stellen, dass es für sie selbst »passt«. Das dauerte ein wenig. Als alle standen, holte ich bei einigen (besonders an den Extrempunkten) Begründungen zu ihrem Standpunkt ein. Dann folgte der zweite Satz auf dem nächsten Flipchartblatt: »Ich habe eine Stinkwut auf unsere passiven Mitglieder.« Die Gruppe kam wieder in Bewegung, Einzelne gaben Statements ab. Nach einem weiteren Satz war ein Anheizen weder des Themas noch der Gruppe nötig. Durch das ganz persönliche Element der körperlichen Stellungnahme ist diese Übung der Technik »Punkten plus Statement« überlegen.

Ein paar Praxistipps:

- Beschränken Sie sich auf wenige Sätze (maximal vier), sonst läuft sich die Übung tot!
- Formulieren Sie so, dass sich die Gruppe auch differenzieren kann und nicht alle bei einem Punkt stehen!
- Halten Sie Diskussionen »zwischen den Polen« eher kurz, besonders wenn Sie die Übung am Anfang einsetzen!
- Achten Sie bei der Anordnung und Formulierung der Sätze darauf, dass wirklich Bewegung in die Gruppe kommt, dass also die Teilnehmer, die zuerst bei Ja standen, beim folgenden Statement den Platz wechseln müssen.

Die Argumentationsrunde

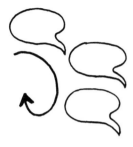

Viele Entscheidungen sind deshalb schlecht, weil vor der Abstimmungsprozedur die Argumente für die Alternativen nicht deutlich genug werden. Sachfremde Einflüsse (Wer schlägt was vor? Wie entscheidet der Chef? Was nützt mir persönlich am meisten?) geben deshalb sehr leicht den Ausschlag. Eine Argumentationsrunde beugt dem vor.

In Form eines Blitzlichts äußert jeder in der Runde seine wichtigsten Argumente. Das erweitert die Entscheidungsgrundlage der Teilnehmer. Bevor sich jeder endgültig festlegt, entsteht ein Überblick über die Tendenz in der Gruppe: In welcher Richtung zeichnet sich eine Entscheidung ab? Das mag auch verhindern, dass sich einzelne Teilnehmer für eine chancenlose Option allzu weit aus dem Fenster lehnen. Der Vorteil der mündlichen Form liegt in der geringeren Verbindlichkeit der Aussagen.

Beispiel: Argumente für das neue Logo

Drei mögliche Logos für die Weiterbildungsabteilung wurden entwickelt. Die Gruppe soll sich auf eines einigen.

Schritt 1: Die Alternativen sind klar. Jeder Vorschlag ist auf der Pinnwand zu sehen.

Schritt 2: Der Moderator bittet die Teilnehmer, sich zu überlegen, zu welcher Version sie tendieren und warum. Ein unterstützender Satzanfang auf dem Flipchart könnte lauten: »Ich tendiere im Moment zur Alternative ..., weil ...« Wichtig ist an dieser Stelle der Hinweis, dass das noch nicht die endgültige Entscheidung ist.

Schritt 3: Die Argumentrunde läuft dann ab wie ein Blitzlicht. Erst dann folgen die endgültigen Abstimmungsprozeduren.

Tipps für die Argumentationsrunde

- Festlegung verhindern: Argumentationsrunden verlieren ihren Sinn, wenn die Teilnehmer das Gefühl haben, sich in ihnen endgültig festgelegt zu haben. Deshalb sind alle Formulierungen wie »Ich entscheide mich für …, weil …« zu vermeiden.
- Hilfreich ist diese Argumentationsrunde auch für den Moderator. Er erkennt frühzeitig, wenn sich schwierige Pattsituationen anbahnen, aber auch wenn Tendenzen so klar sind, dass eine Entscheidung ganz schnell durchzuziehen ist.
- Nach der Argumentationsrunde entstehen manchmal neue, bessere Alternativen, weil viele Überlegungen ganz offen geäußert wurden. Da eine Tendenz, aber keine endgültige Entscheidung abgefragt wurde, gibt es keinen Grund, diese neuen Wege auszuklammern.

Schriftliches Argumentieren

Schriftlich Argumentieren ist das Sammeln und Visualisieren von Argumenten in einer Art Zurufliste (s. S. 88ff.) vor einer Entscheidung. Die Visualisierung verhindert, dass Gesichtspunkte übersehen werden, sie trennt zudem Argumente von Personen.

Beispiel: Trainings im Hotel oder Kurzseminare

Greifen wir als Beispiel einen der Ausgangsfälle auf: Es steht die Entscheidung an, ob weiterhin dreitägige Moderatorentrainings im Tagungshotel durchgeführt werden oder mehrere eintägige Kurzseminare in der Firma mit jeweils eingegrenztem Themenfeld.

Schritt 1: Die beiden Varianten werden inhaltlich erläutert und Verständnisfragen werden geklärt.

Schritt 2: Eine Pinnwand wird zweigeteilt. Über der rechten Hälfte steht »Argumente pro Variante A«, auf der linken »Argumente pro Variante B«. Der Moderator bittet nach einer Nachdenkminute um Zuruf von Argumenten (ohne Reihenfolge, ohne Diskussion) und schreibt sie selbst an der Pinnwand mit. Wenn die Zurufe spärlicher werden, regt er mit der Frage »Welche Aspekte haben wir noch übersehen?« zum Durchlesen und Vervollständigen an. Als Abschluss holt er das Einverständnis der Gruppe ein: »Haben wir wirklich alle Gesichtspunkte festgehalten?«

Schritt 3: Wenn wirklich alle Argumente an der Pinnwand stehen, bittet der Moderator, eine eigene Entscheidung zu treffen und lässt dann abstimmen.

Tipps zum schriftlichen Argumentieren

- Es gibt fast jedes Mal den Vorschlag, die Pros und Kontras für jede Alternative zu sammeln. Der Moderator sollte hart bleiben und bei mehreren Varianten wirklich nur Pro-Argumente notieren lassen. Das tut nicht nur der Stimmung gut, sondern vermeidet viele Wiederholungen.
- Widersprüche treten trotz Diskussionsverbot immer wieder auf, beispielsweise: »Das ist doch kein Argument für das Kurzseminar in der Firma, sondern für den anderen Vorschlag.« Der Moderator enthält sich hier der Wertung und markiert den Einwand durch einen Widerspruchspfeil.
- Bei dieser Technik schreibt am besten nur der Moderator, auch wenn es etwas länger dauert. Nur so bekommen tatsächlich alle Teilnehmer auch alle Argumente mit.

Argumente

pro 1-tägige Seminare in der Firma	pro 3-Tagesseminare im Hotel
- billiger	- keine Störungen
- kleine Portionen Wissen = gut verdaulich	- gesellig
- mehr Transfer	- Übungsphasen möglich
- praxisnah, da fast am Arbeitsplatz	- umfassender Inhalt
- familienfreundlich	- stressfrei
- kompakt, kein Gelaber	- ein wenig Incentive
- gesünder	- mehr Zeit
- alle Geräte und Ausrüstung greifbar	- bessere Konzentration

Die Entscheidungsmatrix

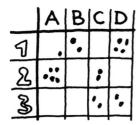

Das Grundprinzip einer Entscheidungsmatrix besteht darin, die Entscheidung in Teilentscheidungen zu zerlegen. An einem Beispiel wird das schnell klar: Es gibt fünf Bewerber für die Leitung der Personalentwicklung. Nach vorher festgelegten Kriterien werden einzelne Bereiche untersucht: Welcher der Bewerber ist der beste von der Ausbildung her? Wer hat die meiste Erfahrung? Wer hat die beste Ausstrahlung? Wer arbeitet am besten im Team? ... Die Teilentscheidungen werden anschließend gewichtet und zu einer Gesamtentscheidung addiert.

Dieses verbreitete und bewährte Verfahren lässt sich sehr einfach zur Verwendung in größeren Gruppen und Workshops »umrüsten«.

Beispiel: Das neue Tagungshaus

Ein Unternehmen hat gründlich nachgerechnet. Ein eigenes Tagungshaus für Trainings, Workshops usw. soll außerhalb des Firmengeländes entstehen. Es gibt vier unterschiedliche Projektideen: ein Neubau in einem Parkgelände, das der Firma schon gehört, und drei Objekte, die mit mehr oder weniger großem Aufwand zu einem Tagungshaus um- und ausgebaut werden können: das Mühlenschloss, das ehemalige Gasthaus Siglmüller und das Gut Erlach. Die Verantwortlichen treffen sich in einem Workshop.

Schritt 1: Die vier Projekte werden mit Skizzen und Kurzvideos vorgestellt, vorhandene Ideen angereichert. Dann steht die Entscheidung an.

Schritt 2: Bewertungskriterien werden gesammelt. Methodisch eignet sich dafür am besten eine Zurufliste auf Karten, weil nach der Zurufphase zusammengehörige Kriterien auch zusammengehängt werden können. So entsteht zum Beispiel aus »Platz« und »Seminarräume« das übergreifende Kriterium »Raumangebot«.

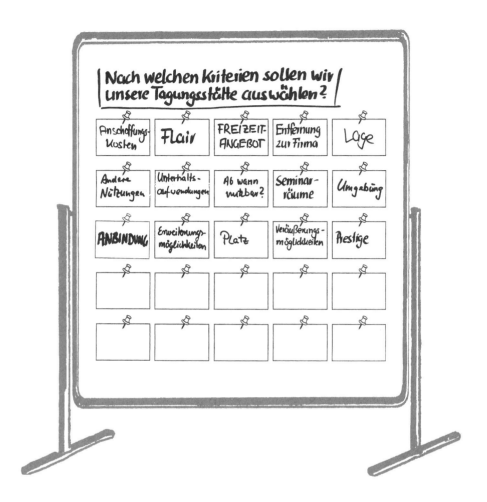

Schritt 3: Kriterienauswahl und Gewichtung. Jeder Teilnehmer erhält in diesem Fall sechs Klebepunkte und kennzeichnet damit die für ihn wichtigsten Auswahlkriterien. Gewichtungen können durch die Häufelmöglichkeiten (maximal zwei Punkte) ausgedrückt werden. Nach dem Auszählen erhalten Kriterien mit vielen Punkten einen entsprechend höheren Faktor. Die Gruppe einigt sich auch, welche Kriterien nicht aufgenommen werden.

Schritt 4: Mit den vier Alternativen und den Beurteilungskriterien lässt sich nun die Matrix erstellen.

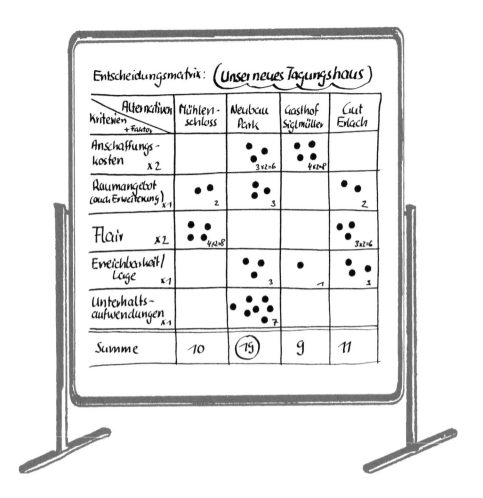

Schritt 5: Jetzt kennzeichnet jeder Teilnehmer für jedes Kriterium »seinen« Sieger mit einem Klebepunkt.

Schritt 6: Der Moderator zählt die Punkte aus, nimmt die Gewichtungen vor und bildet schließlich für jeden Vorschlag eine Summe. In unserem Fall hat der Neubau eindeutig die Nase vorn.

Die Entscheidungsmatrix bringt in unserem Beispiel zwar einen ganz eindeutigen Sieger, gleichzeitig wird das Grundproblem dieser Technik klar: Durch die Mathematisierung entsteht eine Scheinrationalität, die der Qualität der Entscheidung nicht immer entspricht.

Favoritenkür reduziert Alternativen

Einfallsreichtum in einer Gruppe kann sich zum Fluch entwickeln, wenn nicht früh genug die besten Ideen aussortiert werden. Weil bei diesem Ausleseprozess oft zu lange über die offensichtlich schlechteren Ideen diskutiert wird, obwohl sie ohne jede Realisierungschance sind, setzen wir gerne die Favoritenkür ein, um aus einer Vielzahl von Vorschlägen die mit den meisten Chancen auszusuchen, Außenseiter also vorneweg auszuschalten.

Chancenlose Ideen rasch aussortieren!

Beispiel: Eine Vorauswahl der besten Pläne

Acht Varianten für die Schaltung der aktiven Federung beim Pkw wurden entwickelt. Im Workshop soll die Entscheidung für den Plan fallen, der schließlich realisiert werden soll.

Schritt 1: Die einzelnen Pläne werden vorgestellt. Sie sind in Kurzform auf Pinnwänden visualisiert. Der Moderator holt noch Verständnisfragen ein und lässt sie beantworten.

Schritt 2: Er bittet jeden Teilnehmer, sich seine zwei Favoriten auszuwählen. Nach einer kurzen Pause fragt er die Teilnehmer nacheinander nach den beiden Favoriten (ohne Begründung) und kennzeichnet die Wahl mit Klebepunkten auf den Pinnwänden.

Schritt 3: Die Punkte pro Vorschlag werden ausgezählt. In der Regel ergeben sich mehrere Spitzenreiter.

Schritt 4: Nur diese werden dann genauer diskutiert, bevor eine endgültige Entscheidung getroffen wird.

Die Zahl der auszuwählenden Favoriten kann verändert werden. Bei einer geringen Anzahl wählt jeder einen, bei vielen auch einmal drei Favoriten. Obwohl schon bei der Favoritenkür als Vorauswahl Ideen »im Papierkorb« verschwinden, stößt sie selten auf Akzeptanzprobleme. Der Qualitätsunterschied zu den Spitzenreitern ist meist offensichtlich.

Ulrich Lipp

Kapitel 8:
Arbeit in Kleingruppen

In jedem Workshop gibt es Phasen, in denen das Plenum in Kleingruppen aufgeteilt wird. Oft leisten diese Kleingruppen die wichtigste Arbeit. Trotzdem wird das Aufteilen und Wiederzusammenführen nicht von allen Teilnehmern ohne Weiteres akzeptiert. Es gibt Leute, die unter einer ausgeprägten »Gruppenarbeits-Allergie« leiden.

Vor dem Hintergrund schlechter Erfahrungen in Seminaren und Trainings, wo sie Kleingruppenarbeit schon einmal als Beschäftigungstherapie erlebt haben, verweigern sich manche Teilnehmer oder melden zumindest ihre Vorbehalte an. Dieses gesunde Misstrauen lässt sich überwinden: Es muss jedem Teilnehmer klar sein, wie wichtig die Arbeit in den Kleingruppen für das Gelingen des Workshops ist.

Wir haben für dieses Kapitel die häufigsten Fragen, die uns zum Themenkreis Kleingruppenarbeit im Rahmen des Workshop-Trainings gestellt werden, herausgegriffen.

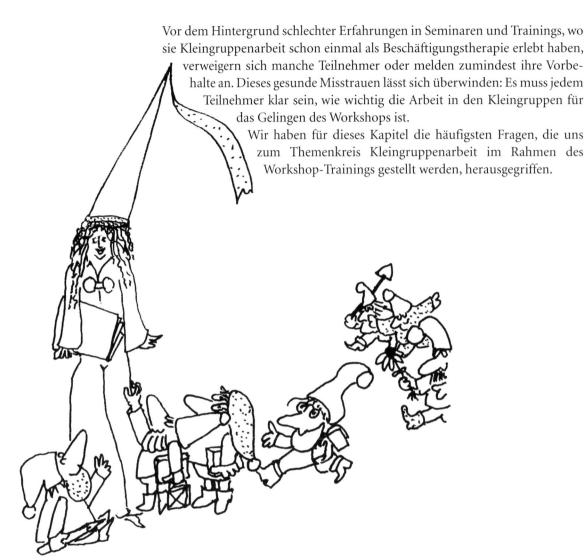

Wann setze ich Gruppenarbeit ein?

In Workshops lassen wir die Teilnehmer in mehreren Kleingruppen arbeiten, wenn es gilt, eine ganze Menge an Themen, Vorschlägen, Ideen und anderes zu vertiefen. Kleine Gruppen arbeiten viel zielgerichteter, effektiver und schneller als die immer etwas schwerfälligeren Gruppen über sechs Teilnehmer.

Der »klassische« Ort einer Kleingruppenarbeit ist nach einer Sammelphase zur Konkretisierung einzelner Ideen und Einfälle. Im Plenum wird ein großer

»Kuchen« an Arbeit zusammengetragen, der in einzelne Portionen zerlegt und von kleinen Gruppen arbeitsteilig erledigt wird.

Effektiv ist Gruppenarbeit dann, wenn versucht wird, in einem Workshop zu einer Fragestellung möglichst detaillierte, aber auch möglichst unterschiedliche Problemlösungen zu erhalten. Dabei muss sich allerdings der Workshop-Moderator darüber im Klaren sein, dass er mit arbeitsgleicher Gruppenarbeit, die dann zu konkurrierenden Arbeitsergebnissen führen kann, eine Konkurrenzsituation unter den Teilnehmern aufbaut, die der Moderator wieder auffangen muss.

Gruppenarbeit hat ihren Platz auch da, wo die Umsetzung der Workshop-Ergebnisse geplant wird. Bei Bewertungs- und Entscheidungsphasen dagegen verbietet sich Gruppenarbeit, ebenso ist das bei Phasen, in denen informiert oder präsentiert wird.

Wenn es von der Sache und vom Ablauf her passt, ist eine Gruppenarbeit nach der Mittagspause, in der Zeit, die wir als Mittagsloch kennen, natürlich ideal, weil sie aktivierend wirkt und durch Aktivität die innere Trägheit überwunden wird. Nur, wenn das Mittagsloch die einzige Begründung für Gruppenarbeit ist, sollte man lieber darauf verzichten. Schwierigkeiten gibt es mit Gruppenarbeiten in Workshops manchmal in der Abschlussphase. Gerade bei längeren Workshops blocken Teilnehmer am Ende der Veranstaltung eine nochmalige Aufteilung dann ab, auch wenn es von der Sache her ganz dienlich wäre.

»Der kleine Unterschied«

Gruppenarbeit in Workshops unterscheidet sich wesentlich von der in Seminaren und Kursen:

- Es fehlt der Übungscharakter. In den Kleingruppen von Workshops werden Themen aufgearbeitet und für das Plenum aufbereitet.
- Nur selten gibt es in Workshops arbeitsgleiche Aufträge. Die Kleingruppen arbeiten zwar alle am Thema, aber betrachten es aus unterschiedlichen Blickwinkeln, »tüfteln« an verschiedenen Teilaspekten.
- In Seminaren ist eine Phase der Gruppenarbeit mit der Präsentation und Würdigung der Ergebnisse beendet. In Workshops ist es in der Regel nötig, die Ergebnisse zusammenzuführen, zu integrieren, aufeinander abzustimmen. Deshalb folgt nach der Präsentation und Diskussion oft eine zweite Gruppenarbeit, in der die Ergebnisse nochmals überarbeitet werden.

Wie teile ich Gruppen nach Interesse ein?

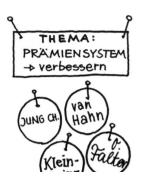

Am sinnvollsten arbeiten die Teilnehmer in Kleingruppen mit den Themen, die sie am meisten interessieren. Wer jedoch als Moderator jemals die Frage gestellt hat: »Wer will an welchem Thema weiterarbeiten?«, erlebt mitunter Seltsames. Da herrscht plötzlich Schweigen, da wird auf einmal Blickkontakt vermieden, da kramen Leute in den Taschen oder müssen gar auf die Toilette. Es wird auf alle Fälle ungemütlich für den Moderator. Offensichtlich aktiviert diese Frage ein bei allen Menschen vorhandenes Arbeitsvermeidungsverhalten, denn rational ist das nicht zu erklären. Jedem Teilnehmer ist klar, dass er in irgendeiner Gruppe arbeiten wird.

Wir haben ein Mittel gefunden, das Arbeitsvermeidungssyndrom zu überlisten:

- Jeder Teilnehmer bekommt einen Kuller (= kleine, runde Karte aus dem Moderationskoffer) mit der Bitte, seinen Namen daraufzuschreiben.
- Die Themen beziehungsweise Aufgaben der einzelnen Kleingruppen stehen auf der Pinnwand. Wir bitten die Teilnehmer: »Überlegen Sie, an welchem der Themen Sie mit anderen Kollegen weiterarbeiten wollen. Hängen Sie bitte Ihren Kuller zum Thema!«

Ganz brav ordnen sich die Teilnehmer zu, ohne dass der Moderator auch nur irgendwie anschieben muss. Sie haben etwas in der Hand und das müssen sie loswerden.

Dazu zwei Tipps:

- Es hat sich bewährt, eine Obergrenze festzulegen: Ab fünf Teilnehmern ist die Gruppe voll.
- Für manche Themen gibt es nur eine Meldung. Da fragen wir zuerst, ob von den anderen jemand hier mitmachen will. Erst wenn das nicht der Fall ist und der Teilnehmer nicht alleine arbeiten will, soll sich der Einzelgänger einer anderen Gruppe anschließen.

Nach welchen Kriterien außer dem Interesse am Thema kann ich Kleingruppen noch einteilen?

Strebt der Moderator eine *zufällige Mischung der Teilnehmer* an, wird er die Gruppenmitglieder zusammenlosen. Der Fantasie und dem Spieltrieb sind dabei keine Grenzen gesetzt. Das beginnt mit ganz einfachen Varianten, dass man die Gruppe immer wieder von 1–4 durchzählt, und dann treffen sich in einer Gruppe alle Einser, in der nächsten alle Zweier usw. Wir ziehen allerdings spielerische Elemente vor und teilen die Gruppen mit Smarties, verschiedenfarbigen Moderationskarten, Puzzleteilen oder mit Blättern von verschiedenen Bäumen ein.

Gerade in Workshops finden wir häufig eine dritte Variante der Gruppeneinteilung: Man will dann *bestimmte Leute in einer Gruppe* haben. Nehmen wir als Beispiel einen Workshop, der Probleme zwischen der Entwicklungsabteilung und der Produktion lösen soll. So kann es in einer Phase sinnvoll sein, dass sich nur Leute aus der Produktion in der einen Gruppe und Leute aus der Entwicklung in der anderen Gruppe zusammensetzen. Wenn es darum geht, die Probleme zu lösen, wird man aber auf alle Fälle die Abteilungen mischen, sodass zwei Leute aus der Produktion und zwei Leute aus der Entwicklung jeweils in einer Gruppe zusammenarbeiten. Manchmal ist es sinnvoll, die *richtigen Experten zu festgelegten Themen in einer Gruppe* zu haben. Dann werden die Gruppen so eingeteilt, dass zum Beispiel der Hydraulikexperte, der Elektronikexperte, der Leiter des Fahrversuchs in einer Arbeitsgruppe festgesetzt werden, und die anderen Teilnehmer ordnen sich je nach Interesse zu oder werden zugelost.

»Rucksackpacken« vor der Gruppenarbeit

Die Aufteilung des Plenums in Kleingruppen birgt ein Risiko: Es geht Ideenpotenzial verloren. Viele der Teilnehmer haben auch Einfälle und Vorschläge zu anderen Themen, nicht nur zu den selbst gewählten. Um das aufzufangen, gibt es bei unseren Workshops nach Gruppenbildung und Themenwahl, noch bevor die Gruppen ihre Arbeitsräume aufsuchen, das »Rucksackpacken«. Aus jeder Gruppe sitzt ein Teilnehmer mit Block und spitzem Bleistift in der Runde, um Ideen der Leute aus den anderen Gruppen aufzunehmen.

Am schnellsten geht das in der Form eines Blitzlichts: »Das will ich der anderen Gruppe als Anregung mitgeben ...« Meist enthält der Rucksack gute Ideen, die den Anfang der Arbeit in der Kleingruppe erleichtern.

Wie sieht die optimale Betreuung der Kleingruppen durch den Moderator aus?

Die Zeit, in der Kleingruppen arbeiten, ist für den Moderator eines Workshops auf keinen Fall eine Pause, in der er sich zurückziehen kann und für die Gruppen damit nicht erreichbar ist.

Die richtige Betreuung beginnt schon beim *Vorbereiten der Gruppenarbeitsräume*. Im Idealfall hat sie der Moderator mit Moderationskoffer, Pinnwand und Flipchart ausgestattet und auch die Stühle schon so aufgestellt, dass sofort mit der Arbeit begonnen werden kann.

Am Anfang der Gruppenarbeit schaut der Moderator in den einzelnen Räumen nach, ob die Arbeitsgruppen mit dem *Auftrag* klarkommen und ob alle notwendigen *Arbeitsmittel* vorhanden sind. Nach ungefähr zwei Dritteln der Zeit macht der Moderator erneut die Runde, schiebt Gruppen, die sich in Einzelheiten verzetteln, etwas an, achtet darauf, dass die Ergebnisse in irgendeiner Form visualisiert werden, und überprüft, ob die Gruppen mit der zur Verfügung stehenden Zeit zurechtkommen. Da ist der Zeitpunkt zu überlegen, ob eventuell den Gruppen mehr Zeit zur Verfügung gestellt wird. Zeitdruck sollte der Moderator auf keinen Fall in die Gruppe hineintragen. Ein drittes Mal geht der Moderator am Ende der Gruppenarbeit zu den einzelnen Gruppen, holt sie und ihre Ergebnisse ab und vergewissert sich, dass die Gruppe ein Mitglied auserkoren hat, das die Präsentation durchführt.

Dieses »Herumtigern«, wie wir es nennen, darf nicht übertrieben werden, Gruppen fühlen sich durch zu häufiges Nachschauen gestört, manche kontrolliert und gegängelt. Wichtig ist dagegen, dass der Moderator präsent ist, das heißt, wenn eine Gruppe den Moderator braucht, weiß sie, wo sie ihn findet.

Braucht die Kleingruppe einen eigenen Moderator?

Im Prinzip nein. Kleinere Gruppen organisieren sich ganz gut selbst. Wenn ein Teilnehmer auf Ziele, Zeit und Visualisierung achtet, wird die Arbeit effizienter. Wird die Gruppe größer, dauert es ziemlich lange, bis jemand gefunden ist, der die Gruppe anleitet und nötigenfalls moderiert. Ich habe schon Gruppen erlebt, gerade unter Trainerkollegen, die sich eine halbe Stunde argwöhnisch beäugten, wer es denn nun wagt, als Erster eine Führungsrolle in der Kleingruppe zu beanspruchen. Gearbeitet wurde dabei natürlich nicht. Wer also bei Gruppen ab fünf Teilnehmern Zeit sparen will, bestimmt als Workshop-Moderator am besten per Losentscheid den Leiter in einer Kleingruppe. Nachteil

Drei Teilnehmer brauchen keinen Moderator

dieses Verfahrens: Möglicherweise wird gerade der Teilnehmer Leiter, der das entweder partout nicht will oder der sich das zum Beispiel wegen mangelndem Durchsetzungsvermögen nicht recht zutraut.

Was mache ich als Moderator, wenn eine Gruppe nicht fertig wird?

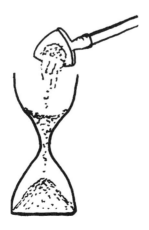

Erfahrungsgemäß unterscheiden sich die einzelnen Gruppen stark in ihrem Arbeitstempo. Dann taucht die Situation auf, dass eine Gruppe schon beim Kaffeetrinken sitzt, zwei Gruppen werden gerade rechtzeitig fertig, während die vierte Gruppe eigentlich noch eine halbe Stunde Zeit für die Weiterarbeit bräuchte. Der Moderator sollte das allerdings nicht erst zu diesem Zeitpunkt mitbekommen, sondern schon viel früher.

Ich versuche in solchen Fällen die Gruppen dazu zu bewegen, den Zwischenstand ihrer Arbeit im Plenum zu präsentieren. Wichtig ist mir, dass die Gruppe nicht mit leeren Händen kommt, sondern tatsächlich ihr Zwischenergebnis in irgendeiner Form visualisiert.

Der Moderator sollte unbedingt darauf achten, dass in den Gruppen weder Zeitdruck entsteht noch ein Druck durch nicht fertig bearbeitete Aufgabenstellungen.

Wie gehe ich als Moderator mit Konflikten in Kleingruppen um?

Aus der Erfahrung kann ich feststellen, dass sich die meisten Gruppen in Konfliktfällen selbst regulieren und ohne ordnende Moderatorenhand Ergebnisse entwickeln.

Selbstregulierung   Manchmal wird man als Moderator allerdings gebeten, einer Gruppe zu helfen. Ich setze mich dann dazu, aber immer mit der Einschränkung, nur über die anstehende Hürde zu helfen und mich anschließend wieder zurückzuziehen.

Was sind nun solche Hürden? Viele Schwierigkeiten schafft man sich selbst durch missverständliche, meist zu grob formulierte Arbeitsaufträge. Hürden entstehen auch aus sachlichen Differenzen: Es gilt, einen Lösungsweg für ein Problem zu entwickeln, aber in der Gruppe ist kein Konsens herzustellen. In einer solchen Situation empfehlen wir, die konkurrierenden Ideen darzustellen und ins Plenum zu tragen.

Manchmal versteckt sich hinter vordergründigen Sachproblemen ein Konflikt zwischen einzelnen Teilnehmern der Gruppe. Der Inhalt der Gruppenarbeit muss dann dazu herhalten, Privatfehden auszutragen. Eine mögliche Hilfe besteht hier darin, die Gruppe dazu zu bringen, sich für die Zeit der Gruppenarbeit einen Gesprächsleiter (natürlich keinen von den beiden Streithähnen) zu wählen.

Ein Problem, bei dem Selbstregulierungskräfte versagen, ist fehlende Motivation. Die Gruppe sitzt träge herum und kommt eigentlich nicht richtig ins Laufen. Der Moderator setzt sich kurz zu der Gruppe und versucht die Ursachen der Lähmung zu erforschen. Möglicherweise muss dann die Bedeutung des Arbeitsanteils dieser Kleingruppe im Rahmen der gesamten Workshop-Aufgabe noch einmal begründet werden. Manchmal haben die Lähmungserscheinungen andere Ursachen: Nach einem anstrengenden Vormittag, einem wie in den meisten Seminarhotels zu üppigen Mittagessen befinden sich die Teilnehmer tief im Mittagsloch. In dieser Situation bringen wir den Gruppen einfach nur Kaffee in den Gruppenarbeitsraum oder empfehlen einen Raumwechsel. Gute Erfahrungen haben wir damit gemacht, die Gruppenarbeit mit einer kurzen Diskussion bei einem Spaziergang im Freien zu beginnen.

> **Vier goldene Regeln für die Arbeit in Kleingruppen**
>
> 1. **Geben Sie möglichst detaillierte Arbeitsaufträge in schriftlicher Form!**
>
>   Arbeitsaufträge enthalten Angaben über
>   - die konkrete Aufgabenstellung, am besten gegliedert in einzelne Teilschritte,
>   - den Arbeitsplatz,
>   - die Art und Dauer der Präsentation der Arbeitsergebnisse,
>   - das Ende der Gruppenarbeit.
>
> 2. **Vermeiden Sie jeden Anschein von Beschäftigungstherapie!**
>
>   Es muss für jeden Teilnehmer klar sein, welchen Sinn die Arbeit in der Kleingruppe hat.
>
> 3. **Geben Sie mindestens 40 Minuten Zeit!**
>
>   Oft werden gerade die »Verkehrszeiten« unterschätzt: Der Weg zum Gruppenarbeitsraum, die Zeit, bis sich die Gruppe in etwa organisiert und das Prozedere geklärt hat und so weiter. Da sind zehn Minuten weg wie nichts, auch die Vorbereitung der Präsentation der Ergebnisse braucht Zeit.
>   Diese 40 Minuten sollten eigentlich nur unterschritten werden, wenn zum Beispiel gemeinsam Karten bei der Kartenabfrage geschrieben oder Fragen für die Expertenbefragung gesammelt werden.
>
> 4. **Bestehen Sie auf eine Visualisierung der Arbeitsergebnisse!**
>
>   Nur wenn die Ergebnisse der Arbeit in der Kleingruppe in irgendeiner Form festgehalten und für das Plenum visualisiert und gut präsentiert werden, kann daran weitergearbeitet werden.

Keine Beschäftigungstherapie!

Verlange ich als Moderator immer eine Präsentation der Ergebnisse?

Auf alle Fälle! Das gehört sogar zu den Kernaufgaben der Moderation eines Workshops. Die beste Arbeit innerhalb der Kleingruppen nutzt wenig, wenn diese Arbeit im Plenum nicht gut »verkauft« wird.

Die ersten Hilfestellungen gibt der Moderator mit dem Arbeitsauftrag. Er legt darin die Zeitdauer der Präsentation fest und macht die Visualisierung der Arbeitsergebnisse verpflichtend. In manchen Teilnehmergruppen ist noch mehr Präzisierung nötig, da setzen wir zum Beispiel fest: »Visualisieren Sie Ihre Arbeitsergebnisse auf einem möglichst selbstredenden Flipchartplakat! Auch ein Unbeteiligter sollte die Dokumentation verstehen können.«

Der Moderator sollte die Präsentationen »hoch aufhängen« und ihren Stellenwert erhöhen. Wir erzählen dazu gerne von wunderbaren Ideen, die in Unternehmen deshalb nie umgesetzt wurden, weil ihre Erfinder sie im Workshop schlecht verkauft haben. Die Gruppen sollten sich daher für die Visualisierung unbedingt ausreichend Zeit lassen. Manchmal hat die nicht ganz ernst zu nehmende Ankündigung einer Oscarverleihung für die schönsten Visualisierungen Erfolg.

Beim »Rumtigern« durch die Gruppen ist der Kontrollblick des Moderators nötig: Schreiben die Teilnehmer ausreichend groß? Legen sie Wert auf die optische Gestaltung?

In unserer Workshop-Arbeit lassen wir gerne die Arbeitsergebnisse auf bespannten Pinnwänden oder auf Flipchartblättern visualisieren. Diese kleineren Plakate hängen wir in die Mitte einer Pinnwand, auf der dann genügend Platz ist für Ergänzungen, Kritik usw. (s. »Schriftlich Diskutieren«, S. 70ff.).

Gibt es viele Kleingruppen, dann besteht die Gefahr eines Präsentationsmarathons. Die letzten Gruppen bekommen nur mehr wenig Aufmerksamkeit. Wir setzen dann die geführte Postersession (s. S. 45) ein. Das Plenum wandert von einem Plakat zum andern. Einer der Plakatautoren beantwortet, wenn nötig, Verständnisfragen.

Wie führe ich die Ergebnisse der Einzelgruppen zusammen?

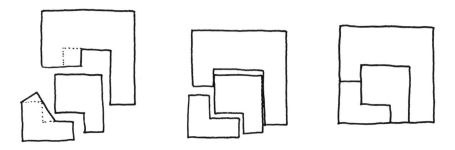

Nur selten lassen sich die Ergebnisse der einzelnen Gruppen zu einem Gesamtergebnis nahtlos aneinanderreihen. Oft gibt es Überschneidungen, Lücken oder Widersprüche. So war zum Beispiel die Aufgabe eines Workshops die Reduzierung der Belastungen der Mitarbeiter in der biotechnischen Produktion. Eine Gruppe entwickelte flexible, mitarbeiterfreundliche Arbeitszeitmodelle, eine andere dachte in Richtung Teilautomatisierung nach, eine dritte entwickelte ein Rotationsprinzip zur gleichmäßigen Belastung aller Mitarbeiter. Nach der Präsentation und Diskussion der Vorschläge gab es eine zweite Runde mit Kleingruppenarbeit, in der jeweils Vertreter von zwei Gruppen versuchten, ihre Ergebnisse aufeinander abzustimmen oder konkurrierende Vorschläge (zum Beispiel Teilautomatisierung und Spezialisierung versus Rotationsprinzip) für das Plenum zur Entscheidung aufzuarbeiten.

Bewährt hat sich eine »zweite Runde« auch dann, wenn die Ergebnisse im Plenum heftig diskutiert werden. Die Gruppen ziehen sich noch einmal zurück, um Anregungen und Kritik einzuarbeiten.

Gerade wenn es um ganz neue Konzeptionen geht, ist ein Workshop mit der Integration der Ergebnisse rein zeitlich überfordert. Dann ist es Aufgabe des Moderators, im Maßnahmenkatalog festzuhalten, wer woran weiterarbeitet.

Hermann Will

Kapitel 9: Visualisieren und Dokumentieren

Ein Qualitätsmerkmal von Workshops ist konsequente Visualisierung. Das ist manchmal arbeits-aufwendig. Aber: Es macht sich bezahlt, denn fast alle Workshop-Teilnehmer sind Augenmenschen.

Wichtige Fragen für den Moderator, damit später alle »durchblicken«:

3 Fragen
- Welche Art von Visualisierung passt zu welchem Workshop?
- Wer produziert sie?
- Welche Funktionen soll die Visualisierung erfüllen?

Optischer Leitfaden

Während des Workshops stehen unter anderem Ablaufplan, Ausgangspositionen, Zwischenschritte und Ergebnisse oder Beschlüsse auf vielen großen Plakatwänden. Dieser »optische Leitfaden« erleichtert den Überblick und unterstreicht die Werkstatt- und Arbeitsatmosphäre. Die obligatorische Visualisierung zwingt Referenten, Diskutanten und Arbeitsgruppen, ihre Beiträge kurz und prägnant auf den Punkt zu bringen, und so stehen die vereinbarten Folgeaktivitäten »schwarz auf weiß« im Raum. Über die Veranstaltung und den Teilnehmerkreis hinaus unterstützen zudem gut gemachte Dokumentationen die Workshop-Ziele und werten die geleistete Arbeit auf.

Visualisierung auf Flipchart und Pinnwand

Pinnwandplakate sind typisch für unsere Workshops. Nebeneinander aufgestellt, machen sie als »Wandzeitungen« die gemeinsame Arbeit permanent sichtbar. Das ist mit Folien, Großbildprojektion oder Fotokopien alleine nicht zu schaffen.

3 x Plakat:
spontan
teilfertig
fertig

Eine Unterscheidung vorneweg: »Spontanplakate« entstehen als großflächige Skizzen ad hoc im Arbeitsprozess. »Fertigplakate« oder »Teilfertigplakate« werden zum Workshop mitgebracht oder dort in den Zwischenzeiten vorbereitet. (Tipps für Pinnwand und Flipchart: Weidenmann [4]2008.)

Wer macht wann Plakate?

- **Plakate des Moderators**
  Mindestens zwei große Pinnwandplakate stellt der Moderator schon zu Beginn an zentraler Stelle in den Raum: Auf dem ersten stehen die geplanten Ablaufschritte des Workshops und das zweite enthält den Maßnahmenkatalog (noch ohne Eintragungen). Weitere Plakate des Moderators entstehen während der Veranstaltung, zum Beispiel Mind-Maps als Mitvisualisierung von Diskussionen (s. S. 97ff.), Überschriften für Kartenabfragen und Zuruflisten sowie Themenspeicher (s. Kapitel 5 und 6), eventuell auch Erklärungen über die Ablaufschritte von Workshop-Methoden (etwa die Schritte der Pro-Kontra-Diskussion).

  Moderatorplakat

- **Plakate von Referenten und Gästen**
  Weitere Plakatproduzenten sind Referenten und Workshop-Gäste. Sie bringen fertige oder teilfertige Plakate mit für ihre Kurzreferate beziehungsweise für die Postersession oder skizzieren in der Expertenbefragung Sachverhalte am Flipchart (s. S. 48ff.).

  Gastplakat

Teilnehmerplakat

- **Plakate der Teilnehmer**
  Auch die Teilnehmer greifen zu Stift und Papier – schließlich ist es ihr Workshop. Sie schreiben auf Karten (die dann an die Plakatwände kommen), halten Fragen beziehungsweise Ergebnisse von Arbeitsgruppen direkt auf großen Papierbögen fest oder protokollieren mit. Auch Teilnehmerplakate reichen in der Gestaltung vom grafischen Kunstwerk bis zum Plakat-Graffiti.

Tipps zur Plakatgestaltung

Mit den folgenden Tipps zur Postergestaltung traktieren wir Referenten und Plakatautoren und die Schreiber der Arbeitsgruppen:

1 - 2 - 3 - 4 - 5

> **Fünf Tipps für gute Plakate**
>
> 1. **Überschrift:** Jedes Plakat hat einen Namen!
> 2. **Struktur:** Der Aufbau muss mit einem Blick erkennbar sein! Da helfen Blockbildung, Trennlinien, Kästen.
> 3. **Bild schlägt Wort:** Nicht nur Text, sondern auch Schemazeichnungen, Diagramme oder Bilder verwenden!
> 4. **Farben:** Sie beleben das Plakat und erleichtern den Überblick!
> 5. **Fernwirkung:** Aus mindestens sieben Metern Entfernung müssen Plakate noch gut lesbar sein!

Workshop-Plakate müssen keine grafischen Meisterwerke sein. Zu gestylte »Messeplakate« könnten sogar den Eindruck erwecken, es sei schon alles fix und fertig! Aber zumindest von mitgebrachten Postern darf man erwarten, dass sie übersichtlich und gut lesbar sind, die Botschaft »rüberbringen« und das Publikum ansprechen.

Stift und Schrift

- **Die richtigen Filzstifte**
  Dünne und blasse Stifte sind Workshop-Feinde und deshalb schon gar nicht im Moderatorenkoffer. Vier Farben in zwei Strichstärken sind Standard (aber nicht gleichzeitig auf einem Plakat). Experimentieren Sie mit verschiedenen Strichstärken. Verwenden Sie auch nur Filzstifte mit Keilspitze!

Weitenwirkung bringt Breitenwirkung

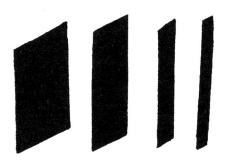

Zur Not schreibt der Moderator auf dem Boden

- **Stifthaltung ist (fast) Glaubenssache**
  Wir predigen: »Kante statt Spitze!« Stift mit einer Filzkante gleichmäßig auf das Papier setzen, schreiben und dabei nicht mehr drehen. Das ergibt attraktive Dick-dünn-Schriften. Praktisch sind Stifte mit Griffmulden (Neuland). Damit schreiben auch ungeübte Workshop-Teilnehmer richtig. Viele Teilnehmer sind zudem dankbar für Schreibtipps. Am besten, Sie machen es vor.

Kante aufsetzen, Stift nicht mehr drehen!

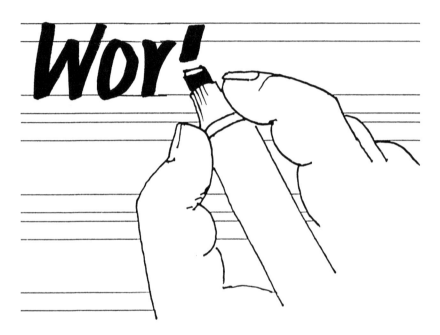

- **Buchstabengröße und Schrift**
  Die Buchstaben müssen mindestens fünf Zentimeter hoch sein, sonst ist das Plakat aus fünf Metern kaum noch zu entziffern! Druckschrift mit Groß- und Kleinbuchstaben erhöht die Lesbarkeit. Unten sehen Sie ein Schriftmuster von Neuland (s. auch www.neuland.at/schrift). Praktischerweise gibt es für den PC von Neuland den gleichnamigen Schriftfont. Mit dem Computer vorbereitete Plakate sehen damit aus, als wären sie perfekt mit der Hand geschrieben.

  5 cm Minimum

Überraschende Applikationen auf Pinnwand

Viel mehr ist möglich

Bei schnellen Spontanplakaten genügt Filzstift (möglichst zwei Farben) auf Packpapier. Bei vorbereiteten Plakaten ist viel mehr möglich:

- Die Überschriften schreibt man einheitlich auf lange, schmale Papierstreifen (zum Beispiel aus dem Moderationskoffer) oder auf die etwas aus der Mode gekommenen »Wolken«. Wir nadeln Überschriftstreifen ganz oben an die Pinnwand – und zwar so, dass sie 5 cm überstehen. Das schafft Platz auf dem Plakat.
- Wörter, Zeilen oder Flächen mit farbigen Wachsmalkreiden in Blockform hervorheben. Mit einem Zug bekommen Sie das Farbwachs vier Zentimeter breit auf Pinnwand- oder Flipchartpapier.
- Für eine kräftigere Farbunterlegung empfehlen wir: Mit Filzstift auf farbige Kartons schreiben (diese gibt es auch im DIN-A3-Format in Kopierläden) und diese Applikationen an die Pinnwand kleben.
- Markante Vorlagen oder Schemata stark vergrößert auf (farbigen) A3- oder A2-Karton kopieren und dann auf das Plakat montieren. Mit Leuchtstiften können Sie dann noch zusätzliche Akzente setzen.
- Professionell sehen großflächige Plankopien aus, die auch in Pinnwandgröße mit dem Plotter hergestellt werden können. Gute Kopierläden machen das auch in Farbe.
- Mit Seil und Haken an der Pinnwand: Damit meinen wir keine Klettertour, sondern Sie können an der Pinnwand-Oberkante Haken einhängen und daran mit einer Schnur Gegenstände befestigen. Beispielsweise baumeln dann Gestaltungsalternativen oder typische Ausschussstücke der Produktion an der Pinnwand.

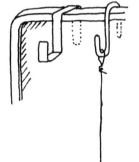

Visualisieren mit Handskizzen, Video und Beamer

Visualisierung ist weit mehr als nur Folien oder Pinnwandplakate, voll mit Zahlen, Wörtern oder Sätzen. Lassen Sie Ihre Teilnehmer Sachverhalte, Situationen, Gefühle oder Gedanken großflächig als Handskizzen darstellen. Oder verlassen Sie die Papiermedien ganz und animieren Sie Ihre Referenten und Teilnehmer zu kurzen, selbst gedrehten Videodokumentationen oder Videospots (mehr über »Barfuß-Video« auf S. 252ff.).

Mit den Augen denken

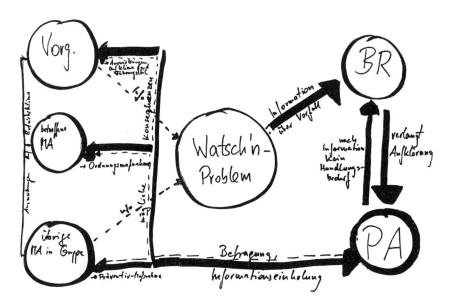

Beamerpräsentationen haben in unseren Workshops geringere Bedeutung. Sie riechen zu sehr nach Präsentation und Schulung und das »beißt sich« mit unserer Workshop-Philosophie.

Bei komplexen Informationen, die zur Arbeit im Workshop nötig sind, kommen wir um Präsentationen mit PowerPoint und Beamer aber nicht herum. Der Moderator achtet auf die Kürze. Aus dem Workshop soll kein Vortrag werden. Auch bei der Expertenbefragung sind mitunter Beamer und Laptop nötig.

Der Maßnahmenkatalog – für alle sichtbar

Es gibt nichts Gutes, außer man tut es!

Im Workshop soll etwas gemeinsam erarbeitet werden. Damit das später auch Wirklichkeit wird, braucht es Vereinbarungen über Beschlüsse und Folgemaßnahmen. Diese werden gemeinsam im Workshop formuliert und für alle sichtbar visualisiert.

Maßnahmenkatalog auf Pinnwand

In fast allen unseren Workshops hängt schon zu Beginn ein »leerer« Maßnahmenkatalog an der Pinnwand an auffälliger Stelle im Raum. Das macht von Anfang an für alle das Workshop-Prinzip augenscheinlich: Nicht nur reden, sondern Nägel mit Köpfen machen! Im Prinzip sieht er folgendermaßen aus:

Maßnahmenkatalog: *Riessersee, Projekt xyz*

#	Was? Wie?	Wer machts?	Schnittstellen	Termine kurz-/langfristig

Der Moderator schreibt vor aller Augen die vereinbarten Beschlüsse in den vorbereiteten Maßnahmenkatalog: Wer von den Anwesenden führt die geplante Maßnahme wie aus oder ist federführend dafür verantwortlich? Welche Personen oder Institutionen soll der Verantwortliche klugerweise in die Umsetzung mit einbeziehen (= tangierte Schnittstellen)? Moderatoren sollten unbedingt darauf achten, dass das Plenum realistische Zwischen- und Endtermine vereinbart (und dass man die Verantwortlichen dabei nicht überrumpelt). Sie müssen auch klären, wer die Einhaltung des Maßnahmenkataloges begleitet und überprüft, denn nichts schadet dem Moderatoren- und Workshop-Image mehr als Beschlüsse ohne Konsequenzen.

Besser keine Beschlüsse als Beschlüsse ohne Folgen!

In manchen Workshops entstehen Pinnwandplakate, die eher den Charakter von Wunschlisten haben, zum Beispiel wenn die Mitarbeiter gemeinsam Wünsche an ihren Chef formulieren und ihm diese am Schluss öffentlich »für die Heimreise in den Koffer packen«.

Umfangreiche Kataloge in Teillisten zerlegen

Bei umfangreichen Maßnahmen zerlegen wir den »Katalog«. Auf der Pinnwand steht nur der Überblick. Jede Maßnahme kommt gesondert auf einen zusätzlichen Flipchartbogen, denn so bleibt mehr Platz für ausführliche Anmerkungen. Oft wird diese Liste dann nochmals sauber abgetippt – vor allem, wenn sie später auch außerhalb des Teilnehmerkreises zirkulieren soll.

Maßnahmen: Workshop EK 4.5

Maßnahmen		Verantwortlich	Termin
1.	*Verbindungsmann für Messtechnikaufgaben*		
	a) Ansprechpartner bei EK 4.5 (s. Maßn. 9)	EK 4.5 Valery	31. Mai
	b) Verbindungsingenieure in den Fachabteilungen (dazu Schulungsangebot durch EK 4.5, mit Ziel: Gesamteffektivität steigern)	EK 4.5 Mayerle mit AL	30. Juni
2.	*Standardisierung von Mess- und Rechnertechnik*	Lehner/Boerger	1. Dez.
	a) Einheitliche Messsysteme, Reduzierung der EW- und SW-Vielfalt 　* Schulung mit neuen Systemen (s. a. 1.)		
	b) Abgestimmte Ausmusterung alter Geräte (schrittweise ausmustern bzw. nicht mehr warten) 　* Liste mit Geräten, die ausgemustert werden sollen, mit Termin für Wartungs- und Erneuerungsstopp		
3.	*Wartungsverträge*		
	Neue Systeme mit Zusicherung einer »Vor-Ort«-Wartung	EK 455	15. Juni
	Für vorhandene Geräte »Vor-Ort«-Wartungsverträge 　* Liste mit möglichen systemen, die zur Wartung anstehen 　* Firmen finden, Kosten ermitteln 　* Verträge schrittweise einführen	 H. Pale H. Schreyer H. Satzinger	 15. Okt. 31. Okt. 31. Okt.
4.	*Sprechstunden*		
	Service-Sprechstunden für Fachabteilungen	Ulmer u. GL 4.5	30. Sept.

Simultanes Protokoll per Beamer

Laptop und Beamer machen es möglich: Das Protokoll entsteht simultan im Workshop. Aussagen, Ergebnisse und Beschlüsse werden notiert. Das kann ein Teilnehmer machen. Weil dieser aber nur eingeschränkt am Workshop selbst mitarbeiten kann, ist es besser, jemanden eigens für das Protokollieren abzustellen. Wir greifen dafür gerne auf Praktikanten zurück, die miterleben wollen, wie so ein Workshop abläuft. Der Protokollant achtet darauf, dass im Protokoll nur gemeinsam akzeptierte Formulierungen stehen. Änderungswünsche der Teilnehmer können sofort eingearbeitet werden.

Sehr gute Erfahrungen machen wir mit dem Maßnahmenkatalog als Herzstück des Protokolls per Beamer. Dazu ist kein eigener Protokollant nötig. Der Moderator bittet um einen Formulierungsvorschlag für eine Maßnahme und schreibt diese Formulierung in den Laptop. Der große Vorteil gegenüber der Pinnwand ist die leichte Korrigierbarkeit. Ausgedruckt oder per E-Mail versandt, ermöglicht der so entstandene Maßnahmenkatalog, dass die Arbeit ohne Verzögerung sofort beginnen kann.

Laptop und Beamer erleichtern das schnelle Erstellen des Maßnahmenkatalogs

Workshop-Dokumentation

Für die, die dabei gewesen sind, ist so ein Foto eine gute Gedankenstütze

Wichtige Workshopschritte werden im Bild festgehalten

Maßnahmenkataloge sind schlichte Ergebnis- und Aktionsprotokolle – kurz und knapp. Sie entstehen noch im Workshop, und wenn es klappt, halten die Teilnehmer sie am Schluss der Veranstaltung kopiert in den Händen.

Bei manchen Workshops entstehen umfangreichere Dokumentationen. Neben Ergebnisprotokollen enthalten sie ergänzendes und »animierendes« Material, zum Beispiel Plakate, Redebeiträge oder Expertenaussagen und vor allem Fotos von Teilnehmern oder Workshop-Gästen in Aktion. Dem Workshop wird so rückwirkend eine besondere Note verliehen.

Solche Dokumentationen sind nützlich und es macht Freude, darin zu blättern. Und zudem tragen sie die persönliche Handschrift des Moderators.

Folgende Fragen sollten Sie sich schon vor dem Workshop stellen oder mit dem Auftraggeber klären:

- Wer braucht überhaupt eine Workshop-Dokumentation und wozu? (s. S. 152)
- Wer koordiniert und macht die Arbeit von der Konzeption bis hin zum Versand?
- Welche Form der Dokumentation und welcher Grad an Perfektion ist sinnvoll?
- Nützt eine zusätzliche, abgespeckte Fassung für das Außenpublikum – parallel zur ausführlichen Version für Teilnehmer- und Insiderkreis?

Der einfache Weg, Foto-Dokumentationen herzustellen

Wir fotografieren mit einer Digitalkamera alles, was auf Pinnwänden und Flipcharts während des Workshops entsteht, achten aber auch darauf, den Entwicklungs- und Arbeitsprozess einzufangen. Das sind Bilder mit Workshop-Teilnehmern beim Arbeiten.

Die Fotos kommen auf dem Rechner in einen eigenen Ordner. Für einfache Dokumentationen verwenden wir Office-Programme. PowerPoint im Hochformat ziehen wir Word vor, weil jede Seite separat ohne Einfluss auf eine andere bearbeitet werden kann.

Kopf und Fußzeilen geben Orientierung und lassen die Dokumentation professionell aussehen. Die Fotos werden chronologisch bzw. der in dem Entwicklungsprozess entstehenden Reihenfolge eingefügt. Bei den einfachen Dokumentationen bearbeiten wir die Bilder vorher nicht. Die Symbolleiste »Grafik«, die es bei Word und PowerPoint gibt enthält ausreichend Werkzeug. Die zwei meist gebrauchten sind »Zuschneiden« und »Mehr Helligkeit«.

Ganz ohne ergänzende Texte kommen Foto-Dokumentationen selten aus, besonders dann, wenn sie auch für Außenstehende, die beim Workshop nicht dabei waren, nachvollziehbar sein sollen. Das sind dann meistens Textfelder bei den Bildern mit Ergänzungen wie: »Aus den vielen Ideen wurden zehn ausgewählt und in Gruppen vertieft.« Oder: »Dieses Plakat wurde kontrovers diskutiert. Position A kritisierte den hohen Aufwand bei der Umsetzung dieser Maßnahme. Position B sah die Maßnahme als Voraussetzung für alle anderen.«

Bilder mit Teilnehmern in typischen Situationen geben dem Protokoll einen besonderen Touch. Auch bei der Gestaltung des Titelbildes achten wir darauf, das Besondere des Workshops darzustellen.

> **Workshop-Dokumentation: Wer will oder braucht sie?**
>
> - **Workshop-Teilnehmer**
>   Sie wollen inhaltlich nachschlagen oder Spaß haben beim Blättern. Dann braucht es ein Inhaltsverzeichnis, aber nur wenige Kommentierungen. Beliebt sind Aktionsfotos aus dem Workshop.
>
> - **Kolleginnen und Kollegen der Workshop-Teilnehmer**
>   Sie waren bei der Veranstaltung nicht dabei, möchten aber erfahren, was dort gearbeitet und beschlossen wurde. Diesem Personenkreis helfen kurze Anmerkungen und Kommentare.
>
> - **Auftraggeber**
>   Sie waren als Verantwortliche, Vorgesetzte oder Projektleiter mit entscheidend dafür, dass dieser Workshop überhaupt stattfand. Diese Leser brauchen die Dokumentation u.a. als Legitimation und um die Umsetzung von Beschlüssen überprüfen zu können.
>
> - **Indirekt Betroffene**
>   Nachbarabteilungen und andere Instanzen in der Organisation, die von den Workshop-Beschlüssen tangiert sind: Sie möchten Details nachschlagen, die sie selbst betreffen.
>
> - **Paten**
>   Mächtige Förderer in der Hierarchie, die den Workshop-Beschlüssen Rückendeckung und Hilfe angedeihen lassen sollen. Sie möchten rasche Orientierung und ein »gutes Gefühl« für ihr Engagement.
>
> - **Workshop-Gäste und Referenten**
>   Die Dokumentation kann man ihnen als kleines Dankeschön für ihr Mitwirken schicken. Da ist die gute Aufmachung natürlich wichtig.
>
> - **Presse**
>   Die breite Öffentlichkeit will ebenfalls meist nur einen schnellen Überblick und sie lässt sich von attraktiver Aufmachung beeindrucken.
>
> - **Der Moderator**
>   Eine gute Dokumentation ist willkommene Gedächtnishilfe und Fundgrube für die Planung kommender Workshops.

Dokumentation als PR-Instrument

Der Hauptversandweg für Dokumentationen ist inzwischen das Mailen. Dazu ist die so entstehende Datei zu groß. Große dateien wandeln wir in ein pdf-Format um. Wenn wir die Option »kleinste Dateigröße« oder »Minimieren« wählen, ist die Datenmenge so klein, dass die Dokumentation bequem als Mailanhang versandt werden kann.

Tipps vom Doku-Profi

»Hardware«

Hermann Beiler, unser technikbegeisterter Profi in Sachen digitale Dokumentation, gibt genauere Tipps vor allem für das Bearbeiten der Bilder. Seine Stärke ist übrigens die Sofortdokumentation. Er schafft es, am Ende des Workshops allen Teilnehmern eine fix und fertige Dokumentation edel gebunden in die Hand zu drücken.

Ausrüstung

- **Digitalkamera**
  Die Kamara sollte über ein lichtstarkes (etwa f:2,8) optisches 3-fach (mindestens) Zoomobjektiv und 4 Mio. Pixel Auflösung verfügen. Eine höhere Auflösung erzeugt sehr große Datenmengen und bringt kaum Vorteile. Wichtig ist, immer den richtigen Bildausschnitt zu wählen. Bei zu groß gewähltem Bildausschnitt gehen beim späteren Beschneiden mehr »Pixel« verloren, als durch einen hoch auflösenden Bildsensor gewonnen werden.

- **Speicherkarten**
  Schnelle Speicherkarten (das sind leider nicht immer die billigsten) mit 1 bis 4 GB Speicherkapazität erlauben das Speichern vieler Bilder in höchster Auflösung und guter Qualität ohne die Karte wechseln zu müssen.

- **Batterie- beziehungsweise Akkusatz**
  Batterien und Akkus werden zum Wechseln benötigt, und Akkuladegerät nicht vergessen!

- **Notebooks**
  Alle heute gängigen Notebooks genügen für die Verarbeitung der Dokumentation. Wichtig ist ein genügend großer Arbeitsspeicher.

- **Lesegeräte**
  Eingebaute oder externe (USB 2.0) Lesegeräte für die Speicherkarten beschleunigen den schnellen Datenaustausch. Das Überspielen der Bilder mithilfe eines USB-Kabels von der Kamera zum Rechner mittels meist mitgelieferter Software ist in der Regel relativ langsam.

- **Drucker und Bindegerät**
  Wer am Ende des Workshops jedem Teilnehmer eine Dokumentation in die Hand geben will, druckt sie gleich an Ort und Stelle aus. Dafür braucht es schnelle Laserdrucker mit mindestens 600 dpi Auflösung. Wer seinen eigenen Drucker nicht mitschleppen will, sollte die Voraussetzung für den Druck sicherstellen (kompatible Software, Treiber, Anschlüsse).
  Statt die Ergebnisse auszudrucken, lassen sich diese auch mit geeigneter Software »webfertig« verarbeiten und ins Netz stellen. Dazu genügt ein Internetzugang.
  In unserer Arbeit hat sich die fest gebundene Dokumentation bewährt. Damit hat man keinen Blättersalat und die Bindung macht einiges her.

Bildbearbeitung am Rechner

Alle Fotos von der Digitalkamera auf den Rechner überspielen. Bildübersichtsprogramme erleichtern den Überblick und drucken auch Bildkataloge.

Die ausgewählten Fotos auf die »richtige« (für Druck oder fürs Netz) Größe und Auflösung bringen und wenn nötig die Bildausschnitte optimieren (außenherum alles Unwichtige »wegschneiden«). Schlecht lesbare Schriften und falsche Belichtung lassen sich ebenfalls nachbessern. Dazu gibt es zum Beispiel bei IrfanView (www.irfanview.de, Freeware!) eine automatische Bildverbesserungsfunktion und eine komfortable Batchverarbeitung. Damit werden viele Bilder in einem Arbeitsgang bearbeitet. Die fertig gestellten Bilder werden am besten in einem eigenen Verzeichnis (»bearbeitet«) gespeichert. Dadurch bleiben für den Fall des Falles die Originale erhalten und die weitere Verarbeitung wird beschleunigt.

Die »fertigen« Bilder werden in ein entsprechendes Layout eingefügt und mit Bildunterschriften und Kommentaren versehen. Das geht sowohl mit Grafik- oder DTP-Programmen wie CorelDraw, aber genauso gut und oft sogar noch schneller mit Office-Programmen wie Word, PowerPoint oder entsprechenden Open-Source-Programmen. Gerade in Word oder PowerPoint macht sich die vorherige Bildbearbeitung bezahlt: Fotos müssen nicht erst mühsam mit der Maus klein gezogen werden. Helligkeit und Schärfe stimmen schon.

Nun kann die fertige Dokumentation ausgedruckt werden.

Eine Konvertierung ins PDF-Format (AdobeAcrobat, PDF-Creator, FreePDF) ermöglicht das Erstellen eines fast beliebig komprimierten Dokuments in unterschiedlichen Auflösungen. So lassen sich druckbare oder für das Netz optimierte Dateien erstellen, die sich zum Beispiel ins Intra- oder Internet stellen oder auch gut per E-Mail verschicken lassen.

Nichts ist so schnelllebig wie die digitale Technik. Deshalb gibt es unter www.workshoptraining.net eine von Hermann Beiler laufend aktualisierte Anleitung zum Herstellen von digitalen Dokumentationen.

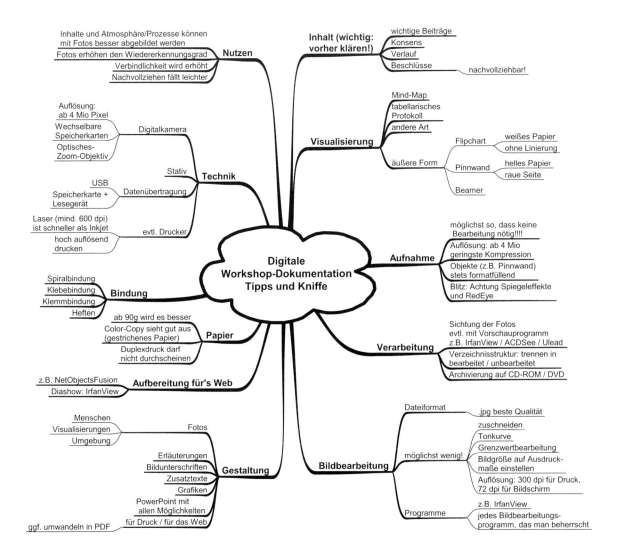

Tipps fürs Fotografieren

- Alle wichtigen Arbeitsschritte und Arbeitsergebnisse dokumentieren.
- Relevante Plakate und Szenen in zeitlicher Reihenfolge aufnehmen.
- Bei Präsentationen die Vortragenden mit aufnehmen, weil reine Plakatfotos später beim Anschauen wenig stimulieren.
- An »Aktionsfotos« denken, zum Beispiel Gruppen bei der Arbeit, witzige Szenen.
- Der Blitz der Kamera reicht meist nur bis zu drei Meter. Dunkle Räume und große Gruppen brauchen Raumausleuchtung oder indirekten Blitz.
- Spiegelnde Flächen reflektieren den Blitz! Darum nur die matte Seite des Pinnwandpapiers beschreiben oder den Blitz ausschalten.
- Weißes Pinnwandpapier bringt bessere Plakatfotos als braunes Packpapier.

Sofortkontrolle durch die Teilnehmer

Wenn wir ein Sofortprotokoll im Workshop erstellen, kommen etappenweise Korrekturausdrucke an eine zentrale Pinnwand. Alle Teilnehmer können und sollen jetzt genau prüfen, ob sie mit Text und Bild einverstanden sind. Nach Absprache mit allen werden problematische Passagen überarbeitet. Danach gilt die Dokumentation als abgesegnet und verbindlich.

Dokumentation:
Häufige Fragen – unsere Antworten

? Wie schaffen Sie das? Parallel zur Moderation auch noch die Dokumentation?

Das ist tatsächlich ein Problem – auch für uns. Wir arbeiten gerne mit Workshop-Helfern, die uns die Dokumentation abnehmen. Da gibt es natürlich eingearbeitete Profis. Wir haben aber auch gute Erfahrungen mit Praktikanten oder Studenten gemacht.

? Muss es denn wirklich immer eine Sofortdokumentation sein?

Nein! Nicht immer muss die Dokumentation am Ende der Veranstaltung fertig sein. Eine Erleichterung ist es, wenn dann zumindest alle Bilder geprüft und gespeichert sind. Dann kann man die Dokumentation anschließend rasch über die Bühne bringen.

? Was kann man mit dem digitalen Equipment sonst noch anfangen?

Mit Kamera, Rechner und Drucker kann man Arbeitsgruppen auch während des Workshops noch kurzfristig mit Ausdrucken von Pinnwandplakaten, Zusatzinformation oder Arbeitsaufträgen versorgen. Dieses schnelle Herstellen von Ad-hoc-Material vor Ort finde ich äußerst praktisch.

? Was halten Sie von Pinnwand-Protokollkopierern, Copyboards und Sofortbildkameras?

Nichts mehr! Das sind alles technisch überholte Insellösungen: schwerfällig, unflexibel, mit schlechter Bildqualität und ohne Anbindungsmöglichkeit an den PC. Die werden in kurzer Zeit aussterben.

? Was kann ich tun, damit die Bilder meiner Dokumentation gelingen?

Vor lauter Aufnahmetechnik ist die Basis-Visualisierung in den Hintergrund gerutscht: Aus übervollen und unübersichtlichen Pinnwandplakaten kann selbst der beste Fotograf keine guten Bilder zaubern. Also schon während des Workshops auf gute Visualisierung achten! Nur dicke und kräftige Filzstifte verwenden! Manche Farben kommen beim Fotografieren oder Kopieren schlechter als erwartet. Machen Sie daher vor Workshop-Beginn einen »Farbtest«.

? Ich habe den Verdacht, EDV-gestützte Dokumentationstechnik verselbstständigt sich!
Da ist was dran. Aber das ist Risiko jeder neuen Technik. Die entscheidenden Fragen: Braucht der Workshop überhaupt eine Dokumentation? Welche Form unterstützt die Workshop-Ziele optimal? Welche Vorteile hat eine superschnelle Dokumentation? Steht der Aufwand in vernünftiger Relation zum Nutzen?

? Und was halten Sie von E-Mail- und Intranet-Dokus?
Anfangs waren wir begeistert. Umgewandelt in pdf-Dateien (kleinste Dateigröße) lassen sich auch umfangreiche Dokumentationen als E-Mail verschicken. Wir haben die Dokus auf speziellen Internetseiten (mit Passwort) oder im Intranet für die Teilnehmer zum Downloaden hinterlegt.
Wir stellten aber fest, dass diese Möglichkeiten nur spärlich genutzt werden. Deshalb kehren wir immer häufiger zum »Papier« zurück. Wir drucken die Dokumentationen farbig aus und verschicken sie.

? Haben Sie noch einen Spezialtipp?
Ja, einen »Medienzauberer«. Der dokumentiert alle zentralen Aussagen und Thesen sachlich-bildlich und gleichzeitig sehr dekorativ auf viele Einzelkartons und zeigt sie am Ende jeder Arbeitsetappe der Gruppe zur Abstimmung. Dann scannt er alles und gruppiert das im Rechner als verschiebbare, dreidimensionale, virtuelle Wissensräume. Per Großbildprojektion kommen anschließend alle Workshop-Aussagen an die Wand. Der Workshop wird so im wahrsten Sinn des Wortes räumlich-plastisch und nahezu begehbar. Ich habe das auch in Großgruppen-Veranstaltungen als sehr eindrucksvoll erlebt. Die entstehende Zeichnung wird zum Teil direkt mit der Videokamera auf die große Leinwand übertragen. Das schafft Live-Atmosphäre und schnellen Überblick (vgl. Frank 2004).

Ulrich Lipp

Kapitel 10:
Vorher und Drumherum

Die Schritte vor dem Workshop, die Vorbereitungsphase, und die Planung des äußeren Rahmens garantieren nicht notwendigerweise den Erfolg. Wenn allerdings in diesen Phasen Fehler gemacht werden, ist das Scheitern fast unausweichlich.

Vorbereitung am Beispiel: »Aufbruch zu neuen Ufern«

In einem Lebensmittelkonzern stand die biotechnische Produktion am Ende der Aufbauphase, in der Ideenreichtum, Improvisationsgabe und Flexibilität angesagt waren. Jetzt lief die Routineproduktion. Nicht die Entwicklung neuer Verfahren und Geräte war gefragt, sondern die Perfektion in der Anwendung der neuen Technik. Der zuvor beschworene Pioniergeist wurde fast schon zur Last. Zuverlässigkeit und Genauigkeit waren wichtiger als Flexibilität und Kreativität.

Das Ganze war zusätzlich verbunden mit personellen Veränderungen. Der Gruppenleiter wurde Abteilungsleiter, ein neuer Chef, Herr Löffler, kam an die Spitze. Eine ganze Reihe der »Aufbautruppe« suchte sich andere, »bessere« Stellen in der Firma, die verbleibenden Mitarbeiter waren frustriert. Ihnen wurde die Arbeit unter den neuen Vorzeichen zu eintönig und dadurch belastend. Frust breitete sich natürlich auch deshalb aus, da sich viele vergeblich einen Aufstieg erhofft hatten. Die Arbeitsatmosphäre wurde immer schlechter, was sich ganz schnell auf die Neulinge in der Truppe auswirkte. Die Ausschussproduktion stieg an. Die Fluktuation war nirgendwo im Betrieb größer.

Konsequenz: Die Firma beauftragte uns, mit einem Workshop die Gruppe wieder »zusammenzuschweißen« und neu zu motivieren.

Ist ein Workshop das richtige Mittel?

Unser Beispiel zeigt, wie die Idee für einen Workshop entsteht: Es gibt ein Problem, das nur schwer in den Griff zu bekommen ist. Die üblichen Interventionen der Personalabteilungen wirken kaum. Workshops lassen sich an externe Moderatoren vergeben: »Sollen die doch einmal einen Versuch starten!« Am besten wird gleich mit dem Auftrag an die Moderatoren ein Termin vereinbart, der Teilnehmerkreis festgelegt sowie ein Tagungshotel gebucht. Schon sind Fakten geschaffen, die eine andere Art von Intervention erschweren.

Dabei sollte am Anfang der Vorbereitungsphase – und begleitend während der Zielarbeit und der Vorfeldkontakte – die Überprüfung der Frage stehen: Ist ein Workshop wirklich das richtige Mittel für diesen konkreten Problemfall?

In unserem Beispielfall gab es in der Tat Diskussionsbedarf. Zum einen waren wir skeptisch, ob ein sinnvolles Ergebnis zu erreichen sei. Nach den Vorgesprächen war deutlich, dass die Aufgabe, »ein wenig in Richtung Gruppenbildung zu arbeiten«, viel zu einfach beschrieben war, denn es gab jede Menge an Problemen, die dazu führten, dass die Gruppe nicht mehr so wie früher arbeitete. Da kann ein isolierter Workshop schnell an seine Grenzen stoßen.

Bei der Frage nach Alternativen stellten wir fest, dass der neue Vorgesetzte in der Gruppe als Wissenschaftler zwar viel Know-how hatte, aber noch wenig Erfahrung als Führungskraft. Er brauchte also eigentlich eine Beratung beziehungsweise ein Führungstraining im Moment mehr als einen Workshop.

Da sich die beiden Maßnahmen nicht gegenseitig ausschlossen, wurde entschieden, den Workshop trotz aller Bedenken durchzuführen.

Das Workshop-»Prüfsiegel«

Mit folgenden Fragen wird die Eignung überprüft.

Ist die Bearbeitung der Aufgabe Sache einer Gruppe?
Möglicherweise ist eine einzelne Führungskraft, ein externer Berater, eine andere Abteilung besser als die betroffene Gruppe geeignet, die Aufgabe zu bewältigen oder das Problem zu lösen. Es gibt Führungskräfte, die unbequeme und konfliktträchtige Themen bereitwilligst in Workshops von den Mitarbeitern bearbeiten lassen, obwohl sie das selbst durch wenige, wenn auch unangenehme Entscheidungen viel einfacher bewerkstelligen könnten.

Können die Teilnehmer zusammenarbeiten?
Existiert eine Besprechungskultur, auf der man aufbauen kann? Eine geschickte Moderation wird in solchen Fällen die Zusammenarbeit sehr stark unterstützen. Wenn die Mitarbeiter allerdings nicht gelernt oder es verlernt haben, in der Gruppe zu arbeiten, wird ein Workshop mehr der Teamentwicklung dienen, anstatt mit den gestellten Aufgaben zurande zu kommen. Wir haben auch schon erlebt, dass eine Kooperation wegen zu starker Spezialisierung der einzelnen Teilnehmer (zum Beispiel in Forschungs- und Entwicklungsabteilungen) kaum möglich ist.

Sind die Teilnehmer motiviert?
Dies ist eine äußerst heikle Frage, besonders bei Workshops mit unangenehmen, konfliktträchtigen Aufgabenstellungen. Aber auch hier gilt: Führen weder das Interesse an der Problemlösung noch der Leidensdruck zur Motivation, wird ein Workshop wenig Erfolgsaussichten haben. In Vorgesprächen ist außerdem zu klären, ob die Idee zum Workshop ausschließlich vom Initiator stammt. In diesem Fall ist es wahrscheinlich, dass niemand sonst wirkliches Interesse daran hat. Daher wird auch ein Workshop wenig bringen.

Ist ein sinnvolles Ergebnis realistisch vorstellbar?
Manchmal müssen wir Auftraggebern die geplanten Workshops wieder ausreden, weil die Aufgabenstellung so umfangreich ist, dass sie den Rahmen eines Workshops einfach sprengen würden. Mitunter ist ein Problem so verfahren, dass im Workshop allenfalls etwas »umgerührt« und neu »aufgemischt« wird und die Teilnehmer mit dem weiterhin ungelösten Problem frustriert nach Hause gehen. Sinnlos ist ein Workshop, in dem die nötigen Kompetenzen fehlen. Das sind bisweilen Entscheidungskompetenzen, oft auch die Sachkompetenzen. Auch hier gilt: im Zweifelsfalle lieber keinen Workshop durchführen!

Gibt es sinnvollere Interventionen?
Workshops werden in ihrer Wirksamkeit gern überschätzt. Da wird in zwei, drei Tagen viel Staub aufgewirbelt, ohne dass tatsächlich etwas geschieht. Es ist daher für jeden Einzelfall zu prüfen, ob nicht eine weniger »spektakuläre« Maßnahme sinnvoller ist, etwa eine Beratung für die Führungskräfte, eine Schulung, Organisationsentwicklungsmaßnahmen oder personelle Veränderungen.

Zielarbeit

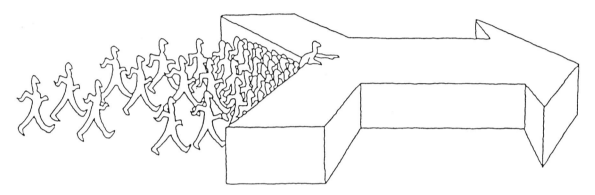

Der zweite Schritt in der Vorbereitungsphase ist die Zielarbeit: das schrittweise Entwickeln, Überprüfen und Revidieren von Workshop-Zielen.

Immer wieder staunen wir über die mangelnde Präzisierung von Zielen für Workshops. Da gibt es offensichtlich die Vorstellung, ein Workshop sei so etwas wie ein Gesundbrunnen. Ein Problem wird hineingetaucht, dreimal umgedreht und »irgendwie« gelöst kommt es wieder heraus. Diese Vorstellung ist falsch. Fehlen für Workshops möglichst genau formulierte Zielvorstellungen, kommt es meist auch zu keinem Ergebnis.

Das bedeutet natürlich nicht, dass die Ergebnisse inhaltlich schon vorgegeben sein sollten. Aufträge anzunehmen etwa der Art, »Bringen Sie die Gruppe dazu, dass sie Folgendes vereinbart: ...«, stehen auf der Liste der »Todsünden« eines Workshop-Moderators mit deutlichem Abstand ganz oben.

Es sollten allerdings möglichst konkrete Vorstellungen erarbeitet werden, wie ein Ergebnis aussehen könnte, ohne dem Resultat des Workshops vorzugreifen. Die Initiatoren überschätzen oft die Leistungskraft eines Workshops und peilen gern irreale Ziele an. Hier hat sich bewährt, diese »Wolken-Ziele« durch ein differenziertes Zielspektrum zu ersetzen.

Ziele als Bandbreite

Wir fragen zuerst nach dem Idealziel: »Was ist, wenn alles optimal läuft, als bestes Ergebnis denkbar?« Dabei muss darauf geachtet werden, dass keine unrealistischen Traumziele formuliert werden, sondern tatsächlich erreichbare Maximalziele. Der andere Endpunkt des Spektrums wird mit der Frage eruiert:

»Angenommen, es läuft so ziemlich alles schief, was in einem Workshop nur schieflaufen kann. Was ist unter diesen widrigen Bedingungen Minimalziel des Workshops?« Das tatsächliche Ergebnis wird schließlich zwischen Minimal- und Idealziel liegen.

Noch bevor zum Workshop eingeladen wird, klärt der Moderator in Vorgesprächen auch die Ziele der Teilnehmer. Nicht nur der Workshop-Initiator allein setzt Workshop-Ziele. Da die Ergebnisse zusammen erarbeitet werden, muss auch die Zielarbeit ein Stück gemeinsame Arbeit sein. Ein Workshop kann nur funktionieren, wenn die Teilnehmer die gesetzten Ziele akzeptieren und nicht insgeheim andere Ziele verfolgen. Oft werden nach Gesprächen mit den Teilnehmern Ziele revidiert oder ergänzt.

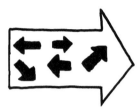

Nicht immer sind offizielle Ziele deckungsgleich mit informellen und privaten Zielen. Da gibt es immer wieder »offene Rechnungen« oder »Leichen im Keller« und ein Teilnehmer setzt sich das Ziel, im Workshop vor Publikum eine neue Runde in seinem Privatkampf anzugehen. Solchen heimlichen Zielen kann der Moderator auch in Vorgesprächen nur sehr schwer auf die Spur kommen. Auf alle Fälle kommt es aufgrund dieser Privatziele immer wieder zu unkalkulierbaren Störeinflüssen.

In unserem Beispiel mit der biotechnischen Produktion gab es zunächst das vage Ziel, die Mitarbeiter in Richtung Gruppenbildung ein Stück zusammenzubringen. Das war natürlich viel zu allgemein. Konkretisiert hießen die Ziele:

- Herr Löffler wird von den Mitarbeitern als neuer Chef akzeptiert.
- Es werden Vereinbarungen getroffen, um die Belastungen in der Abteilung zu reduzieren.
- Ursachen für die hohe Fluktuation werden erforscht und es wird nach Abhilfen gesucht.
- Der Teamgeist soll positiv beeinflusst werden.

Die Wahl des Moderators

Bei der Wahl des Moderators gibt es drei ganz unterschiedliche Richtungen, in denen man suchen kann:

- **Der Chef moderiert selbst**
  Eine Führungskraft bemerkt, dass die Mitarbeiter mehr und mehr gegeneinander statt miteinander arbeiten. Er setzt einen Workshop an, den er auch selbst leitet. An diesem Beispiel lassen sich Vor- und Nachteile dieser Moderatorenwahl gut zeigen. Der Vorgesetzte kennt seine Leute ganz genau, da braucht er keine langen Vorgespräche. Er steckt inhaltlich ebenso mittendrin. Die Gefahr, dass er im Workshop nicht weiß, worum es geht, ist ausgeschlossen. Aber dieses »Mittendrin« ist genau das Problem dieser Variante, denn vielleicht ist gerade er ja das eigentliche Problem. Anteil daran hat er als Führungskraft auf alle Fälle. Das wird allerdings in einem Workshop unter seiner Leitung nur schwer zu lösen sein.
  Der moderierende Chef löst auch sehr schnell die in hierarchischen Strukturen üblichen »Spielchen« aus: Dem werde ich es endlich einmal zeigen! Den lasse ich auflaufen! Da kann ich mich gut profilieren!
  Nicht selten fehlt Führungskräften neben dem Abstand auch die Erfahrung mit dem Workshop-Werkzeugkasten, da das normalerweise nicht zu ihren Aufgaben gehört.
  Fazit: Der selbst den Workshop moderierende Chef ist die schlechteste der Varianten.

- **Die Wahl fällt auf einen externen Moderator**
  Er ist in der Regel nicht betriebsblind und bringt den nötigen Abstand mit. Er beherrscht die Workshop-Methoden, hat Erfahrung und dadurch höhere Akzeptanz als der Chef als Moderator. Die fehlende Sachkenntnis ist nur selten wirklich ein Problem, denn der Moderator sollte Spezialist für das Arbeiten im Workshop sein, inhaltlich kennen sich die Teilnehmer aus. Andererseits gibt es oft Terminprobleme, weil Workshops natürlich sehr kurzfristig durchgeführt werden müssen und die Workshop-Vorbereitung mit den ganzen Vorfeldkontakten für einen externen Moderator zeitinten-

siv ist. Externe Moderatoren sind auch teurer. Wer als Auftraggeber den Moderator nicht beim Arbeiten selbst schon gesehen hat, sollte Referenzen verlangen und auf alle Fälle darauf achten, dass der Arbeitsstil des Moderators zur Teilnehmergruppe passt.

- **Der Moderator stammt aus der eigenen Firma oder Organisation, aber aus einer anderen Abteilung**

Meist eine gute Wahl

Diese Variante des »internen Externen« setzt sich mehr und mehr durch. Oft stammen diese Moderatoren aus der Personalentwicklung, sind methodisch auf dem neuesten Stand, haben Erfahrung mit Workshops, aber auch Ahnung von der Sache, ohne inhaltlich verstrickt zu sein. Sie kennen zudem den Betrieb, den Arbeitsstil und sind flexibel einsetzbar. Workshops laufen nicht immer nach demselben Strickmuster ab, wenn mehrere Moderatoren sich abwechseln.

- **Der Moderator lässt sich beraten**
Für komplizierte Workshops bleibt dann immer noch die Möglichkeit, sich Rat zu holen. Wir führen Workshop-Beratung durch. Da besprechen wir mit internen Moderatoren die Dramaturgie, planen die Vorlaufphase und geben methodische Tipps.

Moderator – Superstar? – Nein danke!

Er beherrscht alle technischen Finessen und Tricks von der Gruppendynamik bis zur Moderationsmethode, führt Diskussionen mit schlafwandlerischer Sicherheit, hält sich inhaltlich zurück, begleitet die Gruppe durch die halbe Nacht, die zweite Hälfte nutzt er – schlafresistent, wie er ist – zur Umstrukturierung des nächsten Tages, den er wie immer ganz relaxed einleitet, um die müden Teilnehmer zu aktivieren. Er lässt zu keiner Zeit diese nie erlernbare soziale Sensibilität missen, mit der er verständnisvoll, sensibel und alle Fettnäpfchen geschickt umgehend die Gruppe anleitet, dabei aber immer im Hintergund bleibt, die Pausen zur rechten Zeit setzt und genau weiß, wann der Schritt auf die Metaebene nottut. Er ist weder underdressed noch oversexed, nicht übergewichtig, aber ein »gestandenes Mannsbild« (respektive die Superfrau). Er schafft immer eine angenehme und offene Atmosphäre, zeigt dabei aber nie, wenn es ihm selber schlecht geht, schluckt seinen eigenen Frust hinunter, damit er die Gruppe nicht belastet ...

Die Aufzählung ist noch unvollständig, zum Moderator-Superstar gehört noch mehr, aber uns reicht das: Wer jemals versucht hat, eine Liste von Eigenschaften oder Merkmalen des guten Moderators zusammenzustellen, kommt in dieselbe Misere: Im Nu ist das Bild eines Übermenschen und Heiligen gezeichnet, der man selber nicht ist und nicht sein kann.

Wir haben erfahrene Kollegen und Personalentwickler, die oft mit Workshops zu tun haben, gefragt: *Welche Anforderungen sind notwendig und nicht illusorisch?* Vier Elemente wurden immer wieder genannt, die sich auch mit unseren Erfahrungen decken:

- **Methoden-Know-how**
  Nicht die Beherrschung jeder technischen Finesse, sondern der sichere und unaufdringliche Umgang mit dem »Werkzeug«.

- **Flexibilität**
  Starre Dramaturgien, am grünen Tisch geplant, engen meistens viel zu stark ein. Oft sind Entscheidungen über die beste Methode erst im Workshop selbst sinnvoll, manchmal muss der Moderator einen Ablaufplan von einer Stunde zur anderen über den Haufen werfen.

- **Soziales Fingerspitzengefühl**
  zeigt sich im richtigen Gespür dafür, wann straffe Leitung, wann diskreter Rückzug angesagt ist; wann Visualisierung hilft und wann sie bremst ...

- **Ein eigener Stil**
  macht den Moderator erst glaubwürdig. Das sind keine aufgesetzten Verhaltensweisen und antrainierten Techniken. Da steht kein Heiliger vor einer Gruppe, sondern ein Mensch mit Stärken und Schwächen, der mit den »Werkzeugen« so umgeht, wie es zu ihm passt und wie es ihm Spaß macht.

Wie kann sich ein Moderator das aneignen? Es ist nur eine Frage der Übung und der Erfahrung. Übung durch Training und Erfahrung durch möglichst viele Einsätze in Workshops.

Die Festlegung des Teilnehmerkreises

Der Teilnehmerkreis eines Workshops macht in der Regel mehr Kopfzerbrechen als der eines Seminars. Wer ist unmittelbar betroffen? Wer ist kompetent? Welche Personen sind als Multiplikatoren oder Unterstützer sinnvollerweise gleich mit einzubeziehen? Gibt es bei einigen Leuten böses Blut, wenn sie nicht eingeladen werden? Welche Konsequenzen hat das?

In unserem Beispiel-Workshop war recht schnell klar, dass eigentlich alle Mitarbeiter der biotechnischen Produktion teilnehmen müssten, gerade auch, weil die Installation des noch neuen Gruppenleiters und die Verbesserung von Kooperation und Arbeitsklima auf der Tagesordnung standen. Nur, das waren zusammen etwa 25 Personen und somit ziemlich viele Teilnehmer für einen Workshop. Da ein Trennungsstrich in dieser Personengruppe aber nicht zu vertreten war und nur für weitere Irritationen gesorgt hätte, wurden alle eingeladen. Wegen dieser großen Gruppe mussten wir dann als Moderatoren zu zweit arbeiten.

Freiwillige Teilnahme   Ein häufig diskutiertes Thema unter Workshop-Moderatoren ist die Freiwilligkeit der Teilnahme. Eine prinzipielle Regelung ist hier nicht möglich. Wer gerade bei Konfliktlöse-Workshops die Teilnahme ganz freiwillig macht, läuft Gefahr, ein Tribunal moderieren zu müssen, weil umstrittene Personen leicht »kneifen« und dann die Rolle des nicht anwesenden Sündenbocks spielen, der für alles verantwortlich ist. Natürlich kann man jemanden, der partout nicht will, nicht zwingen, aber sanfter Druck ist bei Workshops wie in dem genannten Beispiel der Biotechnik durchaus angebracht.

Viele Workshops leben von der Freiwilligkeit. Wenn wir eine Veranstaltung »Mit dem Körper lernen« planen, in der Trainer und Moderatoren gemeinsam Spiele und Übungen entwickeln, legen wir Wert darauf, dass Kollegen mit einschlägigen Vorerfahrungen teilnehmen. In diesem Fall muss der Initiator die Teilnehmer gewinnen.

Der Workshop-Gast

Teilnehmer mit einer besonderen Rolle, die auch nicht die ganze Zeit dabei sind, nennen wir Workshop-Gäste. Gute Erfahrungen haben wir mit Geschäftsführern, Vorstandsmitgliedern oder anderen Chefs gemacht, die zum Workshop stoßen. Sie sind dann bei der Präsentation der Ergebnisse des Workshops dabei. Das hat mehrere positive Wirkungen: Das Ergebnis der Veranstaltung wird gleich »hoch aufgehängt«. Anstelle eines langen Weges durch die Hierarchie kann ein Geschäftsführer unmittelbar grünes Licht oder Unterstützung signalisieren, aber auch Einwände vorbringen, die dann noch berücksichtigt werden können. Für die Teilnehmer wird durch die Anwesenheit eines Geschäftsführers der Workshop auf alle Fälle aufgewertet. Der Eindruck der Unverbindlichkeit entsteht viel seltener.

In manchen Workshops war es auch nötig, dass ein Mitglied der Geschäftsleitung den Rahmen für die im Workshop zu besprechenden Innovationen absteckte oder wichtige Informationen in die Gruppe einbrachte. Bewährt hat sich hier die Expertenbefragung (s. S. 48ff.).

Ein einziges Mal haben wir die Einladung eines Workshop-Gastes bereut, und das war in unserem Beispiel-Workshop mit der Biotechnik. Als Gast für den letzten Workshop-Tag war der alte Gruppenleiter geladen, der in seiner neuen Funktion der zuständige Abteilungsleiter war. Es stellte sich während des Workshops heraus, dass ein Teil der Probleme bei der Arbeit in der Biotechnik daher rührten, dass der alte Chef sich noch viel zu viel einmischte und so dem »Neuen« kaum Gelegenheit bot, seinen eigenen Stil zu finden. Nun hatte man sich während des Workshops mühsam arrangiert, und wer stand am letzten Tag »draußen vor der Tür«? – Das Problem in Person.

Vorfeldkontakte

Würde die Aktivierung der Teilnehmer erst im Workshop beginnen, wäre wertvolle Zeit verschenkt. Ein Teil des Anwärmens und Aktivierens lässt sich ohne Weiteres ins Vorfeld verlegen. Wie dies geschieht, hängt stark davon ab, ob die Teilnehmer in dieser Konstellation schon zusammen gearbeitet haben, wie weit und wie tief sie im Thema des Workshops stecken und welche Einstellungen die Beteiligten haben. Deshalb sind folgende Vorschläge zur Kontaktaufnahme natürlich nicht für alle Workshops gleichermaßen anzuwenden.

- **»Kümmerer« aktivieren!**
  Fast immer sind Workshop-Teilnehmer Spezialisten, die auch gerne bereit sind, ihr Spezialwissen in kurzen Präsentationen einzubringen, wenn sie im Vorfeld darum gebeten werden. Damit nicht, was als Kurzinfo gedacht war, sich schließlich als Grundsatzreferat entpuppt, muss im Vorgespräch über mehr als nur über die Inhalte gesprochen werden. Wir haben gute Erfahrungen gemacht, wenn wir mit diesen »Kümmerern« das Thema des Kurzvortrags, seinen speziellen Zweck im Workshop, seine Zeitdauer (lieber weniger als mehr) und die Form der Visualisierung festgelegt haben. Wichtig ist, einige Tage vor dem Workshop vorsichtig nachzufragen (s. S. 41).
  Auch in unserem Workshop mit der biotechnischen Produktion baten wir um die Vorbereitung eines Kurzvortrags. Das machte der neue Gruppenleiter, Herr Löffler. Er sollte das nachholen, was längst überfällig war: sich selbst als Person und als neuen Chef allen seinen Mitarbeitern vorstellen.

- **Vorabinfos**
  Vorab verschickte Texte sollen für das Thema aufschließen, neugierig machen, Fragen aufwerfen, Ideen anreißen. Dass alle Teilnehmer alle Vorabinformationen durchgearbeitet haben, ist eine Illusion. Die Chance, dass frühzeitig verschickte Papiere gelesen werden, lässt sich durch kurze und gut lesbare Texte mit ansprechendem Layout erhöhen. Passende Bilder oder witzige Karikaturen verleiten dazu, ein Papier gleich beim Posteingang aufmerksam durchzublättern.

- **Vorfeldkontakte schaffen Brücken**
Was für einen externen Moderator unumgänglich ist, tut dem Workshop auch gut, wenn sein Leiter den Teilnehmern wohl bekannt ist: kurze Gespräche über den Workshop mit möglichst allen Teilnehmern. Einfach ist die Kontaktaufnahme per E-Mail. Besser ist aber das gute alte Telefon. Wir rufen die Teilnehmer ein paar Tage vor dem Workshop an, nachdem sie die Einladung schon in Händen haben, und fragen nach besonderen Erwartungen, Wünschen, aber auch Befürchtungen und Vorbehalten. Letzteres ist gerade dann sinnvoll, wenn die Klärung von Konflikten und Problemen ansteht, die einzelne Teilnehmer ganz persönlich betreffen. Wir haben schon so manchen »Betroffenen« erst im Telefonat zum Kommen überreden können. Andererseits hilft dieser Kontakt im Vorfeld auch dem Workshop-Moderator: Er begibt sich nicht auf unbekanntes Terrain und weiß bereits einige Dinge, die hinter den Kulissen laufen. Sinnvoll ist diese Telefonaktion besonders dann, wenn Vorabinfos verschickt wurden. Ein kleiner Hinweis darauf erinnert dezent, aber ganz wirksam an das »gelbe Papier«, das vielleicht irgendwo im Stapel untergegangen ist.

Die Telefonate mit den Mitarbeitern der biotechnischen Produktion gestalteten sich deshalb schwierig, weil in den Arbeitsräumen selbst nicht telefoniert werden kann. Deshalb war es nötig, einen speziellen Telefontermin zu vereinbaren und ganz kurz abzufragen, ob noch spezielle Wünsche vorliegen.

- **Interviews und Besuche**
Wichtiger in unserem Beispiel-Workshop waren unsere zwei vorangehenden Besuche in der biotechnischen Produktion selbst. Der erste Besuch galt dem neuen Gruppenleiter, Herrn Löffler, und seinem Vorgänger, der zum Abteilungsleiter aufgestiegen war.

Im Interview wurde rasch klar, dass die Problematik nicht ganz einfach war. Die Stabübergabe an den neuen Chef beziehungsweise dessen »richtige« Einführung war versäumt worden. Deshalb wurde Herr Löffler auch nach drei Monaten immer noch nicht richtig akzeptiert. Die Mitarbeiter wandten sich stets gleich an den Abteilungsleiter. Bei unserem Besuch wurde als eines der wichtigsten Ziele des Workshops festgelegt: Die Installierung von Herrn Löffler soll nachgeholt werden.

Ein zweiter Besuch führte uns hinaus aus den Büros in die eigentliche Produktion. Schnell wurde uns deutlich: Hier herrschen extreme Arbeitsbedingungen. Wir mussten durch eine Schleuse und uns besondere Kleidung anziehen bis hin zur Atemmaske. Auf der anderen Seite der Schleuse war es

sehr warm und trocken. Man erklärte uns, dass das bei der Arbeit mit Bakterien so sein müsse. Für Pausen, zum Trinken, Rauchen und Essen müssen die Mitarbeiter wieder durch die Schleuse. Wir sprachen mit einigen der Leute und stellten uns als Moderatoren des Workshops vor. Einige klagten über das durch den Workshop versaute Wochenende, andere meinten, eine offene Aussprache über das Verhalten der Vorarbeiter sei dringend nötig. Einer bat darum, nichts unter den Teppich zu kehren und endlich Klartext zu reden. Es stellte sich zudem heraus, dass zwei neue Leute am Montag nach dem Workshop ihre Arbeit in der Biotechnik neu beginnen sollten.
Dieses Beispiel macht deutlich, wie wichtig Vorfeldkontakte für den Moderator sein können. Ohne einen solchen Besuch stünde für die Vorbereitung nur ein Bruchteil der Informationen zur Verfügung.
Gerade die Interviews bei Besuchen schaffen Kontakte, machen Konstellationen und Hintergründe deutlich und liefern Hinweise auf Verhandlungsspielräume und mögliche Problemlösungen.

- **Die Einladung**
Die Einladung enthält nicht nur organisatorische Angaben (Ort, Anfangs- und Endzeiten …). Der Workshop sollte auch einen Namen haben. Einige Zeilen über Hintergrund und Anlass des Workshops dienen der Orientierung. Das Ziel des Workshops muss klar zu erkennen sein, zum Beispiel Informationen austauschen, Ideen sammeln oder Entscheidungen treffen. Es ist wünschenswert, dass die Eingeladenen vom Nutzen ihres Kommens überzeugt werden. Eine optisch gut aufgemachte Einladung ist ein früher Schritt in Richtung Workshop-Atmosphäre.

Doppelte Einladung   Wenn die Vorarbeit noch nicht abgeschlossen ist, kann es ganz einfach zwei Einladungen geben: Eine Kurzinformation per E-Mail so früh wie möglich, damit sich die Teilnehmer den Termin freihalten. Eine ausführlichere Einladung kommt dann nach.
In unserem Beispiel mit der Biotechnik bekamen die Teilnehmer lediglich die in dieser Firma übliche schlichte Standardeinladung.

Workshop-Identity

Workshops sollen sich nicht nur vom Alltag abheben, sondern auch von Routinebesprechungen und anderen Workshops. Der Teilnehmer gewinnt im Idealfall den Eindruck: Das ist unsere ganz besondere Veranstaltung.

Was kann der Moderator dafür tun?

- Der Workshop bekommt einen eigenen, eingängigen und positiv besetzten Namen. Das ist nicht immer einfach. Der Name unseres Workshops mit der biotechnischen Produktion »Gemeinsamer Aufbruch zu neuen Erfolgen« war zum Beispiel so eine von den Teilnehmern wenig akzeptierte Notlösung. Ein Workshop für eine Betriebskantine hieß »Die Zukunft der Tiemann-Küche – Die Tiemann-Küche der Zukunft«. Das wurde akzeptiert, erwies sich aber später im Gespräch als viel zu lang. Da hieß es nur noch »Küchen-Workshop«. »Mit dem Körper lernen« war ein griffiger, kurzer und leicht einprägsamer Name.
- Diese Workshop-Bezeichnungen befinden sich auf der Einladung, auf der Tür zum Tagungsraum und auf dem Protokoll.
- Manche Workshops bekommen ein eigenes Logo. Oft bieten sich einfache Zeichnungen oder Cartoons an. Folgende zwei Logos standen für die Workshops »Mit dem Körper lernen« und »Barfuß-Video«.

 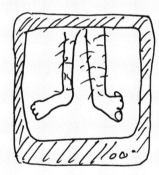

Der Tagungsort

Ideale Tagungsstätten?

Noch vor der Einladung muss der Tagungsort festgelegt werden. Wer öfter Workshops moderiert, entwickelt im Lauf der Zeit das Idealbild einer Tagungsstätte: so weit von der Firma weg, damit niemand auf die Idee kommt, am Abend Frau beziehungsweise Mann und Kinder zu besuchen, aber trotzdem gut erreichbar. Das Haus sollte im Grünen liegen und auch für die Freizeit etwas bieten. Aber, bitte schön, nicht zu viel, das lenkt wieder ab. Wir träumen von großen, hellen Räumen mit perfekter, aber diskret versteckter Tagungstechnik, vielen kleinen Gruppenräumen, und trotzdem wünschen wir, das Haus wäre so klein, dass wir die einzige Gruppe sind. Dazu kommen die Ansprüche an das Essen, die Zimmer, den Service und auch sonst suchen wir ein ungewöhnliches Ambiente.

Es gibt solche Häuser, aber die sind meist durch Seminare und Trainings auf Monate im Voraus ausgebucht. Workshops sind in der Regel kurzfristige Interventionen, da platzen die Träume vom idealen Tagungshaus schnell wieder. Die Workshop-Realität verlangt Kompromisse und der Moderator muss darauf achten, dass die Rahmenbedingungen nicht allzu sehr stören. In der Firma mit einem mehrtägigen Workshop zu arbeiten ist wegen der vielen Störfaktoren problematisch. Bei Sachfragen geht es notfalls, bei Konflikt-Workshops auf keinen Fall. Freie Zeit und vor allem Abende gemeinsam zu verbringen und sich auch einmal im ganz kleinen Kreis oder zu zweit aussprechen zu können fördert die Konfliktlösung auf alle Fälle. Hier wird oft an der falschen Stelle gespart. Workshop-Teilnehmer, die abends nach Hause fahren, müssen am nächsten Tag mühsam wieder »eingefädelt« werden.

Improvisieren!

Die Wahl der Tagungsstätte für unseren Workshop mit der biotechnischen Produktion zeigte, dass mit etwas Improvisationsgabe auch kurzfristig eine gute Lösung möglich ist. Nachdem im Umkreis von hundert Kilometern offensichtlich entweder Tagungsräume, aber dann nur zehn Zimmer vorhanden waren oder zwar 30 Betten frei waren, aber die Tagungsmöglichkeit fehlte, buchte die Personalabteilung der Firma in einer 50 Kilometer entfernten Stadt einen Teil der Stadthalle. Platz hatten wir in der Halle mehr als genug und für die Arbeit in kleinen Gruppen gab es eine ganze Reihe von kleineren Räumen – Not macht erfinderisch.

Offene Planung für den Ablauf

Jeder Moderator entwickelt im Lauf der Zeit sein eigenes Rezept und sein spezielles Instrumentarium für die Planung eines Workshops. In den Gesprächen mit Kollegen fiel uns aber über alle individuellen Unterschiede hinweg ein Grundprinzip auf, das für den Erfolg eines Workshops offensichtlich notwendig ist: Der Moderator kommt nicht mit einem fertigen, durchgestylten Fahrplan in den Workshop. Er hat den Anfang zwar vorbereitet, aber wie es weitergeht, ist offen. Der Fahrplan wird dann von Tag zu Tag und manchmal sogar von Stunde zu Stunde geändert. Das macht die Vorbereitung nicht einfacher, sondern im Gegenteil sehr kompliziert und aufwendig. Ein Seminar oder Training ist dagegen viel einfacher: Da kann ich, entsprechend meinen Lernzielen und angepasst an die Teilnehmer, einen Ablauf in etwa vorplanen und festlegen. Im Workshop ist der Moderator eigentlich nur »Diener« und Berater der Gruppe, der in jeder Situation erkennen sollte, welche Methode oder welcher Arbeitsschritt der Gruppe bei der Arbeit an ihrer Aufgabe im Moment am meisten nützt. Das erschwert die Arbeit gerade für Anfänger. Mit jedem Workshop gewinnt man aber neue Erfahrung und lernt, bei der Vorbereitung in verschiedenen Szenarien zu denken: An dem Punkt könnte ich jetzt so weitermachen – oder auch ganz anders – oder ich könnte folgende Übung anschließen. In der Praxis ist das weit weniger kompliziert, als sich das anhört.

Flexible Fahrpläne!

Für das Planen von Workshops gibt es auch eigene Software, zum Beispiel »Planeasy« von Ulrich Dauscher (www.planeasy.de). Sie leitet die Vorbereitung von der Auftragsklärung bis zur Feinplanung, ohne die eigene Kreativität einzuschränken.

Bausteine entwickeln

Ausgangspunkt der Vorbereitung sind die Workshop-Ziele. Daraus entwickeln wir Bausteine. Offene Planung heißt nicht, dass der Moderator unvorbereitet warten kann, was auf ihn zukommt. Methodisch machen wir das nach Versuchen in tabellarischer Form fast ausschließlich mit Mind-Maps (zur Technik siehe Kapitel 6). Sie sind flexibel und im Workshop selbst hat man alles schnell auf einen Blick auf einem Blatt.

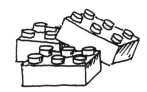

In unserem Beispiel war ein zentraler Baustein die *Installierung von Herrn Löffler als Gruppenleiter*. Sein Vortrag und eine Frage-Antwort-Runde als methodische Anmerkungen werden auch gleich im Mind-Map notiert. Nachdem zwei ganz neue Mitarbeiter dabei waren und drei andere erst wenige Wochen der Firma angehörten, erwogen wir eine Runde »*Persönliches Kennenlernen*«. Einen Baustein zum Ziel Entwicklung des Teamgeists nannten wir »*Miteinander was tun*«. Das Ziel »*Weniger Fluktuation*« begannen wir auf alle Fälle mit einer Ursachenanalyse: Warum ist das so? Methodisch dachten wir an die Kartenabfrage. Als Vorbereitung der Vereinbarungen zur *Reduzierung der Belastungen* und zur Verbesserung des Arbeitsklimas wollten wir die einzelnen Mitarbeiter in ihren Einheiten zusammensetzen und sie »Wunschbriefe« an ihre Vorarbeiter beziehungsweise Chefs schreiben lassen.

Methodische Planung

Die Entwicklung der Bausteine trennen wir im Prinzip nicht von der methodischen Planung. Oft fallen uns zu einem inhaltlichen Baustein auch eine oder mehrere passende Methoden ein.

Die Ursachen für die hohe Fluktuation in unserem Beispiel mit der biotechnischen Produktion ließ sich gut mit einer *Kartenabfrage* auflisten, eine Gewichtung hätte sich anschließen können. Die positive Umkehrung, »Was können wir vereinbaren, um die Leute in der Abteilung zu halten?«, passte für eine *Arbeit in Kleingruppen*. Methodisch ganz andere Zugänge für diesen Baustein wären ein *Rollenspiel* gewesen oder ein paradoxer Zugang … à la Watzlawick: »Was könnten wir tun, um die letzten Mitarbeiter möglichst schnell aus der Abteilung zu vertreiben?« Dafür wäre eine *Zurufliste* geeignet.

Schwieriger als Bausteine, zu denen uns ad hoc mehrere methodische Zugänge einfallen, sind andere, die im Planungs-Mind-Map zunächst als Hauptast ohne Verzweigungen stehen bleiben. In unserem Beispiel-Workshop mit der biotechnischen Produktion war das der Ast »Miteinander etwas tun«. Schließlich überlegten wir, das Plenum dazu nach Zufall in Kleingruppen aufzuteilen und mit Arbeitsaufträgen für 90 Minuten loszuschicken. Die Arbeiten sollten bewusst nichts mit der alltäglichen Arbeit zu tun haben und vor allem Spaß machen. Wir dachten uns zum Beispiel aus:

- Drehen Sie einen kurzen Videoclip, in dem Sie zeigen, wo in Geschäften die Produkte unserer Firma erhältlich sind und wie sie präsentiert werden!
- Bereiten Sie einen Parodie-Abend über unser Unternehmen vor!
- Interviewen Sie die Leute auf der Straße über unsere Branche!

Mit diesem spielerischen Zugang sollten die Teilnehmer erleben, wie lustvoll Kooperation sein kann. Wichtig ist, dass solche methodischen Vorüberlegungen keine Entscheidungen sind. Ob wir das im Workshop dann tatsächlich auch so machen, entscheiden wir kurzfristig.

Das folgende Mind-Map ist ein Teil der methodischen Vorbereitung unseres Workshops für die biotechnische Produktion.

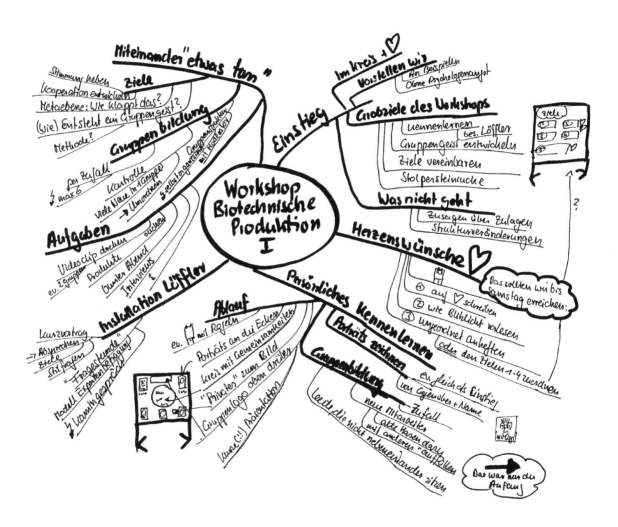

Der Anfang

Im Vergleich zu den anderen Phasen wird der Anfang sehr genau gestylt. Flexibilität ist hier noch nicht so wichtig, hier darf aber nichts schieflaufen. Für die biotechnische Produktion legten wir jedem Teilnehmer ein Begrüßungsherz mit der Aufschrift »Herzlich willkommen zum Workshop Aufbruch zu neuen Erfolgen in der Biotechnik« mit einer kleinen Süßigkeit auf den Platz. Wir begrüßten jeden Teilnehmer persönlich und begannen mit einer Kennenlernform, bei der die Spannung aus der Runde genommen wird, weil alle viel lachen. Jeder zeichnete auf DIN-A4-Papier das Porträt eines anderen (Moderatoren inklusive). Dann gestalteten immer drei bis fünf Teilnehmer zusammen ein Plakat, das außer ihren Porträts auch Gemeinsamkeiten, Hobbys usw. enthielt. Diese Übung dauerte zwar mit der Präsentation der Plakate eine gute Stunde, aber die lohnte sich. Danach war das Eis gebrochen.

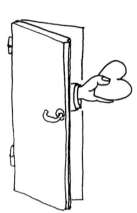

Wir schlossen in unserem Workshop mit der biotechnischen Produktion die »Herzenswünsche« an. Die Teilnehmer schrieben auf die Rückseite ihres Begrüßungsherzens »Das sollten wir bis Samstag erreicht haben …«. Jeder heftete sein Herz der Reihe nach mit einem Satz zur Begründung an die Pinnwand.

Diese Erwartungen nahmen wir noch in den Überblick über die Ziele des Workshops auf.

Den vierten Baustein am Anfang legten wir noch nicht endgültig fest: Je nach Situation und Stimmung wollten wir entweder mit dem Baustein »Miteinander etwas tun« oder »Installation Herr Löffler« weitermachen.

Wellness

Teilnehmer an einem Workshop sollen sich wohlfühlen! So banal diese Forderung nach Wellness klingt, so kompliziert ist die ganze konkrete Umsetzung während der Veranstaltung, weil das Wohlbefinden von vielen verschiedenen Einflüssen abhängt, die oft schwer zu beeinflussen sind. Zudem sind in dieser Beziehung die Menschen sehr verschieden.

Gerade in Workshops, in denen Konflikte der Teilnehmer untereinander thematisiert und bereinigt werden sollen, herrscht knisternde Spannung. Der Erfolg hängt mit davon ab, ob es dem Moderator gelingt, schon mit der Einleitungsphase eine angenehme, so weit wie möglich entspannte Arbeitsatmosphäre zu schaffen. Am besten gelingt uns das immer noch, wenn wir eine Teilnehmergruppe in der ersten Viertelstunde zum Lachen bewegen können. Das erreichen wir mit eher spielerischen Anfängen wie dem Porträtzeichnen in unserem Beispiel.

> **Du oder Sie?**
>
> Ein Problem, das in Workshops, aber auch in vielen Seminaren immer wieder auftaucht (und überstrapaziert wird), ist die Anrede. Manche der Moderatoren oder Trainer bestehen mit dem Hinweis auf die Atmosphäre auf dem »Du« aller Teilnehmer untereinander.
> Wir lehnen das ab. In Workshops arbeiten Menschen zusammen, die auch sonst im Alltag miteinander zu tun haben. In Firmen und Organisationen gibt es aber eine äußerst komplizierte und über lange Jahre hinweg gewachsene Tradition und Kultur, wer mit wem »per du« ist und wer nicht. Wenn hier ein Moderator von außen eingreift und zwei Menschen das »Du« untereinander aufzwingt, erzeugt er Stress. Ein Chef, der seine Mitarbeiter grundsätzlich »per sie« titulieren will, aber im Workshop zum »Du« gezwungen wird, muss im Alltag vielleicht den im Workshop anwesenden Mitarbeitern dieses »Du« wieder entziehen. Wenn nicht, hat er mit dem Misstrauen der anderen Mitarbeiter zu rechnen, die diese scheinbare Jovialität sehr kritisch verfolgen werden.
> Sind im Workshop mehrere Hierarchiestufen vertreten, zeigt sich, dass einem einfachen Mitarbeiter das »Du« gegenüber dem Abteilungsleiter einfach nicht über die Lippen geht, mag der auch noch so kumpelhaft auftreten.
> Es gibt also mit einem vom Moderator verordneten »Du« nur Schwierigkeiten. Deshalb haben wir uns angewöhnt: Wir schlagen der Gruppe niemals eine Regelung von »Sie« oder »Du« vor und bremsen eher, wenn Teilnehmer mit einem »Du«-Vorschlag vorpreschen.

Entspannen und Wohlbefinden hat auch sehr viel mit dem Körper zu tun. Ein zu voller, aber ebenso ein zu leerer Bauch, ein unbequemer Stuhl, schlechte Luft oder Bewegung nur im Kopf sorgen unter Umständen dafür, dass der Körper nicht mit-, sondern dagegen arbeitet. Ein kleines Repertoire an Bewegungsübungen oder -spielen gehört also auf alle Fälle auch in den »Werkzeugkasten« des Workshop-Moderators (siehe Kasten auf der nächsten Seite »Unsere Lieblingsspiele«). Dabei ist es wie beim richtigen Handwerker auch: Er sollte auf alle Fälle gut mit diesem Werkzeug umgehen können und sehr genau wissen, was man falsch machen kann.

Unsere Lieblingsspiele

Der gordische Knoten

Alle Teilnehmer stehen eng nebeneinander im Kreis und haben die Hände nach vorne ausgestreckt. Der Moderator bittet sie, mit jeder Hand eine andere Hand zu fassen, jedoch nicht die des Nachbarn und nicht beide Hände von einem Menschen. Er achtet darauf, dass keine freien Hände übrig bleiben und an keinem Punkt sich drei oder mehr Hände treffen. Dann bittet er, den entstandenen Knoten zu entwirren, ohne die Hände loszulassen. Zum allgemeinen Erstaunen geht das (fast) immer. Manchmal entsteht nicht ein Kreis am Ende, sondern zwei oder drei, die auch ineinander verschlungen sein können.

Risiken und Nebenwirkungen: Die Gruppe sollte schon einige Zeit zusammenarbeiten, denn bei diesem Spiel entsteht sehr viel Nähe. Ein Mathematiker hat ausgerechnet, dass der gordische Knoten immer zu lösen ist, nur sind wir keine Mathematiker und deshalb ist es möglich, dass sich die Verwicklung in seltenen Fällen nicht lösen lässt. Hier sollte der Moderator nach einigen Versuchen erlösend nachhelfen. Ab 15 Teilnehmern wird es immer schwieriger, aber gelungen ist uns die Auflösung des gordischen Knotens auch schon mit 30 Menschen.

Der gordische Knoten funktioniert überall

Chinesisch Knobeln

Dafür holen wir uns die Legitimation der Gruppe. Noch nie haben Teilnehmer auf die Frage »Wollen Sie eine alberne oder eine ganz alberne Übung machen?« die bloß einfach alberne Alternative gewählt. So kann sich hinterher niemand beklagen, denn das Spiel ist wirklich sehr albern.

Der Moderator teilt die Gruppe in zwei ungefähr gleich starke Fraktionen, die sich im Abstand von gut zwei Metern gegenüber aufstellen. Er erinnert nur kurz an die Regeln des einfachen Knobelspiels (Stein, Schere, Blatt) und erklärt dann die chinesische Variante. Es gibt drei Figuren:

- Den *Samurai*. Der stammt zwar eigentlich aus Japan, aber wer wird da so pingelig sein. Er hat ein imginäres Riesenschwert, das er mit der rechten Hand und einem markerschütternden Schrei aus der Scheide zieht und dem Gegenüber entgegenstreckt.
- Den *Tiger,* riesengroß und gefährlich. Er brüllt wie fünf Tiger zusammen und zeigt mit den Händen drohend seine Krallen.
- Das arme, alte *Mütterchen*, das, nur leise wimmernd und zitternd den Krückstock haltend, einen Schritt nach vorne geht.

Zum Einüben machen alle Teilnehmer dem Moderator die einzelnen Figuren mehrmals nach. Die Knobelregeln sind ganz einfach: Der Samurai köpft den Tiger, der Tiger frisst das Mütterchen und das arme, alte Mütterchen macht das Schwert des Samurais stumpf.

Der Clou: Jeweils alle Mitglieder einer Fraktion müssen sich in einer Zehn-Sekunden-Besprechung auf eine Figur einigen, die sie dann auf das Kommando des Moderators hin gemeinsam vorführen. Natürlich ist die Besprechung so geheim, dass die andere Fraktion nichts mitbekommt. Nun kann es losgehen mit der ersten Runde: Der Moderator zählt bis drei und die Gruppe legt los. Dann folgen wieder zehn Sekunden Besprechung und auf geht es in die zweite Runde! Drei oder vier Runden sind genug.

Risiken und Nebenwirkungen: Wenn Sie die Figuren Samurai und Tiger als Moderator nicht wirklich laut brüllend vormachen können, lassen Sie das Spiel lieber weg. Sind mehrere Gruppen oder andere Gäste in der Tagungsstätte, werden Sie sich die Frage gefallen lassen müssen: »Sind Sie das mit dem Urschrei-Workshop?«

Der Bewegungskanon

Dies ist eine der wenigen Möglichkeiten, im Sitzen ins Schwitzen zu kommen. Die Teilnehmer sitzen am besten im Kreis, Tische stören. Der Moderator bittet im ersten Durchgang, dass alle Teilnehmer seine Bewegungen nachmachen. Er klatscht zuerst dreimal in die Hände, danach dreimal auf seine Oberschenkel, dann streckt er die Hände dreimal in die Luft und schließlich stampft er dreimal mit beiden Füßen auf den Boden. Nach zwei Durchgängen (der Moderator zählt immer »eins – zwei – drei« mit) sitzt der Grundablauf. Jetzt wird es zunehmend schwieriger: Der Moderator teilt die Gruppe in zwei Hälften. Dann beginnt der Kanon: Die erste Hälfte beginnt mit dem Klatschen. Wenn sie zum ersten Mal auf die Schenkel schlägt, beginnt die zweite Gruppe mit dem In-die-Hände-Klatschen. Nach zwei Durchgängen folgt das Meisterstück: Der Moderator teilt die Teilnehmer in vier Gruppen ein und dirigiert.

Bewegung lockert die Atmosphäre

Risiken und Nebenwirkungen: Eigentlich klappt das Spiel immer. Es ist bei weniger als zwölf Leuten witzlos, nach oben gibt es allerdings keine Grenzen.

Wenn Sie nach dieser Beschreibung die Spiele auch tatsächlich durchführen können, gehören Sie zu den begnadeten Menschen, die ein Spiel nicht zuerst einmal live miterleben müssen. Dann können wir Ihnen auch gerne zwei Spielebücher für Workshops und Seminare empfehlen:

- Baer, Ulrich (^{2}2003): 666 Spiele – für jede Gruppe für alle Situationen.
- Wallenwein, Gudrun F. (^{5}2003): Spiele: Der Punkt auf dem i.

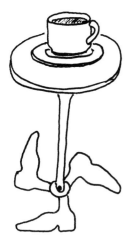

Zum Wohlbefinden gehört genauso das richtige Essen. Weil Workshops oft an Wochenenden oder in der Freizeit stattfinden, glaubt man, die Teilnehmer mit besonders leckerem Essen belohnen zu müssen. Lecker heißt leider immer noch nicht überall leicht und so fallen oft ganze Gruppen nach gemischtem Braten und dicken Soßen tief ins Mittagsloch. Wertvolle Zeit geht verloren.

Wer die Küche am Tagungsort beeinflussen kann, sollte für leichte Kost zu Mittag sorgen. Vielen Teilnehmern reicht ein Salatteller, wenn sie abends warm essen können.

Auch die Pausengestaltung muss nicht dem Zufall beziehungsweise der mehr oder weniger großen Erfahrung der Gastronomen überlassen bleiben. Wir achten darauf, dass in Pausenzeiten die Gruppe den Tagungsraum verlässt. So kann der Raum gründlich gelüftet werden und die Teilnehmer haben etwas Bewegung. Der Pausenkaffee wird also möglichst nicht im Arbeitsraum oder direkt davor bereitgestellt. Inzwischen gibt es neben Kaffee und Tee fast schon selbstverständlich Mineralwasser und Fruchtsäfte; noch nicht üblich, aber von den Teilnehmern gerne angenommen sind frisch geschnittene Gemüsestreifen oder Obst zum Gebäck oder noch besser stattdessen.

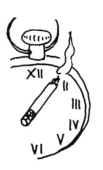

Ein Tipp zur Pause: Wenn der Moderator es schafft, dass die Teilnehmer in den Pausen zusammenbleiben und sich nicht verstreuen, kann er sicher sein, dass in den Pausenzeiten weiter über die Inhalte gesprochen wird. Oft gehen von solchen informellen Pausengesprächen entscheidende Impulse für den Workshop aus.

Bei der Pausenfrequenz darf der Moderator nicht von sich ausgehen. Der hohe Adrenalinpegel lässt bei ihm ein Pausenbedürfnis gar nicht erst aufkommen. Gute Indikatoren für den Wunsch nach Pause unter den Teilnehmern sind, soweit es sie überhaupt noch gibt, die Raucher. Da das Rauchen in den Tagungsräumen absolut tabu ist, fangen sie nach einer gewissen Zeit an, nervös auf dem Stuhl hin und her zu rücken. Wir legitimieren am Anfang manchmal einen Raucher, laut sein Pausenbedürfnis anzumelden. Das entlastet den Moderator und verhindert, dass einige der Teilnehmer für Minuten den Workshop verlassen. Bewährt haben sich neben den größeren Pausen zum Kaffeetrinken und Ausruhen mehrere Fünf-Minuten-Pausen. Das ist bei Leuten besonders wichtig, die sonst im Alltag keine »sitzende« Tätigkeit ausüben.

Material

Workshops dürfen keine Materialschlachten werden, doch ohne eine gewisse Grundausstattung fangen wir keinen Workshop an.

Die Grundausstattung

- Filzstifte (fünf dicke, drei davon schwarz, und pro Teilnehmer einen mittleren in Schwarz oder Rot mit einer Strichstärke von etwa einem halben Zentimeter),
- eine Schachtel Wachsmalkreide-Blocks,
- ungefähr 200 Moderationskarten,
- zwei bestückte Nadelkissen,
- zwei Klebestifte und eine Rolle Tesakrepp,
- leere Folien, Folienstifte,
- eine Digitalkamera.

Zusätzlich müssen an der Tagungsstätte unbedingt vorhanden sein:

- mindestens drei Pinnwände oder zwei Pinnwände und ein Flipchart,
- ein Overheadprojektor,
- Pinnwand- und Flipchartpapier (mindestens je 20 Blatt).

Die konsequente Visualisierung ist im Workshop auf alle Fälle nötig und ohne diese Grundausstattung ist sie nicht zu machen (siehe auch Kapitel »Visualisieren und Dokumentieren«, S. 137ff.). Inzwischen haben alle Tagungsstätten Pinnwände und Flipcharts in ausreichender Anzahl. Auf den frühzeitigen Kontrollanruf verzichten wir aber immer noch nicht.

Die Idealausstattung

Wenn wir unsere Autos vollpacken können, nehmen wir natürlich alles mit, was wir schon einmal gebrauchen konnten oder in einem Workshop vermisst haben.

Wer folgende Liste für einen zweitägigen Workshop für ungefähr zwölf Teilnehmer für übertrieben hält, hat sicher nicht Unrecht. Das Streichen überlassen wir jedem Kollegen selbst. Wir wollen nicht schuld sein, wenn doch was fehlt.

Gerätegrundausstattung

- 6–10 Pinnwände – möglichst viele davon frei beweglich,
- ein bis zwei Flipchartständer,
- mehrere Moderationskoffer beziehungsweise Materialkisten (wir denken da auch an die Gruppenräume) und ein großer Tisch zum Ablegen des Materials,
- Laptop und Beamer.

Zusätzliche Geräte

- Drucker,
- Digitalkamera,
- CD-Player und Musik-CDs,
- Kassettenrekorder und Kassetten für den Anfang und die Pausen,
- Camcorder samt Monitor, wenn man mit Videos arbeitet.

Verbrauchsmaterial

- Etwa 30 Bogen Pinnwandpapier, am besten weiß,
- ungefähr 50 Bogen Flipchartpapier,
- etwa 50 Filzstifte in verschiedenen Farben und Dicken (mit möglichst harmlosen Lösungsmitteln und Nachfüllmöglichkeiten),
- zwei Schachteln Wachsmalkreiden in Blockform (zum großflächig-farbigen Markieren auf Pinnwand oder Flipchart),
- etwa 250 Moderationskarten, farblich gemischt,

- 100 Bogen bunten Karton in A4 und A5 (als Alternative zu den kleinen Moderationskarten),
- 20 Bogen farbigen A3-Karton,
- 25 lange, farbige Kartonstreifen für Pinnwandüberschriften,
- Pinnwandnadeln und zwei Nadelkissen,
- Klebestifte und 1 Rolle wandschonendes Kreppband,
- drei Scheren,
- Notizblocks und Bleistifte,
- Namensschilder.

Unsere Spezialextras:

- Schreibbretter,
- eine Schachtel mit Süßigkeiten, um sie am Anfang als Begrüßung auf die Plätze zu legen,
- Süßigkeiten als »Doping«-Gabe bei schwierigen Gruppenarbeiten,
- eine Packung bunte Smarties zur Einteilung der Gruppen,
- Blechkrokodile, Wundertüten usw. als Belohnungen für Extra-Leistungen, wie zum Beispiel das Protokollschreiben,
- Bälle, Seile, Tücher, Luftballons und andere Utensilien für Spiele und Inszenierungen,
- eine Box »Pin-on-Folie« (Schneidersöhne), eine dank den elektrostatischen Eigenschaften auf jeder Oberfläche (zum Beispiel Wand, Fensterscheibe, Büroschrank oder Zimmertür) selbsthaftende Folie in Flipchartgröße, die mit normalen Filzstiften aber auch mit Wachsmalkreiden beschriftbar ist (für Visualisierungen überall).

> **Vorher und Drumherum:
> Häufige Fragen – unsere Antworten**

? **Das ist der zweite Workshop am Wochenende in drei Monaten. Soll ich am ersten Abend ein großes Essen auffahren und die Ehepartner dazu einladen?**

Da ist guter Rat teuer. Ein Rahmenprogramm sollte möglichst die Arbeit unterstützen. Dieses Essen wirkt eher als Störfaktor. Weil ganz neue Leute dazustoßen, wird vermutlich weniger über die Aufgabe und die Arbeit im Workshop gesprochen als über andere Dinge. Das hat fast dieselbe Wirkung, die erzielt wird, wenn die Teilnehmer am Abend nach Hause fahren. Auch Kabarett- oder Theaterbesuche lenken stark ab. Gute Erfahrungen haben wir mit gemeinsamen Wanderungen oder gemeinsamen Aktionen gemacht. Hier wird letztlich in der freien Zeit im informellen Rahmen weitergearbeitet. Der Moderator sollte darauf achten, dass sich möglichst niemand dabei ausklinkt, was nicht immer einfach ist.

Eine andere Sache ist aber bei Ihrer Frage viel wichtiger als das Rahmenprogramm: die Häufigkeit Ihrer Workshops. Mit denselben Mitarbeitern in drei Monaten zwei Workshops am eigentlich freien Wochenende zu veranstalten wird die Motivation Ihrer Mitarbeiter beeinträchtigen. Auch hier gilt die Erkenntnis: Lieber einen Workshop zu wenig als einen zu viel.

? **Ich soll als Neuling und Frau in unserer Bank einen Workshop mit den alten Hasen in der Ausbildung (alles Männer) moderieren. Ich habe ein wenig Angst, dass die über mich herfallen.**

Wenn Ihre Teilnehmer schon am Vorabend anreisen, nutzen sie doch einfach die Gelegenheit und laden Sie die Männer ganz zwanglos in den Biergarten ein. Da können Sie sich untereinander bekannt machen, unverbindlich plaudern, und wenn es am nächsten Tag ans Arbeiten geht, haben Sie es nicht mehr mit Unbekannten zu tun: Das gibt Ihnen Sicherheit. Außerdem ist es viel schwieriger, über jemanden herzufallen, mit dem man am Vorabend gemütlich geplaudert hat.

? Wie lange darf ein Workshop dauern?

Eigentlich sollte ein Workshop so lange dauern, bis die anstehende Arbeit erledigt und die Aufgabe oder das Problem gelöst ist. Nur ist das gar nicht so einfach. Jeder Workshop braucht ein festgelegtes Ende. Von Open-End-Veranstaltungen raten wir dringend ab, sie ufern in der Regel in ewige Diskussionen aus, wobei sich dann diejenigen mit dem längsten Atem durchsetzen und nicht diejenigen, die die besten Argumente auf ihrer Seite haben.

Meistens nimmt man sich für den Workshop zu viel vor. Am Ende wird dann die Zeit knapp. Dabei ist die letzte Phase, in der konkrete Folgemaßnahmen beschlossen, Termine vereinbart und Zuständigkeiten verteilt werden, eine der wichtigsten, für die Zeit und Ruhe benötigt wird. Für die Festlegung des Schlusspunktes heißt das: lieber etwas später, damit es kein Gehetze gibt.

Erfahrungsgemäß spielen bei der Festsetzung des Endes noch ganz andere Einflüsse eine Rolle: Das Wochenende beginnt oder ist zu Ende. Das Hotel ist nur für eine bestimmte Zeit zu haben. Die Teilnehmer können nicht länger entbehrt werden.

Insgesamt sollten Workshops nicht zu lange dauern. Drei volle Tage dürfte das Maximum sein, mehr schaffen weder Teilnehmer noch Moderator ohne Durchhänger. Unsere Workshops bewegen sich meist zwischen ein und zwei Tagen. Halbtägige Veranstaltungen, wie sie oft gewünscht werden, klappen nur mit stark eingeengter und genau definierter Aufgabenstellung. So gilt die Devise: »Lieber weniger Workshops, aber die dafür richtig«, das heißt hier: mit ausreichend Zeit.

? Der Auftraggeber will offensichtlich nicht, dass ich als Moderator vor dem Workshop mit den Teilnehmern Kontakt aufnehme. Er begründet das damit, das würde die Leute am Arbeitsplatz stören. Soll ich darauf verzichten?

Gerade in diesem Fall tun Sie gut daran, auf den Vorgesprächen zu bestehen. Da wird im Vorfeld offensichtlich etwas unter den Teppich gekehrt. Möglicherweise müssen Sie das dann im Workshop ausbaden. Wenn diese minimale Störung schon zu viel ist, sollten Sie den Auftraggeber fragen, wie ernst er den Workshop nimmt. Workshops sollten nicht zu Alibiveranstaltungen verkommen.

? Meine Workshops sind sehr vorbereitungsintensiv. Da dauern die Vorarbeiten viel länger als der Workshop selbst. Lässt sich das nicht vereinfachen?

Oberflächliche Vorbereitung rächt sich meist da, wo die Achillesferse aller Workshops ist: bei den Ergebnissen und ihrer Umsetzung. Die Teilnehmer beschäftigen und sie mit einem guten Gefühl nach Hause schicken gelingt auch mit Minimalvorbereitung. Ziel eines Workshops kann das aber nicht sein. Jeder Workshop, nach dessen Ende sich nichts tut, war überflüssig. Wenn Sie Vorbereitungszeit sparen wollen, gibt es ein einfaches Rezept: Planen Sie nur ganz wenige Workshops, die aber dafür sehr gründlich.

Hermann Will

Kapitel 11:
Umsetzung anschieben

Workshops ohne Konsequenzen kommen mehrfach teuer: Die Arbeitszeit der Teilnehmer und der Moderator kosten Geld, Reisekosten fallen an. Aber viel übler sind andere Auswirkungen: Die Beteiligten sind enttäuscht. Ihre Einsatzbereitschaft verpufft. So leicht kann man sie nicht mehr erneut aktivieren.

Workshops ohne Konsequenzen kommen teuer

Woran liegt es, dass manche Workshops trotz guter Absicht und guter Arbeitsatmosphäre und trotz Maßnahmenkatalog samt Dokumentation keine Früchte tragen?

Beispiel: Die »guten Vorsätze« der Personalabteilung

Die fünfzehn Mitarbeiterinnen und Mitarbeiter der Personalabteilung gehen auch dieses Jahr wieder in zweitägige Klausur. Ein externer Moderator soll für straffen Ablauf und für Ergebnisse sorgen. Im Vorbereitungsgespräch wurde deutlich: Es gibt kein direktes Konfliktthema, aber es herrscht gedrückte Stimmung. Das Unternehmen ist im Umbruch und alle warten wie gebannt auf Entscheidungen von »ganz, ganz oben«. Das immer schon etwas zögerliche Handeln des Personalchefs macht die Situation für die Mitarbeiter nicht leichter. Das alles kommt in der Klausur auf den Tisch, wird analysiert und diskutiert. Gegen Ende des Workshops kommt gedämpfter Optimismus auf. Die Gruppe entwickelt Initiativen »auf eigene Faust«, statt nur hypnotisiert abzuwarten. Man hofft, dass wenigstens einige der Ideen die Umbruchzeit überstehen. Plakate und Maßnahmenkataloge entstehen und eine lange »Wunschliste« der Mitarbeiter an ihren Chef. Nach dem Workshop verschickt der Moderator eine umfangreiche Dokumentation aus Pinnwandkopien, Maßnahmenkatalog und der »Wunschliste«. Einen Monat später erkundigt er sich bei einzelnen Teilnehmern und beim Personalchef nach dem Stand der Dinge. Wenig ist seitdem passiert, eigentlich nur das, was sowieso anstand. Die weiter reichenden Beschlüsse und Wünsche sind im Alltagsgeschäft untergegangen – »bis jetzt noch«, so lautet die vertröstende Antwort. Vier Wochen später gibt es weitgehend die gleiche Aussage. Fast nichts wurde umgesetzt und die Mitarbeiter sehen keine Auswirkung ihrer »Wunschliste«.

Muss der Moderator anschieben?

Was hätte geschehen müssen, um die Chancen für einen längerfristigen Umsetzungserfolg zu erhöhen? Und weiter: Zu welchem Zeitpunkt und in welchem Maße ist das »Anschieben« überhaupt die Aufgabe des Moderators?

Was kann man schon im Vorfeld für die Umsetzung tun?

Wer schon in dieser frühen Planungsphase an die Umsetzung denkt, spart sich und anderen später viel Mühe mit dem Anschieben – und manche Enttäuschung.

Zielarbeit im Vorfeld: Wie realistisch ist die Zielerreichung?

Schätzen Sie schon vor dem Workshop die Chancen für die spätere Zielerreichung ab – auch wenn das nur prognostisch und ungenau geht: Sind die Ziele unter den gegebenen Umständen sinnvoll und realistisch? Von welchen Faktoren und »Randbedingungen« hängt der spätere Erfolg mit ab? Wer will diese Ziele überhaupt erreichen – und wer hat (vermutlich) andere oder gar gegensätzliche Wunschvorstellungen? Und vor allem: Sind die Ziele handfest und konkret genug für eine spätere Erfolgskontrolle? Die Prüffrage dazu lautet: »Woran merken Sie nach dem Workshop, dass dieses Ziel erreicht worden ist?« Das sorgt bei hoch gesteckten oder nebulösen Zielen für »Bodenhaftung«, schafft Voraussetzungen für die Workshop-Evaluation und dient »ganz nebenbei« auch der späteren Umsetzung.

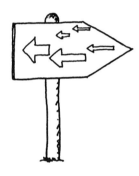

Der interne Workshop-»Puscher« als Partner des externen Moderators

Wer als externer Moderator nur für die Leitung einer Veranstaltung engagiert ist, tut dennoch gut daran, den Workshop als intern längerfristiges »Projekt« zu sehen (auch wenn das nicht so heißt). Die kontinuierliche Betreuung des Workshop-Vorhabens und dessen Verknüpfung mit dem Arbeitsalltag übernimmt der »interne Prozessverantwortliche«, wir nennen ihn Workshop-»Puscher«. Er ist offizieller Ansprech- und Koordinationspartner des Moderators. Häufig ist das der Chef des auftraggebenden Bereichs beziehungsweise dessen Stellvertreter, gelegentlich ein »normaler« Mitarbeiter mit Energie, Engagement, Autorität und Ressourcen. Mit diesem Internen vereinbart der Mode-

Am Anfang schon ans Ende denken!

rator schon vor dem Workshop die Stafettenübergabe für nachher und die Art der Umsetzungskontrolle. Manchmal ist es gut, dass der Moderator nach Ende des Workshops dem internen »Puscher« noch als Berater oder Coach zur Verfügung steht.

Zuständigkeiten klären

Der Moderator »von außen« (also nicht aus dem Organisationsbereich, der moderiert wird) ist in der Regel Methodenspezialist und primär für das Vorgehen zuständig. Für Inhalte, Zielsetzung und die Umsetzung zeichnen dagegen vor allem Interne verantwortlich (Auftraggeber, Initiatoren, Workshop-Puscher und Teilnehmer). Solch zweigeteilte Verantwortung für Methoden einerseits, Inhalte und Umsetzung andererseits braucht absolut klare Absprachen über Zuständigkeiten und Schnittstellen: Wer übernimmt welche Vorfeldkontakte? Wer sorgt für die Einbindung des Umfelds? Wer begleitet und überprüft später die Realisierung? Aufgaben, Zuständigkeiten und Verantwortung der Moderatoren sind bei jedem Workshop unterschiedlich – immer so, wie es Sinn macht –, aber sie müssen so früh wie möglich klar geregelt sein!

Schirmherren: Beschlüsse »hoch aufhängen«

Wer seinen Beschluss öffentlich erklärt, kann ihn später nicht so leicht zurücknehmen. Nutzen Sie diesen Mechanismus öffentlicher Selbstverpflichtung! Animieren Sie also Ihre Workshop-Initiatoren, weithin bekannt zu geben, dass man nun das Thema X angeht, und laden Sie einflussreiche Personen, die Presse und hohe »Firmenhierarchen« zur Veranstaltung ein (zum Beispiel als Workshop-Gäste). Anschließend sorgen Sie dafür, dass eine attraktiv aufgemachte Dokumentation mit diesen Beschlüssen an möglichst viele einflussreiche Leser verschickt wird.

Was man während des Workshops für die Umsetzung tun kann

Ein gut geplanter, methodisch eleganter und zielgerichteter Workshop erhöht die Chancen, dass die angestrebten Ziele auch erreicht werden. Aber kann man darüber hinaus noch etwas für den Umsetzungserfolg tun?

Kollektive Rauschzustände abfangen

Manche Workshops machen »high« (oder blind). In solch kollektiven Rauschzuständen fassen euphorisierte Teilnehmer oft Strohfeuerbeschlüsse, die sie einige Tage später gar nicht mehr so toll oder kaum realisierbar finden. Andere überlasten sich mit Folgeaktivitäten, die ihre Kapazitäten und Fähigkeiten überfordern. Vorsichtige Moderatoren bleiben da »nüchtern« und haben schon im Workshop den grauen Alltag im Auge: Haben die angedachten Beschlüsse überhaupt eine Chance umgesetzt zu werden? Lassen sie sich wirklich in die Alltagsabläufe integrieren? Passen sie zum Umfeld? Reichen die Ressourcen? Wenn in einem der Punkte Zweifel auftauchen, dann schlägt man Alarm.

Maßnahmenkatalog nach allen Regeln der Kunst

Maßnahmenkataloge sind öffentliche Ziel- und Ergebnisverpflichtungen der Workshop-Teilnehmer (zur Visualisierung s. S. 146ff.). Für die Maßnahmen und Vorhaben gilt folgende Qualitäts-Checkliste:

- **Sind die Maßnahmen inhaltlich o.k.?**
  Beschlüsse und Maßnahmen müssen inhaltlich »in Ordnung«, fair und möglichst breit akzeptiert sein. Zumindest aber müssen sie nachvollziehbar sein.

- **Sind die Maßnahmen konkret und überprüfbar?**
  Generell gilt: Lieber ganz wenige und konkrete Maßnahmen – aber die umsetzen! Nicht nur die Ziele (das »Was«), sondern vor allem auch die Schritte und Wege dorthin (das »Wie«) gehören eindeutig festgelegt. Am besten, man vereinbart gleichzeitig Zeitpunkte und Art der Erfolgskontrolle. Auch über die Schnittstellen beziehungsweise notwendigen »Spielpartner« wird man nachdenken.

- **Gibt es konkrete Zwischenziele?**
  Zu weit gespannte und zu hoch gesteckte Beschlüsse bergen Umsetzungsrisiken! Darum Zwischentermine und Etappenziele festlegen! Pflicht und Kür: Welche der gesteckten »Minimalziele« müssen auf alle Fälle erreicht werden?

- **Sind die Zuständigkeiten klar und freiwillig?**
  Niemanden mit Zwang »bereit erklären«. Wenn Abwesende Aufgaben übernehmen sollen, dann zeichnet zumindest ein anwesender Workshop-Teilnehmer dafür verantwortlich, dass er das »Opfer« dazu bringt, die Maßnahme auch durchzuführen.

- **Haben die Vorhaben »Verfallsdaten«?**
  Keine Maßnahme gilt »für ewig«! Klugerweise haben auch Workshop-Beschlüsse ihre Gültigkeitsgrenzen: entweder einen festen Endtermin (»Befristeter Testlauf bis zum Ende des Jahres«) oder sie gelten bis zum Eintritt definierter Ereignisse (»So lange, bis die Fehlerrate auf x % gesunken ist«). Nach Ablauf der »Gültigkeit« wird über Ende, Nachjustieren oder (erneut befristete) Fortführung der Maßnahme entschieden.

- **Sind Notfalllösungen angedacht?**
  Es kommt immer anders, als man denkt! Sind Schwellenwerte für »Alarmsignale« und fürs Nachjustieren definiert? Gibt es bereits Notlösungen für voraussehbare Krisenfälle?

Der »Brief aus dem Jenseits« und andere »Bekennerdokumente«

Mit drei Varianten eigenhändig verfasster Merk- und Gedächtnisstützen haben wir (als externe Moderatoren) gute Erfahrungen gesammelt:

- **Der »Brief aus dem Jenseits«**
  Jeder Teilnehmer schreibt noch im Workshop einen kurzen Brief an sich selbst – mit seinen persönlichen Maßnahmen und Vorsätzen (die nicht im allgemeinen Maßnahmenkatalog stehen). Am Ende der Veranstaltung steckt jeder seinen Brief in einen Umschlag und adressiert ihn an sich selbst. Der Moderator sammelt die Briefe ein. Wenn in ein oder zwei Monaten die guten Vorsätze im »Meer des Vergessens« ruhen, dann gibt er sie in die Post. Wir kopieren die Briefe auf knallbuntes Papier, damit sie später gleich ins Auge stechen.

- **Die »Workshop-Postkarte« an den Moderator**
  Diesmal bekommt der Moderator Post. Gegen Ende des Workshops notiert jeder Teilnehmer seine persönlichen Vorhaben stichpunktartig auf »Brief-Karten« (pro Vorhaben eine Karte). Diese Karten sind an den Moderator adressiert und auf ihnen kleben bereits Briefmarken. Die Teilnehmer nehmen ihre Karten mit nach Hause. Zum vereinbarten Stichtag zieht jeder Bilanz, notiert das Ergebnis im Telegrammstil und ab geht die Post. Um den Rücklauf zu erhöhen, notieren wir ganz demonstrativ, wie viele Karten jeder Teilnehmer mitgenommen hat. Die Alternative ist das Antwort-Fax oder eine E-Mail.

```
MEINE WORKSHOP-POSTKARTE   abschicken bis ....................
Meine Vorsätze: ...................................................................
.............................................................................................
habe ich im Zeitraum ............................................. umgesetzt.
Die Auswirkungen: ................................................................
.............................................................................................
.............................................................................................
.............................................................................................
Meine Zufriedenheit damit:  ☀ – ☺ – ☐ – ☹ – 💣
Absender: ...............................................................................
                                                            An Dr. Hermann Will, WUP
```

- **Das persönliche Vorsatzplakat mit »Bekennerfoto«**
  Wir bitten die Teilnehmer, ihre persönlichen Vorsätze und Maßnahmen gut lesbar auf Flipchartbögen zu notieren. Jeder präsentiert seinen Bogen einzeln vor dem Plenum, das gegebenenfalls noch kritische Anmerkungen und Anregungen als Umsetzungshilfe gibt. Dann kommt der große Fototermin: Wir »blitzen« jeden Teilnehmer einzeln samt Plakat. Diese »Bekennerfotos« kommen in die Workshop-Dokumentation.

Noch ist das Vorsatzplakat leer

Der Workshop als Wettbüro?

Workshops, Maßnahmenkataloge und Umsetzung sind ernste Vorhaben, da kann zwischendurch etwas Verspieltes nicht schaden. »Wetten, dass ...«: Die Teilnehmer picken sich eine oder zwei pointierte Maßnahmen heraus und schließen untereinander Wetten darüber ab, ob das Vorhaben auch gelingt. Das eröffnet neue Perspektiven: Wer zahlt am Stichtag die Magnumflasche Sekt oder das Weißwurstfrühstück für alle? Ein ganz frisches Beispiel, bei dem der Ausgang noch offen ist: Ein Mitarbeiter hat sich vorgenommen, bis Ende Oktober zwei Artikel über zentrale Forschungsthemen der Abteilung in der Fachpresse zu publizieren. Wenn es klappt, zahlt der Chef aus der Abteilungskasse, andernfalls geht die Wette auf Kosten dessen, der seinen Vorsatz nicht realisieren konnte.

Nachfassaktionen und Erfolgskontrolle vereinbaren

Initiator, Moderator oder der »Puscher« vereinbaren noch im Workshop mit den Teilnehmern, in welcher Art sie sich in bestimmten Zeitabständen über den Stand der Umsetzung erkundigen. Das Ankündigen einer Workshop-Abschlussevaluation unterstreicht die Ernsthaftigkeit, präzisiert die Erfolgskriterien und erhöht die Verbindlichkeit. Die Teilnehmer müssen wissen, dass auch später noch jemand »mit Feuer und Schwert« hinter der konsequenten Umsetzung her ist. Durch solche Nachfassaktionen sind Workshop-Verantwortliche später immer auf dem Laufenden über den aktuellen Stand der Umsetzung. Nur dann ist gezieltes Anschieben möglich.

Das Ende als Start!

Wenn die Workshop-Gruppe am Ende der Veranstaltung zufrieden in die Sessel fällt, dann ist etwas schiefgelaufen. Die eigentliche Knochenarbeit beginnt nämlich erst jetzt! Jetzt braucht es Aufbruchstimmung und Tatendurst! Damit das für die Teilnehmer nicht zu überraschend kommt, wird man sie auf ihre Back-home-Situation vorbereiten: Was werden die »Zurückgebliebenen« sagen (und tun)? Wie kann man sie informieren und überzeugen? Gibt es eine einheitliche Sprachregelung für die Vermittlung der Ergebnisse nach außen? Welche Maßnahmen ergreift man, wenn die geplanten Maßnahmen aus dem Ruder laufen?

Am Ende nicht am Ende sein!

Umsetzung anschieben: Möglichkeiten nach dem Workshop?

Jules Stauber

Wer erst nach dem Workshop mit dem Schieben anfängt, ist zu spät dran. Aber ein paar flankierende Umsetzungshilfen im Nachhinein gibt es doch. Wer dafür zuständig ist, hat man schon im Vorfeld geregelt.

Teilnehmer und Workshop-»Puscher« in Aktion

Verantwortung der Teilnehmer plus Einpeitscher

Jetzt sind die Teilnehmer an der Reihe: Es war ihr Workshop und es waren (hoffentlich) ihre Maßnahmen. Aber das braucht Umsetzungshilfen, Koordination und Kontrolle. Dies besorgt der Workshop-»Puscher« – notfalls als »Einpeitscher«. Er prüft, ob die vereinbarten Maßnahmen termingerecht umgesetzt werden, achtet auf die Koordination der Aktivitäten, organisiert Hilfe und mobilisiert notfalls nochmals Paten und Unterstützer.

Erinnerungssignale senden

Der Weg zur Hölle ist mit guten Vorsätzen gepflastert. Darum sollten dezente »Erinnerungshilfen« nicht fehlen. Als externer Moderator wird man im Nachhinein bei einzelnen (oder allen) Teilnehmern nachtelefonieren oder Erinnerungssignale per E-Mail senden.

Zwischen- und Folgetreffen

Bei größeren Projekten werden konkrete Folgetermine festgelegt. Entweder sind alle wieder da oder nur die Verantwortlichen des Maßnahmenkatalogs (und eventuell ein paar wichtige Gäste). Themen solcher Treffen sind: Wie ist der Stand der Dinge? Was läuft nach Plan? Wo gibt es Probleme bei der Umsetzung? Müssen einzelne Maßnahmen »nachjustiert« werden? Wie geht es weiter?

Workshop-Evaluation

Workshops sind aufwendig. Daher sollte es alle interessieren, ob sich die Mühe gelohnt hat und wo es eventuell noch hakt. Workshop-Evaluation (Erfolgskontrolle) braucht nicht allen empirischen Standards der Sozialwissenschaften zu genügen. Für einen raschen Überblick reicht häufig eine einfache Erfolgskontrolle des Typs »quick and dirty«. So erfährt man beim noch laufenden Projekt, wo man noch »drehen« muss (vgl. Will/Winteler/Krapp 1987).

Wenn man zu viel anschieben muss, dann stimmt was nicht!

Weißwurstfrühstück oder Abschlussfest?

Erreichte Ziele und gute Ergebnisse fallen niemandem in den Schoß. Wenn alle auf ihre Weise mitgewirkt haben, dann sollten auch alle etwas davon haben. Bei einem »Abschluss« oder einem »Etappensieg« steht dann eine gemeinsame »Siegesfeier« oder ein »Weißwurstfrühstück« für alle ins Haus – und natürlich sind die Förderer, Paten und Helfer gleichermaßen mit eingeladen. Schließlich haben auch sie ihren Beitrag geleistet.

Erfolge feiern!

Workshop-Marketing und Workshop-PR

Unsere Seminarteilnehmer an einem Workshop-Training sammelten Ideen zum »Workshop-Marketing« und visualisierten sie auf einer Pinnwand als Mind-Map.

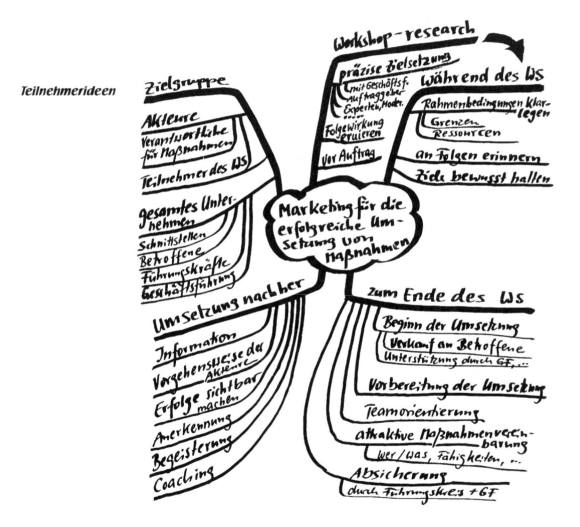

Anschieben:
Häufige Fragen – unsere Antworten

? **Ich soll einen Workshop moderieren, den eigentlich nur der Chef will. Habe ich da eine Chance als Moderator?**

Das hört sich nicht gut an. Wenn Mitarbeiter zu massiv zu einem Workshop und zu Maßnahmen gezwungen werden, dann gehen sie in passiven Widerstand oder betreiben verdeckt Sabotage. Überzeugen Sie Ihren Auftraggeber, dass er seiner Mannschaft besser während einer Besprechung mitteilt, was er will, und das möglichst mit einer guten Begründung. Das ist ehrlicher und erzeugt weniger Frust als ein erzwungener Pseudo-Workshop.

? **Bei meinem letzten Workshop hat der oberste Chef alle Beschlüsse durchgedrückt – auf Biegen und Brechen. Bei den überrumpelten Mitarbeitern hat das bitterböses Blut gemacht, aber so richtig gewehrt hat sich niemand. Das stinkt mir jetzt noch. Soll ich als Moderatorin das einfach auf mir sitzen lassen?**

Vermutlich ist es Ihnen ähnlich ergangen wie den überrollten Teilnehmern. Wenn es ein geplanter Schachzug war, dann hat man Sie ausgetrickst – das tut besonders weh. Falls nicht, dann macht es Sinn, mit Ihrem Auftraggeber darüber zu reden, denn solche Aktionen kommen auch ihn langfristig teuer zu stehen. Vielleicht kann man so wenigstens verhindern, dass weiteres Porzellan in die Brüche geht.

? **Hängt der Erfolg von Workshops wirklich nur vom handwerklichen Geschick des Moderators ab?**

Zu einem beträchtlichen Teil schon, aber natürlich sind Methoden nicht alles. Da sind vor allem die mächtigen »Kontextfaktoren«, zum Beispiel Mitarbeiter, Nichtteilnehmer, Nachbarabteilungen oder Gremien, die sich übergangen, überfordert oder bedroht fühlen – zu Recht oder zu Unrecht, das macht keinen großen Unterschied. Diesen Kontext merken Sie spätestens dann, wenn es gilt, heiße Beschlüsse zu realisieren. Dann geht es zu wie im Theater. Urplötzlich stehen unerwartete Akteure auf der Bühne – oder hinter dem Vorhang: »Gralshüter«, »Rächer«, »Drachen« und »Wegelagerer«. Es gibt neugierige »Zuschauer«, die scheinbar unbeteiligt sehen wollen, was sich da so entwickelt, aber auch »Retter« und »Ritter« stürzen sich ins Getümmel.

? Das Stichwort »Organisationsentwicklung«, sprich »OE«, haben Sie bisher kaum genannt. Wie kommt das?

Workshop und Organisationsentwicklung hängen eng miteinander zusammen: Viele OE-Projekte nutzen Workshops als Methode, um zu gemeinsam getragenen Veränderungen zu kommen. Und manchem Workshop, der sich später als »Eintagsfliege« entpuppt, hätte es gut getan, wenn man ihn nicht als isolierte »Einzelaktion auf der grünen Wiese« konzipiert hätte, ohne jeden Bezug zur Organisationsdynamik und ohne absichtsvolle und längerfristige Lern- und Veränderungsstrategie. Aber nicht alle Workshops sind OE-Maßnahmen. Wir haben uns deshalb hier auf das Workshop-Handwerk konzentriert. Wer da nicht fit ist, hat als Organisations- und Teamentwickler einen schlechten Stand.

? Warum hat es denn bei Ihrem Beispiel am Anfang des Kapitels mit der Umsetzung nicht geklappt?

Ich denke, wir haben uns zu schnell darauf eingelassen, lediglich die Moderation der Klausur zu übernehmen. Beim nächsten Mal würde man die lange »Wunschliste der Mitarbeiter an ihren Chef« so nicht mehr in den Maßnahmenkatalog übernehmen (trotz dessen gut meinender Zustimmung), denn mit ihr fokussierte die Gruppe alle Hoffnung und alle Initiativen auf ihren Chef. Der hatte dann alles am Hals: Workshop-Initiator, Auftraggeber, Workshop-»Puscher«, Letztverantwortlicher für die Umsetzung und Überprüfung und zugleich Hoffnungsträger, Retter und Hauptverantwortlicher für einen Großteil der Maßnahmen. Wenn in dieser Konstellation überhaupt eine Chance bestand, dann mit mehr Vorgesprächen und vor allem mit gezielter Beratung des Chefs nach dem Workshop. Vermutlich hätte Einzelberatung weniger Leistungsdruck erzeugt und zu mehr geführt. Dem Chef und den Mitarbeitern wäre eine Enttäuschung erspart geblieben und dem Moderator auch.

Hermann Will

Kapitel 12: Krisenmanagement

Wie jeder weiß, gibt es keine sicheren Rezepte für das Krisenmanagement im Workshop. Jede Veranstaltung ist anders. Jeder Moderator hat seine persönliche Charakteristik und mancher Teilnehmer will wie eine Diva ganz speziell behandelt werden. Trotzdem sucht man Lösungsideen: Was tun – vorbeugend und im Notfall?

Beispiel: Frau Mitterer verlässt weinend den Raum

Beim Arbeitswochenende über die zukünftige Strategie des Umweltverbandes geht es hoch her: Der Vorsitzende und ein Teil der alten Garde nehmen trotz guten Zuredens gar nicht an der Veranstaltung teil. Die Anwesenden – alles Ehrenamtliche – sind zwischen 20 und 70 Jahre alt. Sie haben ganz unterschiedliche Erwartungen an die Themen und den Arbeitsstil des Workshops und natürlich auch keine einheitlichen Prioritäten für die Verbandsarbeit: Die einen sehen eher die politische Ebene, die anderen sind klassische Naturschützer und Frau Mitterer hat sich vor allem durch Freizeitangebote einen Namen gemacht. Das passt alles nur schwer unter einen Hut – nicht nur wegen der angespannten Finanzlage. Immer wenn der »bunte Haufen« halbwegs geordnet beim Arbeiten ist, berichtet Frau Mitterer von alten Erfahrungen oder verteilt lehrerinnenhafte Maßregeln. Anfangs amüsieren sich die anderen noch über diese Überraschungsaktionen: Jeder weiß, dass die Frau in ihrer ehrenamtlichen Tätigkeit aufgeht. Aber dann sinkt langsam die Toleranzgrenze. Am Abend beim Wein explodiert die Situation. Einige der Jüngeren »waschen Frau Mitterer den Kopf«. Sie verlässt weinend den Raum. Für einige Zeit sitzen die Zurückgebliebenen da wie die begossenen Pudel.

Konflikt- und Krisenindikatoren

Wenn sich Teilnehmer lautstark in die Wolle kommen, wenn sich der Workshop in zwei Kampflager spaltet und nichts mehr geht oder wenn der Moderator allein auf weiter Flur steht, dann sind Konflikte in voller Blüte und »Notfalllösungen« angesagt. Die größere Gefahr für Workshops sind allerdings die weniger spektakulären, leisen und unterschwelligen Krisen, denn da wahren alle halbwegs die Form und nur unter der Decke rumort es. Dadurch sind die Konflikte schwerer zu orten und für die Energieabfuhr fehlen die rettenden »Überdruckventile« des offenen Streits.

Unterschwellige Krisen sind gefährlicher

Frühindikatoren   Ideal, wenn man aufsteigendes Konflikt- und Krisenpotenzial schon im Frühstadium erkennt. Hier einige Frühindikatoren:

- **Regelverletzungen**
  Zu spät kommen und zu früh gehen. Telefonate und Faxe werden »dringlicher« und stören den Ablauf des Workshops. Zunehmend Seitengespräche. Niemand kümmert sich bei Gruppenarbeiten um Zeit und Visualisierung.

- **Sinkendes Engagement der Teilnehmer**
  Schleppender Verlauf mit immer geringerer Beteiligung. Die Gestaltungs- und Beschlusskraft des Plenums sinken. Gruppenarbeiten »fransen aus« und enden ohne konkrete Ergebnisse.

- **Mehr persönliche Konflikte**
  Die Teilnehmer fallen sich ins Wort. Verstärkt Angriffe der Teilnehmer untereinander. Gegenseitige Hilfsangebote und Zugeständnisse nehmen ab. Unnachgiebigkeit und Verweigerung von Kompromissen. Auseinanderfallen von Arbeitsgruppen.

- **Methodenkritik**
  Zweifel an der Effektivität des Workshops, Kritik am Vorgehen des Moderators werden geäußert. Methodenverweigerung (Vorsicht: Oft haben die Teilnehmer Recht!).

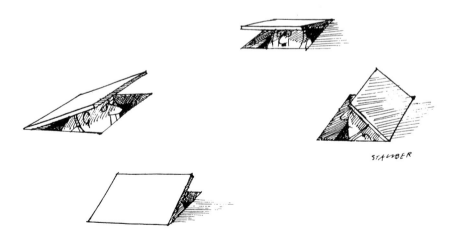

Ursachen für Workshop-Krisen

Es gibt viele Gründe, warum es in Workshops schwelt oder lichterloh brennt. Wer gründlich im Vorfeld recherchiert hat, kennt zumindest einige davon und kann sich darauf einstellen. Für Überraschungen lauert dann immer noch genügend »im Gebüsch«:

- **Rache für den Zwangs-Workshop**
  Wenn Workshops oder Beschlüsse durchgeboxt werden und ein Teil der Leute nur notgedrungen mitmacht, weil offener Widerstand keine Chancen hat, dann sind Passivität und latenter Widerstand verständlich.

- **Selten nur reine Sachprobleme!**
  Um Sachthemen kann man sich streiten, aber ernsthaft und dauerhaft in die Wolle kommt man sich deshalb nur selten. Aber nicht alle, die über die Sache reden, reden wirklich über die Sache! Wenn »Differenzen« hochkochen, dann haben sie häufig tiefer sitzende emotionale Wurzeln. Wer als Moderator »riecht«, dass das augenblickliche Oberflächenthema nicht das ist, worum es eigentlich geht, wird nicht mehr lange bei diesem Thema bleiben wollen. Man kann versuchen, das strittige Pseudothema auszuklammern oder zu vertagen. Das ist zwar keine echte »Konfliktlösung«, aber immer noch besser als Weitermachen – und manchmal nimmt das »den Dampf raus«. Wer sich Chancen ausrechnet, wird einen Versuchsballon steigen lassen und vorsichtig das tiefer liegende Problem antippen.

  Um was geht es wirklich?

- **Geht es um Kopf und Kragen?**
  Bei Workshops gibt es nicht immer nur Gewinner. Beispielsweise werden Teilnehmer in einem Workshop über Kostensenkung und Rationalisierung wohl zu Recht dem Ergebnis mit Skepsis entgegensehen (auch wenn ihr Kopf wissen mag, dass das Thema nötig ist): Verschwindet mein Arbeitsplatz? Verliere ich an Einfluss- und Gestaltungsmöglichkeit? Was bleibt mir? Wen wundert es da, wenn Nerven offen liegen und das Konfliktpotenzial hoch ist. Da macht es wenig Unterschied, ob die Bedrohung real besteht oder nur befürchtet wird.

  Krise als Notwehr?

Workshop oder Wiederholungstäter?

- **»Gruppendynamik« und alte Geschwister- und Familienthemen?**
  Der Kopf denkt, aber der »Bauch« lenkt! Jede Workshop-Gruppe entwickelt ihre eigene Dynamik. Das aktiviert bei Teilnehmern (und beim Moderator!) stets auch alte Verhaltensmuster. Manche davon hat man schon seit Kindesbeinen: Bekomme ich genügend Anerkennung? Drängen sich andere an mir vorbei in den Vordergrund? Mögen die mich oder lassen sie mich im Regen stehen? Wer bekommt schon wieder das größte Kuchenstück? Moderatoren sind keine Therapeuten und werden daher solche Emotionen kaum zum Thema machen. Aber zumindest für das Verständnis des aktuellen Geschehens hilft diese psychologische Betrachtungsweise.

- **»Alte Rechnungen« und »Leichen im Keller«**
  Nicht alles spielt im Unbewussten: Manche Teilnehmer bringen ganz gezielt, mehr oder minder gut kaschiert, alte Fehden und offene Rechnungen mit in den Workshop. Der Workshop bietet noch zusätzliches Publikum, also die optimale Bühne für heiße Duelle und Schaukämpfe.

- **Der Moderator als Bombenleger oder Drachenkämpfer?**
  Kunstfehler? Kunstfehler gehören mit zum Moderatorenhandwerk: Im Eifer des Gefechts wird man Situationen falsch einschätzen, ungenügend informieren, einzelne Teilnehmer unangemessen behandeln, das Ziel aus den Augen verlieren, Vorschläge überhören oder Methoden zum falschen Zeitpunkt einsetzen. Zu echten Krisen führt das erst, wenn sich Kunstfehler häufen oder wenn sie als Tüpfelchen auf dem i bereits hochexplosive Pulverfässer zum Zünden bringen. Krachen wird es auf alle Fälle, wenn der Moderator auf Biegen und Brechen etwas gegen die Gruppe durchsetzen will. Unser Tipp: Gestehen Sie ein, dass Sie den roten Faden verloren haben und nicht mehr weiterwissen, oder bitten Sie um Entschuldigung.

Prinzipien und Techniken für den Krisenfall?

Wen stört eigentlich die »Störung«? Manche Krise erlebt der Moderator dramatischer als die Teilnehmer. Bringt sie vielleicht »nur« den schönen Ablaufplan durcheinander? Beeinträchtigt der Konflikt die Gruppe beim Weiterarbeiten oder ist es nur der üblich raubeinige Umgangston eines Teams? Und dann geht es noch um die Verantwortung für die Krisenlösung. Die liegt nicht nur beim Moderator. Teilnehmer und Workshop-Initiator stehen mit in der Pflicht.

Wen stört die Störung?

Zukunftsorientierung statt Vergangenheitsbewältigung

Die Chancen liegen in der Zukunft!

Manche Workshops finden statt, weil in der Vergangenheit einiges schiefgelaufen ist, zum Beispiel die Zusammenarbeit im Team. Unser Ziel ist dann nicht die Aufarbeitung der leidvollen Vorgeschichte, denn nur allzu leicht wäscht man erneut schmutzige Wäsche oder etikettiert Sündenböcke. Statt als »Historiker« alte Wunden aufzubrechen, lassen wir die Vergangenheit ehrenvoll ruhen. Was war, war! Jetzt ist es wichtig, für die Zukunft akzeptable und tragfähige Lösungen zu entwickeln. Ideal, wenn es da eine neue, gemeinsame Herausforderung als Chance gibt.

Workshop-Krise als Chance und versteckte Hilfestellung

Wenn Teilnehmer mitten im Workshop lospoltern, dass das Vorgehen so völlig unsinnig sei, dann klingt das nach aufkeimender Rebellion. Aber es steckt auch das Signal darin, Zielsetzung, Rahmenbedingungen und das weitere Vorgehen nochmals gemeinsam zu überprüfen. Wir haben oft erlebt, dass Kritik am Workshop nicht nur Angriff bedeutet, sondern (zugleich) auch Angebot, Hilfestellung und Vorschlag – leider in unfreundlicher Verpackung. Wer als Moderator nur verletzt reagiert, wird diese Hilfsangebote nicht wahrnehmen können. Krisen mögen zwar lästig sein, aber oft sind sie Auftakt für einen neuen Start!

Wann eingreifen?

Moderatoren sind keine Schutzengel, aber wenn es zu unfair zugeht, werden sie eingreifen, um den kollegialen Arbeitsstil im Workshop zu wahren. Dann sind Sie »Mäßiger« im wahrsten Sinn von »Moderator«. Also: Krisensituationen nicht aussitzen, sondern rechtzeitig »dazwischen«gehen – ohne Vorwurf, aber mit einer kurzen Begründung. Vom Moderator wird Steuerung und Leitung erwartet!

Metaebene: Wir schauen uns selber zu

Manchmal sind alle so sehr im aktuellen Geschehen verstrickt, dass niemand mehr so genau mitbekommt, was eigentlich abläuft. Da ist es gut, wenn Sie zu zweit moderieren, weil dann immer einer schwerpunktmäßig auf den Inhalt und der oder die Zweite auf den Prozess achten kann.

Gemeinsam mit den Teilnehmern verlassen Sie also kurz die Ebene des Agierens und Reagierens und betrachten das eben abgelaufene Geschehen mit etwas Abstand »von oben her«. Wer der Gruppe dabei Vorwürfe macht, bekommt Widerstand. »Psychogeschulte« Moderatoren starten mit Ich-Botschaften: »Ich habe den Eindruck, wir haben uns bei diesem Thema festgebissen. Wie sehen Sie die Situation?« Andere fragen direkter: »Wie gehen wir miteinander und mit unserer Aufgabe um? Was können wir besser machen?« Man wird kurz gemeinsam darüber reden und dann steigen wieder alle hinunter zur realen Workshop-Ebene.

»Metaebene« klingt manchen Teilnehmern arg psychologisch oder theorielastig. Wir sprechen darum oft von der »Aloisius-Ebene«. Damit ist gemeint: der berühmte Münchner Dienstmann Aloisius, der direkt vom Hofbräuhaus in den Himmel kam und dort oben als Engel auf seiner Wolke sitzt. Da singt er Hosianna und wartet, bis er mit einer göttlichen Eingebung nach unten geschickt wird – zur bayrischen Staatsregierung.

Engel-Aloisius-Ebene

Interventionstechniken

Unterbrechen mit Fingerspitzengefühl

In der Regel können Sie sich auf Ihre innere Stimme verlassen und das tun, was Ihnen spontan durch den Kopf geht. Das ist dann wenigstens authentisch:

- **Wechseln zur Metaebene**
  Von der »Aloisius-Ebene« war schon die Rede. Das ist eine sehr mächtige Intervention, passt aber nicht immer.

- **Blitzlicht**
  Als Klärungs- und Steuerungsinstrument in kritischer Situation hat sich das »Blitzlicht« bewährt (s. S. 94ff.). Nach einer knappen Einführung bittet man alle reihum um kurze, begründete Stellungnahmen: »Mein Eindruck vom Verlauf und was ich mir als nächsten Arbeitsschritt wünsche.« Der große Vorteil: Der Moderator (und auch alle anderen) bekommen so die augenblickliche Sichtweise der ganzen Gruppe mit.

- **»Bußpredigt« halten**
  Das ist zwar keine klassische Methodenempfehlung, aber manchmal wirkungsvoll – und als Moderator ist man seinen Zorn los. Da macht aber der Ton die Musik und das Image des Moderators spielt eine Rolle.

- **Die Zwischenbilanz visualisieren**
  Immer wiederkehrende oder vom Thema wegführende Diskussionen versucht man durch Handskizzen oder Mitvisualisieren auf Pinnwand oder Flipchart auf den Punkt zu bringen (s. S. 61ff.): »Was können wir festhalten?« Ungelöste Konfliktthemen kann man für alle sichtbar notieren und dann mit einem dicken roten »Konfliktblitz« markieren. Das macht deutlich, dass sie »noch offen« sind, und hebt die Chancen, sie jetzt auszuklammern und zum nächsten Thema überzugehen.

- **Pausen und Pausengespräche**
  Nach Streit im Workshop glätten oft Pausen die Wogen. Man verlässt den Ort des Geschehens, trinkt Kaffee, raucht, kann nachdenken, sich mit anderen abstimmen und hat Zeit zum »Auslüften«. Bei verfahrenen Situationen redet der Moderator mit den Meinungsführern und hört die Einschätzung der Gesprächspartner. Da erfährt man viel und schafft sich Helfer fürs Weichenstellen im Workshop.

Ihre Teilnehmer wollen nichts Böses!

»Querulanten« gibt es nicht! Wenn Teilnehmer schwierig sind, dann gibt es gute Gründe dafür. Beispielsweise fühlen sie sich von Vorgesetzten, von Workshop-Teilnehmern oder vom Moderator übergangen beziehungsweise ungerecht behandelt oder es gibt eine komplizierte Vorgeschichte des Workshop-Themas, die sie so reagieren lässt. Leider blickt man da als Moderator nicht immer durch und manchmal ist die »Ausdrucksform« der »Störer« für diesen Konflikt ungewöhnlich oder unerfreulich – aus unserer Sicht.

Durch die Bücher schwirren immer wieder Typologien schwieriger Teilnehmer (siehe unten). Wir haben diese »Tiere« in unseren Workshops und Seminaren nie gesehen und halten das für unprofessionell und gefährlich. Allerdings: Wer fest daran glaubt, dass es sie gibt, wird sie gerade deshalb kennenlernen: Wie man in den Wald hineinruft, hallt es zurück.

Hüte dich vor deinen Gedanken - sie könnten Wirklichkeit werden!

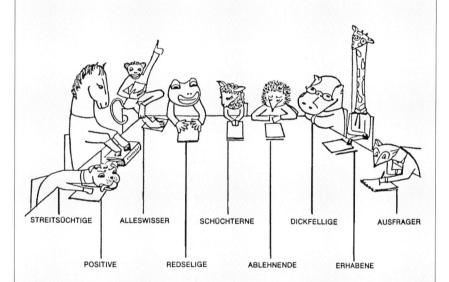

Wer fest davon überzeugt ist, dass die Workshop-Teilnehmer nichts Böses vorhaben und nicht absichtlich stören wollen, wird weniger Konflikte und Krisen im Workshop haben!

- **Wechsel im Vorgehen**
  Arbeits- und Methodenwechsel lockern Situationen: Auf eine erlahmende Plenumsdiskussion setzen wir beispielsweise eine Kartenabfrage. Festgefahrene Positionen diskutiert man nicht noch länger im Plenum, sondern schlägt Arbeit in Kleingruppen vor. Auch Ortswechsel helfen gelegentlich weiter. Statt im gleichen Raum weiterzustreiten (da ist die Luft »vergiftet«), wechseln wir in einen »unverbrauchten« Raum. In der Regel wird man kurz erklären, warum man jetzt anders vorgeht als vorher mitgeteilt.

- **Abbruch des Workshops?**
  Abbruch oder Vertagung sind zwar keine Bilderbuchlösungen, aber manchmal besser als Qualen ohne Ende. Bevor sich Gruppe und Moderator endgültig dazu entscheiden, wird man gemeinsam die Außendarstellung und die Folgeaktivitäten klären.

Ulrich Lipp und Hermann Will

Kapitel 13: Workshops mit Großgruppen

Workshops vertragen auch viele Teilnehmer. Mit Großgruppen von 30, 50, 100 und mehr Teilnehmern lässt sich oft gut arbeiten, aber nicht immer ist »big« auch »beautiful«.

Warum sich mit großen Gruppen herumschlagen?

Früher hatten Workshops 10 bis 15 Teilnehmer. Manchmal waren es ein paar mehr, wenn die Zielgruppe größer war. Inzwischen gilt »big is beautiful« und nach oben scheinen alle Teilnehmergrenzen gefallen zu sein. Große Gruppen haben folgende Vorteile:

Mehr Energie und Dynamik im Workshop

Geschickt eingefädelt, entwickeln große Gruppen recht schnell eine Dynamik, die den Workshop trägt: Der Erlebnischarakter einer Veranstaltung mit vielen Menschen wirkt energetisierend. Ebenso steigt mit der Zahl der Teilnehmer die Wahrscheinlichkeit, Menschen mit gleicher Wellenlänge zu finden. Und schließlich erlaubt eine große Gruppe ein breit gefächertes inhaltliches Programm mit mehr Wahlmöglichkeiten. Also: Arbeiten am richtigen Thema, mit den richtigen Leuten in einer anregenden Atmosphäre – eine ideale Workshop-Voraussetzung!

Workshops in großen Gruppen versprechen größere Wirkung

In einem Unternehmen der Pharmaindustrie soll das neue Firmenleitbild von den Mitarbeitern für ihren Arbeitsbereich inhaltlich gefüllt werden. Mehrere Workshops mit 12 bis 20 Teilnehmern haben im Unternehmen lange nicht das Gewicht wie eine Großveranstaltung, auf der das alle gleichzeitig tun. Je mehr Leute mitarbeiten, umso mehr Mitarbeiter tragen das weiterentwickelte und konkretisierte Leitbild ins Unternehmen zurück. Mehr Leute kommen in Bewegung. Größere Veranstaltungen werden in der Organisation besser wahrgenommen und schneller Gesprächsinhalt im Unternehmen.

Und noch ein Vorteil: Bei großer Teilnehmerzahl gewinnt man leichter einen Topmanager als Teilnehmer für eine ganze Serie von vielen Kleinveranstaltungen. Diese Anwesenheit von Hierarchien erhöht das Gewicht der Veranstaltung in den Augen der Teilnehmer. Auch die Umsetzungschancen von Workshop-Ergebnissen steigen, wenn es gelingt, wichtige Entscheidungsträger einzubinden.

Workshops in großen Gruppen versprechen schnelleren Wandel

Mehrere Workshops mit kleinen Gruppen hintereinander sind als Start für Innovationen, Veränderungs- und Entwicklungsprozesse selten empfehlenswert. Es fehlt der gemeinsame Startpunkt, die Wirkung tritt erst verzögert ein und verpufft allzu leicht. Da ist eine Großveranstaltung als Paukenschlag, als Auftakt besser. Großgruppen-Workshops entwickeln rascher die nötige »Zündtemperatur«, um Teilnehmer für Innovationen zu begeistern und neue Ideen zu übernehmen.

Open Space

Das offenste Modell für Großgruppen-Workshops heißt Open Space und wurde von Harrison Owen (1992) entwickelt. Es geht von der geringen Effektivität üblicher Tagungen und Konferenzen aus, bei denen einzig in den Kaffeepausen – so Owen – Austausch und sinnvolle Aktivität der Teilnehmer stattfänden. Die »Kaffeepausentechnik« kombinierte er mit afrikanischen Palavertraditionen. Owen war in Afrika von der Selbstorganisationsfähigkeit von Gruppen bis zu 500 Menschen beeindruckt, die auf dem Marktplatz ihres Dorfes feierten und diskutierten.

Aus unserer Sicht ist das Besondere des Open-Space-Designs nicht so sehr der Zuschnitt auf große Gruppen, sondern die Reduzierung der Lenkung auf ein Minimum. Das braucht großes Vertrauen in die Selbststeuerungskräfte der Teilnehmergruppe.

Wie läuft Open Space ab?

Ein »heißes« Thema wird möglichst offen und anregend für die Einladung zum Workshop formuliert. Die Teilnahme ist grundsätzlich freiwillig. Der Workshop dauert zwischen einigen Stunden und drei Tagen.

Open Space lässt – wie der Name sagt – sehr viel Spielraum. Dennoch gibt es feste Zeitpunkte für die Arbeit im Gesamtplenum und wenige, aber »eiserne« Regeln, die das Ganze zusammenhalten. Sie werden zu Beginn des Workshops auch richtig zelebriert:

- Wer kommt, ist da und gerade richtig!
- Was gerade besprochen und bearbeitet wird, ist genau das richtige Thema!
- Jeder kann eine Arbeitsgruppe verlassen, die ihm »nichts bringt«, sich einer anderen anschließen oder einfach herumgeistern (Abstimmung mit den Füßen)!

Dann beginnt die inhaltliche Arbeit im Plenum. Die Teilnehmer schreiben ihre Themenvorschläge auf Flipchartbögen, andere schließen sich an oder ver-

> **Ein Ablaufplan für einen zweitägigen Open-Space-Workshop:**
>
> **1. Tag**
>
> - Impulsreferat durch Auftraggeber oder Initiator (Plenum)
> - Eröffnung des Open Space, Erklärung der Methode und Entwicklung der Agenda (Plenum)
> - Gruppensession 1
>   *Mittagessen*
> - Gruppensessions 2 bis 3
> - Austausch auf dem Marktplatz und erste Verdichtung (Plenum)
>   *Abendessen*
>
> **2. Tag**
>
> - Bildung von Arbeitsgruppen (Plenum)
> - Ausarbeitung der Themen als Entscheidungsgrundlage
>   *Mittagessen*
> - Vorbereitung der Abschlussrunde
> - Abschlussrunde mit Entscheidung über weiteres Vorgehen (Plenum)
>
> **Danach:** Information für den Rest der Organisation!

suchen im Plenum (= »Marktplatz«) neue Themen anzubieten und zu »verkaufen«. Jedes Thema kann in einer oder zwei Sitzungen zu je 90 Minuten in einem offenen Gespräch, aber auch mit allen anderen Methoden bis hin zu Malen und Zeichnen aufgearbeitet werden.

Wann wo welche Gruppen tagen und wann die Plenumsphasen morgens und abends stattfinden, wird auf einer zentralen Wand als »Agenda« visualisiert. Nur so ist der Wechsel von Gruppe zu Gruppe möglich.

Agenda

Es gibt bei Open Space ein einziges »Muss«: die Dokumentation der Diskussionsergebnisse aus der Gruppe. Das kann ein Flipchartblatt sein oder ein per Notebook erstellter Ausdruck. Die Quelle dieser Dokumentation soll für Rückfragen erkennbar sein.

Eine klassische Präsentation der Gruppenergebnisse fehlt, es gibt nur den »Marktplatz«. Hier ist Raum und Zeit, um sich gegenseitig über die Essenz der Diskussionen zu informieren und sich Details aus Gruppen zu holen, bei denen man auch gerne dabei gewesen wäre. Wieder gilt: Nur das Interesse der Teilnehmer steuert, wo Informationen fließen, an welchen Themen weitergearbeitet wird, welche verdichtet werden.

Voraussetzungen für Open Space

Open-Space-Arbeitsweisen für Workshops sind attraktiv, aber nicht für alle Aufgabenstellungen passend. Bestimmte Voraussetzungen müssen erfüllt sein:

- **Das Thema muss für die Teilnehmer wirklich »heiß« sein**
  Nur wenn die Teilnehmer betroffen und engagiert sind, entwickelt sich im Workshop die Eigendynamik, die für die Entfaltung der Selbststeuerungsmechanismen und die Zielerreichung notwendig ist.

- **Teilnehmer und Hierarchien müssen sich auf einen offenen Ausgang und auf unvorhersehbare Entwicklungen einlassen können**
  Es erfordert von den Führungskräften und der Unternehmensleitung viel Mut (oder den Mut der Verzweiflung in ausweglos erscheinenden Situationen), Problemlösungen durch einen Open-Space-Workshop zu suchen. Energien können freigesetzt werden, die zu viel umfassenderen Veränderungen führen, als von den Führungskräften erwartet. Manchmal werden Geister gerufen, die sich nicht mehr so leicht bändigen lassen.

- **Bereitschaft für schnelle Entscheidungen**
  Ideal ist es, wenn noch im Workshop die ersten Entscheidungen getroffen werden können und klare Weichenstellungen für alle erkennbar sind.

- **Das Vorgehen muss zur Kultur passen**
  Streng hierarchisch gegliederte Organisationen und Firmen werden sich mit Open-Space-Veranstaltungen schwertun. Eine Kultur dominant geführter Besprechungen ist für das Vorgehen im Open Space ein Handikap.

- **Möglichst viele Entscheider und Betroffene sollen mitarbeiten**
  Nicht in allen Workshop-Situationen stimmt der Grundsatz: »Wer da ist, ist richtig!« Denn wer nicht da ist, der fehlt manchmal doch. So sind manche Diskussionen über betriebliche Veränderungen müßig ohne den Betriebsrat und ein Workshop im Controlling ohne den Chefcontroller hat von vornherein ein Defizit.

Von Open Space lernen, ohne Open Space zu machen

Man kann Open Space in Reinform machen oder aber bis zu einem gewissen Maß einzelne Elemente in andersartig konzipierte Workshops integrieren:

Der »Marktplatz«

Es gibt einen zentralen Platz oder Raum im Workshop, auf dem Inhalte, Arbeitsergebnisse, Anregungen ... als Aushänge präsent sind. Dort finden sich Gruppen zu Themen, ohne dass ein Moderator das lenkt.

Das freie Kommen und Gehen

Das befreit Teilnehmer vom Zwang, in einer unergiebigen Arbeitsgruppe zu bleiben, während woanders ein spannendes Thema diskutiert wird. Manchmal wirkt das Wechseln von Arbeitsgruppe zu Arbeitsgruppe (in der Open-Space-Diktion das »Flattern der Schmetterlinge«) sogar befruchtend, weil Impulse leicht übertragen werden können.

Die Eigenverantwortung der Gruppen

Open Space bringt die Workshop-Philosophie auf den Punkt: Nicht der Moderator steuert die Gruppen, bestimmt die Arbeitstechniken, spielt Animateur und schiebt an – die Teilnehmer in den Gruppen sind dafür selbst verantwortlich.

Zukunftswerkstatt

Diese Zukunfts-Workshops, von Robert Jungk und seinen Mitarbeitern entwickelt, haben in der Ökologie- und Bürgerinitiativenbewegung eine lange Tradition. Zukunftswerkstätten funktionieren zwar auch schon ab zwölf Teilnehmern, aber die für dieses Vorgehen typische Eigendynamik und Kreativität entstehen erst so richtig bei vielen Teilnehmern. Inzwischen gibt es eine ganze Reihe von erfolgreichen Anwendungen in Organisationen und Unternehmen (Jungk/Müllert 1989; Kuhnt/Müllert ³2006).

Wie läuft das ab?

Zukunftswerkstätten folgen einem ganz einfachen Phasenmodell.

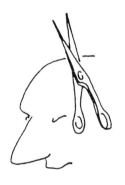

Beispiel: Die Kantine eines Unternehmens mit 5.000 Mitarbeitern soll auch langfristig gegen die Konkurrenz der billigeren Fremdfirmen (»Caterer«) bestehen bleiben. Um auch für die Mitarbeiter attraktiv zu bleiben, ist ein zweitägiger Workshop mit allen ganztags beschäftigten Mitarbeitern der Küche angesetzt: »Unsere Küche in der Zukunft – die Zukunft unserer Küche.«

- **1. Kritikphase**
  Ursprünglich ist das die Phase, in der die Kritik zu einem Themenfeld gesammelt, geordnet und gewichtet wird. Bei den Küchenleuten wäre das zu negativ. Hier ist eine Bestandsaufnahmephase nötig, in der zuerst eine positive Bilanz gezogen wird: »Darauf können wir in unserer Kantine stolz sein.« Erst im nächsten Schritt wird die Frage gestellt: »Das wird sich ändern, das soll sich ändern.«

- **2. Fantasiephase**
  Die Teilnehmer ordnen sich einzelnen Themenfeldern zu, für die sie Fantasien entwickeln wollen (zum Beispiel gesundes Essen, Erlebnisessen im Betrieb, Gebäude ...). Jetzt kommt der entscheidende Schritt: Die Teilnehmer sollen von der Kritik auf die Fantasie umschalten: Die »Schere im Kopf«,

die Ideen nicht zulässt, weil sie nicht durchsetzbar, zu teuer, technisch nicht machbar usw. sind, gehört in dieser Phase in die Schublade. Manche Moderatoren versuchen das mit Traum- und Fantasiereisen (geführte Meditation). Robert Jungk »zelebrierte« diese Phase auf einem Felsen stehend und beschwor förmlich seine Teilnehmer, auch das Undenkbare zu denken: »Und wenn ihr die Idee habt, wichtige Leute zu vervielfachen, zu klonen, dann nehmt diesen Gedanken auf, auch wenn er ganz abwegig erscheint!« Wenn es gut läuft, geraten manche Gruppen in eine Art Fantasierausch, in dem Weiterspinnen wichtiger scheint, als für die anderen Ergebnisse zu dokumentieren. Hier muss der Moderator manchmal an die anstehende Präsentation erinnern.

- 3. Realisierungsphase
Nach der Präsentation und Diskussion gehen die Gruppen unter ganz anderen Vorzeichen nochmals an ihre Ideen. Was können wir davon wie Realität werden lassen? Welche der Baufantasien sind auch ohne Großinvestition machbar? Unter welchen Voraussetzungen ist der Holzpizzaofen mitten in der Kantine oder die karibische Saftbar umzusetzen? Die Ergebnisse werden wieder präsentiert und, soweit vom Plenum akzeptiert, in einem Maßnahmenkatalog festgehalten. Durch dieses Wegschieben der »Schere Realität« werden erstaunliche Ideen geboren.
Diese Zukunftswerkstatt hatte ganz konkrete Auswirkungen: Heute gibt es dort als Realität gewordene Fantasie eine Karibikinsel mitten in der Kantine mit Säften, besonderen Salaten und dem Ambiente, für zehn Minuten in Gedanken ganz weit weg zu sein.

Der Haupteffekt von Zukunftswerkstätten liegt nicht so sehr darin, dass genau die Ideen aus der Realisierungsphase akribisch umgesetzt werden, sondern dass die Teilnehmer aus der Zukunftswerkstatt mit sehr viel mehr Energie, Tatendrang und Kreativität an ihre Aufgaben gehen.

Inszenierte Lern-Events®

Arbeit, Spaß, Lernen und Spinnen ergeben zusammen Großgruppen-Veranstaltungen an der Schnittstelle von Workshop, Schulung, Kongress und Event.

Der Workshop als Basar

Ein inszeniertes Lern-Event lässt sich mit einem orientalischen Basar vergleichen. Beide haben ein buntes Angebot an Gauklern, Musikern, Geschichtenerzählern und Zauberern. Und das Ganze spielt sich in passender Umgebung ab. Den spezialisierten Handwerkergassen des Basars entsprechen die Impulsangebote für die unterschiedlichsten Themenbereiche. Freie Plätze, Ecken und Winkel bieten Möglichkeiten zum Kennenlernen, Miteinanderreden sowie zum intensiven Miteinanderarbeiten. Die klassischen Workshop-Anteile sind da, wo Teilnehmer an echten Themen arbeiten. Das Drumherum, die »Gaukler«, Musiker und Theaterleute sind mehr als bloßes Beiwerk: Sie geben Impulse, sprechen alle Sinne an und schaffen das lockere Arbeitsambiente.

Beispiel: »Kundenorientierung« für 80 Führungskräfte

Die Tagesveranstaltung einer Bank stand unter dem Motto Kundenorientierung. Statt lange Referate zu halten, lockten Mitarbeiter ihre Kollegen mit Plakaten in Diskussionsecken. Werkstattartig wurde anschließend an einzelnen Themen weitergearbeitet. Impulsgäste von außen erzählten von Kundenorientierung in anderen Wirtschaftszweigen. Theaterleute banden die Führungskräfte in kurzen Spielszenen ein. Wir sorgten dafür, dass die Gruppe körperlich wie mental immer in Bewegung blieb.

Erreicht wurde nicht nur ein deutlich hörbarer Paukenschlag als Beginn der Kundenorientierungskampagne, sondern auch das Energetisieren der Mitarbeiter und nicht zuletzt konkretisierten sich Projekte, für die sich einzelne Mitarbeiter vor Ort verantwortlich erklärten.

Beispiel: Konzeptwerkstatt »Veranstaltungs-Designs«

Ein anderes Lern-Event schreiben wir unter dem Rahmenthema »Veranstaltungs-Design« jährlich offen aus. Da treffen sich für vier Tage 70 Teilnehmer, 50 Experten als Impulsgeber und zusätzliche »special guests« aus anderen Erfahrungsbereichen. Alle können aus einem bunten Programmangebot wählen und an einem Open-Space-Nachmittag mit anderen an eigenen Themen arbeiten (»Eier brüten«). Zwischendurch trifft man sich nach Lust und Laune in Austausch- und Arbeitsplattformen.

Große Gruppen brauchen klare Ansagen!

»Flow«-Stimmung zum Abheben entsteht durch die Großgruppe, durch Theater- und Jahrmarktselemente, das vielfältige Angebot plus Austauschmöglichkeiten und einem Ambiente, das offen macht für ungewöhnliche Ideen. Und natürlich heben sich die Arbeits- und Präsentationsmethoden deutlich ab vom gewohnten Vorgehen. Was locker aussieht, braucht im Hintergrund straffe Rahmenplanung und Logistik – gerade weil vor Ort noch viel improvisiert wird. Ohne Leitungsteam, Helfer und Vertrauen in die Kreativität der großen Gruppe geht das nicht. Das Ergebnis: Ein inszeniertes Lern-Event als kreativer Mix aus Weiterbildung, Tagung, Workshop und Event.

Was ist bei Großgruppen anders?

Visualisierung unter Großgruppenbedingungen

Große Gruppen brauchen spezielles »Werkzeug«. Hier einige Beispiele:

- **Großplakate**
  Große Gruppen verlangen große Plakate! Jeder Teilnehmer muss alles lesen können. Bewährt haben sich aneinandergeklebte Pinnwandpapierbögen oder Papier von der Rolle. Für vorbereitete Plakate nutzen wir Großflächen- oder Plankopien. Sie sind ungefähr 90 cm breit und können bei Bedarf mehrere Meter lang sein.

- **Handouts**
  Sie sind Ergänzung oder Alternative zum Arbeiten mit Großplakaten. Die Gruppen schreiben ganz normal Plakate. Wir fotografieren sie mit der digitalen Kamera und bringen sie als Ausdruck im DIN-A4-Format unter die Teilnehmer (s. S. 150ff.).

- **Notebooks und Beamer**
  Arbeitsergebnisse und Zwischenschritte kann man auch mit dem Notebook festhalten und per Beamer an die Wand werfen. Für große Gruppen sind Flipchart und Pinnwand manchmal zu klein. Wenn Kleingruppen solche Medien verwenden, fotografieren wir die Charts und projizieren sie für alle sichtbar auf eine Riesenleinwand.

- **Diashow**
  Aus den digitalen Fotos wählt man die aussagekräftigsten und zeigt sie großformatig über den Beamer. Zwischendurch oder am Ende des Workshops gibt das nochmals einen Rückblick zum Erinnern für die Teilnehmer.

Austausch in großen Gruppen

In Großgruppen rasch und effektiv Arbeitsergebnisse und Informationen auszutauschen ist eine Herausforderung. Ein Präsentationsmarathon vieler Gruppen im großen Plenum erschlägt. Also braucht es Alternativen:

- **»Wissensraum«**
  Ein zentral gelegener und möglichst hoher Raum im Tagungshaus, in dem alle Gruppen ihre Großplakate aufhängen. Eine Leiter ist da hilfreich. Die Teilnehmer können sich dort die nötigen Informationen zum Weiterarbeiten holen. Manchmal organisieren wir in diesem Raum eine »Führung« und gehen mit allen zu den aktuell wichtigen Gruppenplakaten. Vor Ort gibt es dann einen Kurzkommentar, eventuell ergänzt durch schriftliches Diskutieren mit Rückfragen bei den Autoren (s. S. 70ff.).

Plenum im Wissensraum

- **»Marktplatz«**
  Das ist beim Open-Space-Ansatz der zentrale Ort für den Informationsaustausch. Er dient zur Veröffentlichung von Arbeitsergebnissen und ist der Raum, in dem sich die Weiterarbeit selbst organisiert. Dazu brauchen die Teilnehmer aber genügend Zeit.

- **Umschlussverfahren**
  Gute Erfahrungen haben wir auch mit Umschlussverfahren. In jeder Austauschgruppe sind zwei oder drei Vertreter aus den Ursprungsgruppen, die sich gegenseitig informieren. Ein Informationsaustausch im Großplenum wird dann überflüssig.

- **Fishbowl**
  Eine Diskussionsrunde, bei der nicht alle Teilnehmer mitreden und doch aktiv dabei sind. Es gibt einen Innen- und einen Außenkreis. In den Innenkreis setzen sich vier bis sechs Teilnehmer, die ein Thema diskutieren, und der Moderator. Ein Stuhl bleibt zunächst leer. Auf den kann sich vom Außenkreis ein Zuhörer setzen und sich so in die Diskussion einklinken. Für ihn verlässt ein anderer Diskutant den Innenkreis und setzt sich zu den Zuhörern.

Aktivierung und Inszenierung

Ohne eine lockere Atmosphäre bleibt jeder Workshop steif und spröde. Auch in großen Gruppen brauchen die Teilnehmer Bewegung und Anregung.

- **Bewegung**
  Eine große Gruppe darf nicht zu lange zum Sitzen kommen, sonst klebt sie fest. Trägheit und Passivität beugen wir mit schnellen Platzwechseln vor: Mehrere Präsentationen hintereinander finden daher an unterschiedlichen Stellen statt, die die Teilnehmer aufsuchen müssen. Im Sommer nutzen wir das Freie. Für Gruppenarbeiten bieten wir verschiedene und wechselnde Räumlichkeiten an.

- **Konstanter Wechsel**
  Aktivität und Bewegung erzeugt man durch häufige Arbeitswechsel und durch einen überlegten Mix der Workshop-Methoden. Wir achten auch darauf, dass sich, wenn es geht, die Zusammensetzungen der Gruppen ändern.

- **Inszenierungen**
  Inszenierungen sind für Großgruppen-Workshops ein wichtiges Gestaltungselement (s. S. 262). Theaterelemente regen die Ideenfindung an. Sie dienen aber auch zur Präsentation ungewöhnlicher oder überhaupt neuer Ideen. Das Ende der Fantasiephase in einer Zukunftswerkstatt ähnelt so manches Mal einer Theaterwerkstatt. Eine angedeutete Bühne erleichtert das Begehen ungewöhnlicher, fiktiver oder irrealer Wege.

Die Event-Anteile müssen die Ziele des Workshops unterstützen. Aktivitätsphasen, Inszenierungen, Spiele und Klamauk dürfen sich nicht verselbstständigen und sie dürfen nicht Selbstzweck werden!

Große Gruppen:
Häufige Fragen – unsere Antworten

? Wie viele Teilnehmer kann ein Großgruppen-Workshop vertragen?
Open-Space-Veranstaltungen und Zukunftswerkstätten wurden mit mehreren 100 Teilnehmern beschrieben. Auch bei unseren Lern-Events sind inzwischen weit mehr als 100 Leute aktiv dabei.
Aber: Nicht ein Eintrag ins Guinessbuch der Rekorde für die meisten Teilnehmer ist wichtig, sondern die Qualität der Arbeitsergebnisse und ihre Umsetzung. Trotz des Trends zur Großgruppe gilt der Spruch: So viele Teilnehmer wie nötig und so wenig wie möglich.

? Wie viele Leiter braucht eine große Gruppe?
Das hängt ganz von der Philosophie des Workshops ab. Open-Space-Veranstaltungen kommen oft mit einem Leiter aus. Andere Großgruppen-Workshops schicken Moderatoren in die Arbeitsgruppen und brauchen ein entsprechend größeres Leiterteam.

? Wie viele Leitern braucht eine große Gruppe?
Eine Leiter beziehungsweise Staffelei gehört in unseren Großveranstaltungen zur Standardausrüstung für die konsequente Visualisierung. Je größer die Gruppe, umso größer die Plakate. Je höher sie gehängt werden, umso besser sind sie lesbar. Außerdem animiert eine Leiter im Raum immer zu Improvisationen: die morgendliche Begrüßung von der Leiter, die Leiter als Standpunkt für andere Sichtweisen, zum Beispiel von »weiter oben« in der Hierarchie oder für den »Advocatus Diaboli«, für die Suche nach Vernetzungsmöglichkeiten ...

? Wer macht die Kleinarbeit?
In kleinen Workshops ist der Moderator Mädchen für alles, zur Not beschafft er auch die Leitern. In großen Workshops sind Helfer nützlich, die sich um die Logistik, die Dokumentation, die Unterhaltung und die 1.000 unvorhergesehenen Kleinigkeiten kümmern. Wir arbeiten mit Studenten, die die Trainings- und Workshop-Welt als mögliches zukünftiges Arbeitsfeld kennenlernen wollen. Das ist sehr inspirierend und entlastend.

? Bei großen Gruppen verliere ich leicht die Übersicht? Was tun?
Open Space arbeitet mit einer großen Übersichtstafel, aus der ersichtlich wird, wo und wann Plenum und Gruppen tagen. Außerdem sind die Türen der Gruppenräume beschriftet. Nur so ist auch ein Herumgeistern von Gruppe zu Gruppe möglich.

Weil Teilnehmer die Zeiten für das Plenum oder sogar fürs Essen manchmal übersehen, verwenden wir in Großveranstaltungen akustische Signale: Fünf Minuten, bevor sich alle im Plenum treffen, ertönt ein kurzes Trompetensolo.

? Wie halte ich mich über Neuentwicklungen zum Thema Großgruppen auf dem Laufenden?
Die Szene ist im Umbruch und schnelllebig: immer wieder neue Modelle und noch mehr neue Begriffe! Oft sind es allerdings nur Mischformen oder Kombinationen verschiedener Workshop-Techniken. Bunker und Alban sowie Holman und Devance haben Überblicksbücher geschrieben. Das Aktuellste finden Sie im Internet. Viele Anbieter beschreiben dort ihre Dienstleistungen und Veranstaltungsdesigns. Versuchen Sie es mal unter Suchbegriffen wie open space (technology), real time strategy, future search, Großgruppen, schneller Wandel, Moderation!

Hermann Will

Kapitel 14: Workshop-Exoten

Ungewöhnliche Vorgehensweisen sind für den einen Workshop das belebende Salz in der Suppe oder das raffinierte Tüpfelchen auf dem i. Bei einem anderen Workshop wirken die gleichen Exoten aufgesetzt und komisch. Und: Als Moderator müssen Sie an Ihre »Exoten« glauben!

In Gefahr und großer Not bringt der Mittelweg den Tod!

»Exoten« bringen nur dann etwas, wenn sie zu den Teilnehmern, zum Stil des Moderators, zum Thema und zur aktuellen Stimmung passen. Und sie müssen die Workshop-Ziele unterstützen. Allerdings achten wir da nicht nur auf offizielle Ziele, sondern auch auf flankierende Nebenziele: Exoten erhöhen den Erlebniswert des Workshops, sie fördern die Zusammenarbeit, sie heben die Arbeitsatmosphäre und manche sind markante »Anders-als-üblich!«-Signale.

Wie entstehen Exoten? Manchmal sind sie urplötzlich da, mitten im Workshop, aus der Situation gewachsen. Manchmal haben wir das »unübliche Vorgehen« schon von Anfang an als möglichen Weg im Kopf, entscheiden aber erst im letzten Augenblick, ob das auch zur Situation passt. Und dann gibt es noch den Fall, wo wir bereits in der Planung auf »exotische« Methoden oder Rahmenbedingungen setzen, weil wir den Überraschungseffekt oder die Signalwirkung nutzen wollen.

Variationen von Ort, Raum und Personen

Man muss nicht an Hausgeister und ähnliche Spukgestalten glauben, um den üblichen Hotel-, Tagungs- und Besprechungsräumen zu misstrauen. Es fällt in diesen Räumlichkeiten oft schwer, unübliche Ideen zu entwickeln oder Neuanfänge zu wagen.

Ungewöhnliche »Spielorte« als Signal

Beispiel: Kreativworkshop auf Herbergssuche

Eine große Unternehmensberatung ordert für ihre Berater eine Kombination aus Kreativitätstraining und Kreativwerkstatt. Eine Nacht und ein Tag sind vorgesehen: Man will die Kreativmethoden gleich an aktuellen Fragestellungen austesten. Das verspricht einen spannenden Ideen-Workshop. Aber das geplante Hotel scheint mir dafür ziemlich ungeeignet: Wo bleiben die Signale für Kreativität und Innovation, wenn die Werkstatt im üblichen Rahmen stattfindet? Das leuchtet ein, kostet aber viel Zusatzarbeit: Es ist gar nicht so leicht, andere Räume zu finden. Schließlich hat man das alte Haus eines Kunstprofessors gemietet, der neugierig ist, was da passieren soll. Es ist voll mit schönen, museumsreifen Dingen. Jetzt sind (im Vorfeld) nur noch so »Kleinigkeiten« wie Essen, Trinken und Arbeitsmaterial zu organisieren. Als wir am Ende des ersten Arbeitstages gegen Mitternacht ins ursprünglich geplante Tagungshotel zum Übernachten fahren, merken alle den Unterschied: In diesem sterilen Haus hätte man sicher nicht die vielen verrückten Ideen gehabt.

Kulissen und Bühne passend zum Stück!

Traditionelle Schulungs-, Tagungs- oder Hotelräume vermitteln permanent die unterschwellige Botschaft: »Weiter so wie gehabt!« Unübliche Orte setzen da viel günstigere Signale: »Das ist kein normaler 08/15-Workshop!«, »Es soll sich etwas ändern!« und »Querdenken ist erwünscht!«.

Welche Orte und Räume kommen da in Betracht? Beispielsweise Lager- und Werkshallen, Filmstudios, Galerien oder Ateliers, Kleinkunsttheater außerhalb der Spielzeit, Museen vor allem, wenn sie Nebenräume und Cafés haben, Kindergärten am Wochenende, alte Bahnhofshallen, Fähren, Ausflugsschiffe,

Flughäfen, Biergärten, Campingplätze, Schlösser, Burgruinen, Bauernhöfe und Almhütten.

Workshop mobil

Normalerweise finden Workshops an einem festen Ort statt. Aber manchmal gibt es Alternativen, die Sinn und Spaß machen: Vor einigen Jahren gab es einen europäischen Weiterbildungskongress, der in Berlin startete, am zweiten Tag in Warschau tagte und dann in Prag, Budapest und Wien fortgesetzt wurde. Die 400 Teilnehmer der Stammbesetzung reisten jeweils nachts im Schlafwagensonderzug zur nächsten Stadt. Dort trafen sie immer auf neue Tagesteilnehmer vor Ort.

Ganz so aufwendig werden normale Workshops natürlich nicht reisen, aber von einem ersten zum zweiten Firmen- oder Produktionsstandort könnten sie wechseln. Oder: Die Teilnehmergruppen fahren nach mehreren dezentralen Vor-Workshops zu einer gemeinsamen Schlussveranstaltung – nach dem Muster einer Sternfahrt. Wer mehr Mobilität will, wird Züge und Schiffe als Arbeitsorte wählen oder den Workshop als große Fernwanderung inszenieren.

Schnelle Platz- und Raumwechsel vor Ort

Wir halten unsere Workshop-Teilnehmer auch körperlich auf Trab – schon prinzipiell und natürlich erst recht, wenn Konflikte und Verhärtungen drohen. Niemand bleibt zu lange im gleichen Raum oder am gleichen Platz: Den Pausenkaffee gibt es außerhalb des Arbeitsraums, Postersessions (s. S. 43ff.) finden im Foyer oder im Hof statt und die Teams präsentieren ihre Ergebnisse in ihren Gruppenräumen. Auch innerhalb eines Raumes ist Bewegung möglich. Nicht nur wegen der besseren Lesbarkeit bitten wir zwischendurch alle, nach vorne zur Pinnwand zu kommen. Der enge Stehkreis fördert die Arbeitsatmosphäre sehr viel mehr als die traditionelle Verschanzung hinter Tischen und Stühlen. Bei großen Sälen gruppieren wir themengleiche Poster jeweils auf einer Wandseite. Bei Präsentationen wandern dann alle von Wand zu Wand – wie bei einer Führung im Museum.

Unübliche Teilnehmer

Von interessanten Workshop-Gästen und gezielter Teilnehmerzusammensetzung war in vorangegangenen Kapiteln bereits die Rede. Hier fünf weitere Varianten:

- Zum Workshop über Kundenorientierung waren nicht nur Mitarbeiter aus dem eigenen Haus eingeladen, sondern auch vier ausgewählte Kunden. Das Thema war so immer »ganz persönlich« im Raum.
- Beim Krisen-Workshop über die Motivation in der Geschäftsstelle kamen zu den sechs Führungskräften zusätzlich noch sechs Mitarbeiter dazu, die von ihren Kolleginnen und Kollegen als »Delegierte« gewählt worden waren. Nach anfänglicher Skepsis auf beiden Seiten kam so der Dialog bereits im Workshop zum Laufen.
- Die dritte Variante ist uns wegen der wechselnden Personenzusammensetzung in Erinnerung geblieben: Der »harte Kern« eröffnete den Workshop am Morgen des ersten Tages. Nach dem Mittagessen stießen weitere Personen dazu und waren bis zum Abend mit dabei. Am nächsten Vormittag war der »Kern« wieder unter sich und brachte die angedachten Ideen unter Dach und Fach.

- Beim Workshop einer Werksfeuerwehr besuchten die Teilnehmer abends am Tagungsort die regionale freiwillige Feuerwehr vor Ort in deren »Spritzenhaus«. Das waren die passenden Gesprächspartner, um auf andere Sichtweisen zu kommen.
- Und unser letztes Beispiel betrifft den Nikolaus: Er trat im Workshop auf und war bestens über alle Interna informiert.

Exoten beim Medieneinsatz

Wenn in einigen Jahrtausenden Archäologen unsere Tagungsräume ausgraben, werden sie immer wieder auf Overheadprojektoren, Flipcharts und Pinnwände stoßen. Einige unserer »Exoten« dürften ihnen hingegen Rätsel aufgeben.

Improvisierte »Pinnwände« und Tischmoderation

Moderatorin bittet zu Tisch?

Schnelle Improvisationen aus großflächiger Wellpappe, aus aufeinander gestapelten Umzugskartons oder Dämmplatten aus dem Baustoffhandel ersetzen Pinnwände; schließlich sind nicht überall die teuren Stelltafeln verfügbar.

Bei der »Tischmoderation« dominiert die Waagrechte. Mehrere große Tische stehen als Block nebeneinander – mindestens zwei Bogen Pinnwandpapier müssen darauf Platz haben.

Kartenabfrage horizontal

Außenherum ist genügend Platz, damit sich alle Teilnehmer um den Riesentisch gruppieren können. Die vielen Karten der Kartenabfrage (s. S. 75ff.) nadelt man nicht wie sonst an Pinnwände, sondern gruppiert sie auf dem Tisch. Das geht schneller als an der Pinnwand und Umgruppierungen passieren im Nu.

Scheinwerferstative als Kulissen- und Plakatständer

Aus Erfahrungen in Stadthallen und hohen Festsälen wissen wir, dass dort gewöhnliche Pinnwände zu niedrig sind. Bei Plakatpräsentationen vor größerer Zuhörerschaft sehen beispielsweise die Teilnehmer ab der dritten Reihe kaum mehr, was auf dem Pinnwandplakat steht. Und als Kulisse oder Raumteiler machen die Pinnwände auch keine gute Figur. Es fehlt an der Höhe!

Das ist die Chance unserer Scheinwerferstative aus dem Fotofachhandel. Je nach Modell lassen sie sich an die vier Meter hoch ausfahren. An ihnen befestigt man oben – mittels Spezialklemmen und Querstangen – Stoffbahnen oder lange Wandzeitungen, hochvergrößerte Plankopien oder handgezeichnete Plakate. Abhängig von der künstlerischen Gestaltung sieht das dann nach Wandtafel, Altarbild, Kulisse oder Illustration für Moritatensänger aus.

Großplakate im Einsatz

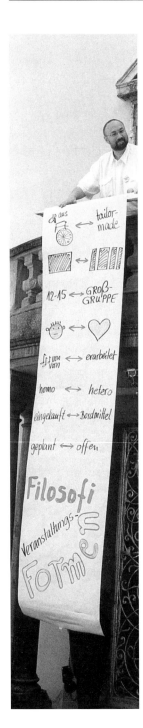

Von den Scheinwerfer- beziehungsweise Leuchtenstativen gibt es verschiedene Varianten. Wir bevorzugen die frei stehenden, dreibeinigen Leuchtenstative. Statt der Fotoleuchte, für die sie eigentlich gedacht sind, fixieren wir obendrauf eine Klemme für einen Querstab aus Holz oder Aluminium (leicht muss alles sein, damit es stabil steht). An diesen Stäben hängen dann die Plakate.

Und man wird Emporen, Treppenhäuser oder Balkone nutzen für lange, großflächige Plakate – mit entsprechender Inszenierung.

Klemme für freibeinige Leuchterstative (kommt oben aufs Stativ)

Die »Wäscheleinentechnik«

In einem Trainer-Workshop stand das neue Führungsseminar auf dem Prüfstand. In einer Arbeitseinheit nahm man ausgewählte Ablaufschritte unter die Lupe und notierte jeden Schritt auf einen DIN-A4-Karton. Das ergab eine lange Reihe, die sich auf den nahezu quadratischen Pinnwänden nur schlecht anordnen lässt. Das Einfügen später entwickelter Kartons hätte auch Probleme aufgeworfen. Für solche Fälle greifen wir auf die »Wäscheleine« zurück. Zwischen zwei Pinnwänden oder zwei Stativen beziehungsweise Wandhaken spannen wir eine lange dünne Leine quer durch den Raum. Die Teilnehmer zwicken daran ihre Kartons mit Wäscheklammern. Allerdings: Schmutzige Wäsche wird da nicht gewaschen, sondern es geht um das Sichtbarmachen von Reihenfolgen beziehungsweise Ablaufschritten.

Nicht für schmutzige Wäsche

Themen statt Wäsche auf der Leine

»Nuggets« in Fußboden-Claims

Im Wilden Westen? Die großen gelben Kreise aus dem Moderationskoffer werden zu »Nuggets«. Auf dem Boden sind fünf Themenfelder abgesteckt. In welchen Feldern erhoffen sich die Teilnehmer welche Erfolg versprechenden »Nuggets«?

Auch der Boden wird genutzt

Plakate im Scheinwerferlicht

Scheinwerferlicht hat seinen speziellen Reiz – nicht nur im Theater. In vielen Tagungsräumen herrscht diffuses Einheitslicht ohne besondere Lichtakzente. Da holen wir unsere Videoleuchte oder einen Scheinwerfer (aus dem Baumarkt) und plötzlich entsteht eine »Bühne«, ein »Podium für Präsentationen«. Unscheinbare Plakate bekommen Licht und rücken in den Mittelpunkt. Übrigens müssen es nicht immer »Scheinwerfer« sein, auch der Overheadprojektor eignet sich als »Lichtmaschine«.

»Herbstlaub« und »Rosinenpicken«

Früher haben wir diese Sammelmethode für kreative Ideen einfach »Mischling« genannt, denn sie ist eine Methodenkombination aus Kartenabfrage, Brainstorming und Bewegung im Raum. Bei einer Ideenrunde in warmer Herbstsonne war dann plötzlich der Name »Herbstlaub« geboren.

Beispiel: Das Firmenjubiläum

In gut zwei Jahren steht das 100-Jahr-Jubiläum der Kaufhausgruppe an. Eine bunt gemischte Gruppe von Leuten aus dem Unternehmen trifft sich erstmals für einen Tag. Sie soll Ideen sammeln für Werbeaktionen, für die Gestaltung der Häuser und Schaufenster, zu Aktionen für spezielle Kundengruppen und zu Anreizen für die Mitarbeiter und sie – nach weiteren Klärungsschritten – der Geschäftsführung vorstellen.

Es beginnt mit Orientierung und Einführung. Die Ideensammlung läuft mit der »Herbstlaub-Methode«. Um Fantasie und Querdenken zu stimulieren, sucht man übliche und dann auch ungewöhnliche und verrückte Ideen, denn in denen steckt oft das Potenzial. Bewertung und Auswahl erfolgen erst später.

Alle gehen, mit Filzstift und einem Pack Moderationskarten bewaffnet, langsam im Raum hin und her. Wem eine Idee durch den Kopf schießt, sagt sie laut für alle hörbar und schreibt sie auf eine Karte. Die anderen spinnen an diesen Ideen weiter oder haben ganz neue Beiträge. Immer mehr Ideenkarten kommen zusammen. Die Teilnehmer legen sie auf den Teppich in der Mitte und bald ist der mit »Blättern« übersät – wie im Herbst. Zwischendurch fließen die Ideen spärlicher und die Gruppe kommt ins Stehen. Der Moderator schließt aber nicht gleich ab, sondern animiert: »Weitergehen. Ideen kommen im Gehen!«

Nach 20 Minuten sind weit über 100 Karten da und die Gruppe liest sie still. Unverständliche oder schlecht lesbare Karten werden kurz erklärt.

Das Laub fällt erst langsam

Rosinenpicken statt Clustern!

Statt die vielen Karten – wie üblich – zu gruppieren, pickt sich jeder Teilnehmer ein bis drei »Rosinen« aus dem Ideenkuchen heraus (s. S. 81).

Noch sind das nur unausgereifte »Ideenrohlinge«. Da ist es interessant, ihr Potenzial auszuloten. Dazu gibt es die »Rosinenplädoyers«. Jeder erklärt: Warum habe ich diese Karte gewählt? Wo sehe ich das Potenzial der Idee?

Nach diesem Arbeitsschritt sind gut ein Dutzend vorläufige Favoriten gekürt. Sie werden anschließend in kleinen Arbeitsgruppen angereichert, optimiert und ausgearbeitet und dann auf Herz und Nieren geprüft.

Herbstlaub und Rosinenpicken: Die Ablaufschritte

- **Schritt 1: Analyse und Vorarbeit**
  Fragestellung und Hintergründe klären und Ziele abstecken. Das ist wichtig, aber noch nicht typisch für Herbstlaub und Rosinenpicken.

- **Schritt 2: Ideenfluss im Gehen**
  Alle Einfälle (auch scheinbar »unsinnige«) laut sagen und jeweils (groß und lesbar) auf Karten notieren (DIN A4 oder A5). Wer Lust hat, kann an anderen Ideen weiterspinnen (neue Karte!). Die Karten kommen auf den Boden (Schrift nach oben). Die Ausbeute ist sehr viel besser, wenn die Gruppe in Bewegung bleibt, auch wenn das etwas an »Hofrundgang« erinnert.

- **Schritt 3: Ausbeute sichten**
  Bei Bedarf: Klären unverständlicher Karten. Die Gruppe ist stolz auf ihre Ausbeute – zu Recht, denn in kurzer Zeit entstehen überraschend viele Ideen. Nachzüglerideen kommen ebenfalls zum Herbstlaub.

Nach dem Sturm an Ideen

Clustern mit dem Herzen

- **Schritt 4: Rosinenpicken**
  Jeder fixiert maximal drei der »interessantesten« Karten mit den Augen und nach etwas Bedenkzeit holt sich jeder seine Karte. Die Bewertungskriterien für diese Wahl wurden vorher präzisiert, aber letztlich bleiben es »Bauchentscheidungen«. Wenn andere einem die Karte vor der Nase wegpicken, dann ist man beim Plädoyer wieder dabei.

- **Schritt 5: Rosinenplädoyers**
  Jeder Picker hält ein kurzes Plädoyer für seine »Rosine«. Alle hören die Begründungen und reichern noch konstruktiv an. Das gibt überraschend neue Perspektiven. Am Schluss hängen alle ausgewählten Karten an der Rosinenpinnwand – gruppiert nach Themenfeldern.

- **Schritt 6: Nägel mit Köpfen machen**
  Falls nötig, trifft man aus dem Pool der Rosinenkarten nochmals eine Auswahl, zum Beispiel per Blitzlicht. Kleine Arbeitsgruppen optimieren diese »Megarosinen«. Bei Bedarf greifen sie auch auf die vielen anderen Karten zurück, die noch auf dem Boden liegen – es wäre unklug, sie nicht zu nutzen.

Herbstlaub stilgerecht im Freien

Flipchartpuzzle

»Herbstlaub« macht nur Sinn, wenn viele Ideen kommen – ab 40 Karten aufwärts. Das hängt u.a. von der Weite der Fragestellung ab und von der Fantasie der Teilnehmer. Wer weniger Karten erwartet, wählt besser die Zurufliste auf Flipchart (s. S. 88ff.) – aber ebenfalls mit Stehen und Gehen im Raum. Manchmal füllen sich dabei wider Erwarten doch überraschend viele Flipchartbogen. Mit Scheren verwandeln wir diese Flipchartbogen dann in wenigen Minuten in viele schmale Papierstreifen. Mit denen kann man weiterarbeiten wie mit Karten.

Flipchart-Streifen

Neu gruppiert an der Pinnwand

»Outdoor-Association®«

Outdoor-Ideen:
Die Lösungen liegen
auf der Straße!

Wenn es um kreative Ideenfindung geht, dann schicken wir die Teilnehmer ins Freie. Erstens weiß man, dass »Sitzungen« in Tagungsräumen eher zu Müdigkeit und Verdauungsstörungen führen als zu kreativen Ideen oder mutigen Problemlösungen. Und zweitens liegen gute Ideen im wahrsten Sinn »auf der Straße«.

Beispiel: Verrückte Konzepte für den Motorbau

Eine Gruppe von Entwicklungs-Ingenieuren ist in Klausur. Man hat sich vorgenommen, kreuz und quer über langfristige Entwicklungen im Fahrzeugantrieb nachzudenken. Nach einer methodischen Einführung schicken wir sie jeweils zu dritt für knapp eine Stunde in die Umgebung des abgelegenen Tagungshotels. Alle haben einen Stapel DIN-A5-Karten und Stifte dabei und gehen betont langsam und mit offenen Augen. Die Instruktion lautet: Achten Sie vor allem auf Kleinigkeiten. Wenn Ihnen ein Gegenstand – der nichts mit der Fragestellung zu tun haben muss – ins Auge fällt, bleiben Sie stehen und machen die anderen darauf aufmerksam, zum Beispiel: »Mir fällt diese dicke Rinde auf.« Schauen Sie sich das abgebrochene Stück Kiefernrinde genau an, nehmen Sie es in die Finger. Dann assoziieren Sie über dessen Ideenpotenzial für die Fragestellung »Motorbau«. »Vielleicht könnte man den Motor schichtweise aufbauen«, »Die dazwischenliegenden Luftpolster sind interessant«, »Man müsste abgenutzte Oberflächen nachwachsen lassen« ... Jede Beobachtung oder Idee notieren oder skizzieren Sie auf jeweils einer Karte. Wenn die Gedanken versiegen, setzen Sie sich wieder langsam in Trab und suchen nach neuen, überraschend ins Auge springenden Gegenständen. Vielleicht ist es ein elektrischer Weidezaun. Das Muster wiederholt sich: Gegenstand genau betrachten, Ideen dazu assoziieren, Notizen machen.

Anschließend im Plenum lesen sich die Gruppen gegenseitig langsam ihre Notizen vor. Jeder weiß: Noch sind alles nur Ideenrohlinge. Die anderen ergänzen diese Ausbeute mit eigenen Fantasien und Erfahrungen. Die Ausbeute ist überraschend groß, wohl gerade deshalb, weil man streckenweise dem Zufall eine Chance gelassen hat.

Vier Wirkmechanismen machen unsere »Outdoor-Association« zu einem mächtigen Instrument: (1) Eine klare Fragestellung als Suchauftrag. (2) Ideenfindung draußen vor der Tür mit körperlicher Bewegung. (3) Zufallsgesteuerte Ideenanreize durch beliebige Objekte, die ins Auge fallen. (4) Notizen und anreichernde Assoziationen zuerst in der Kleingruppe und hernach im Plenum.

Orte, mit denen wir mit dieser Kreativmethode gute Erfahrungen gesammelt haben: Fußgängerzonen, Bahnhofshallen, Baumärkte, Kaufhäuser, Museen, Baustellen sowie Jahrmärkte im Auf- oder Abbau.

Ideen gibt es fast überall

Theater, Rollenspiel und Barfuß-Video im Workshop

Beispiel: Das Pausengespräch und die Personalabteilung

Rollenspiel im Workshop

Am ersten Vormittag der Abteilungsklausur (s. S. 307ff.) arbeiten Dreiergruppen an der Bestandsaufnahme. Was ist unser aktueller Arbeitsstil und wie geht es uns damit? Normalerweise werden die Ergebnisse von Kleingruppenarbeit auf Plakaten festgehalten und dann im Plenum präsentiert. Fünf Präsentationen hintereinander machen aber schnell müde und wir wollen ja nicht nur fünfmal traurige Ist-Zustände hören, sondern daraus später hoffnungsvolle Lösungsideen entwickeln. Darum bitten wir die Gruppen, auch andere Formen der Präsentation in Erwägung zu ziehen, zum Beispiel kurze Rollenspiele oder Videoszenen.

Nach gut einer halben Stunde präsentieren drei Gruppen ihre Arbeit auf Pinnwandplakaten. Die vierte Gruppe aber hat eine kurze Spielszene vorbereitet. Ein Tisch mit zwei Kaffeetassen als Requisiten wird in den Raum gerückt. Die Spielszene: Zwei Mitarbeiter aus anderen Bereichen treffen sich beim Pausengespräch in der Kantine und sie unterhalten sich »ganz nebenbei« über die Personalabteilung. Da kommt einiges auf den Tisch. Diese methodische Abwechslung bei der Präsentation lockert nicht nur auf, sondern geht auch mehr unter die Haut als die Plakate zuvor. Zudem kommt so auch die Sichtweise von außen auf den Tisch – die vorher präsentierenden Gruppen hatten sich nur mit Binnenthemen beschäftigt.

Kurze Spielszenen – mit oder ohne Video – sind sehr viel eindringlicher und sie unterbrechen den kopflastigen Zyklus von Reden, Plakatemalen, Präsentieren und Diskutieren. Weil Spielen nicht jedermanns Sache ist, tippen wir diese methodische Wahlmöglichkeit nur an und stellen das nötige Material dafür in den Raum.

Was gewinnen Workshops durch Theater und Rollenspiel?

Szenenspiele sind gut für Herz und Bauch. Sie entkrampfen und sie fördern die Zusammenarbeit. Es gibt also mehr gute Gründe für Rollenspiele und Theaterszenen in Workshops als nur die Freude am Spiel:

- **Szenisches als Rekonstruktion der Wirklichkeit**
  Konfliktsituationen, um die es im Workshop geht, werden möglichst realistisch nachgespielt. Das macht sie für alle wieder lebendig und das geht unter die Haut. Eine gründliche Auswertung der Szenen (Videoanalyse) gibt Aufschluss über Ursachen und Zusammenhänge und führt thematisch weiter.

- **Animation und Verdichtung durch Parodien**
  Wir animieren Gruppen zu Parodien oder Szenen aus unüblicher Perspektive. Trotz der Spielsituation bekommt das schnell auch den nötigen Ernstcharakter, beispielsweise, wenn Teilnehmer Tür-und-Angel-Gespräche frustrierter Mitarbeiter pointiert simulieren oder bitterernst-ironisch Kunden- beziehungsweise Reklamationsgespräche in Szene setzen.

- **Austesten von Wirkungen – ein Beispiel**
  Die Abteilung »Messtechnik« eines Automobilbauers droht in innerbetrieblichen Aufträgen zu ersticken. Im Workshop heckt man vereinfachte

Szenen und Rollenspiel

Arbeitsabläufe aus, aber die tangieren auch Nachbarabteilungen, die nicht am Workshop teilnehmen. Damit man da nicht die Rechnung ohne den Wirt macht, gibt es einen Testlauf: Die Gruppe simuliert das Gespräch, bei dem die Betroffenen von den neuen Ideen überzeugt werden müssen: Drei Workshop-Teilnehmer versetzen sich in die Rolle bekannt kritischer Personen der Nachbarabteilungen und der Oberchef wird auch gedoubelt. Diesem kritischen Vierergremium soll der Leiter der Messtechnik die eben entwickelten Vorschläge schmackhaft machen. Das fängt harmlos an, aber dann schießen die vier aus allen Rohren. Wenn die Argumentation des Chefs weich wird, unterbricht man für eine schnelle Manöverkritik: Was war gut? Wo haben die Kritiker recht? Wie macht man die Argumentation wasserdicht? Alle entwickeln Ideen. Dieser Testlauf sorgt für heilsame Ernüchterung und die Präzisierung der geplanten Maßnahmen.

- **Einüben neuer Verhaltensweisen per Rollenspiel**
  Es ist leichter, per Maßnahmenkatalog Gespräche mit schwierigen Partnern zu vereinbaren, als diese Gespräche hernach auch erfolgreich zu führen. Damit am Ende nicht nur Beschlüsse auf dem Papier stehen, trainieren wir bei Bedarf manche der vereinbarten Folgeschritte noch im Workshop per Rollenspiel – mit Video und Feedback. Für kurze Zeit wird der Workshop zum Verhaltenstraining.

- **Aus Freude am Spiel**
  Workshops und Schulungen haben seit einiger Zeit die Theatermethoden wieder entdeckt. Statt professioneller Abendaufführung interessieren kurze, improvisierte Szenen und die aktive Einbeziehung der Teilnehmer. Wir haben gute Erfahrungen mit jungen Theaterleuten gesammelt, die ins Gesamtprogramm des Workshops verwoben sind.
  Das geht auch mit Musik: Wir bitten die Teilnehmer ihre Instrumente mitzubringen und haben selber Trommeln, Rasseln … dabei. Da entstehen rasch abenteuerliche, aber gemeinsame »Konzerte« – und will man nicht, dass alle »den ersten Schlag tun« und sich trauen, auch Nichtperfektes zu präsentieren?

Requisiten und Ausstattung

Natürlich geht es auch ganz ohne, aber etwas Ausstattung erleichtert manchem den Einstieg. Wir platzieren Utensilien erkennbar, aber ohne Aufforderungsdruck im Workshop-Raum. In der Regel liegen dort Schnüre und Seile, Schraubzwingen und einige große Tücher, die – über Pinnwände oder Scheinwerferstative drapiert – »Kulissen« oder »Vorhänge« andeuten können. Je nach Thema schleppen wir dann noch das eine oder andere mit, zum Beispiel alte, ausrangierte Telefonapparate oder ...

Barfuß-Video im Workshop

»Barfuß-Videos« sind kurze, selbst gedrehte Videoclips – also »Video zu Fuß«. Analog zur chinesischen »Barfuß-Medizin« braucht es dazu nur ein Minimum an Ausstattung und Voraussetzungen: einen gewöhnlichen Camcorder, ein Fernsehgerät, etwas Zeit und einige Workshop-Teilnehmer, die Lust haben, ein Thema einmal so anzugehen.

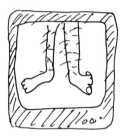

Beispiel: Die Personalabteilung und der Videofilm

Die Klausur der Personalabteilung hat uns eben schon als Beispiel gedient: Kleingruppen beschreiben den aktuellen Arbeitsstil der Abteilung und wie es ihnen damit ergeht. Drei Plakate und ein Rollenspiel sind präsentiert. Die fünfte Gruppe ist noch nicht fertig. Aber nach der Mittagspause gibt es die Welturaufführung eines eben fertig gedrehten dreiminütigen Videofilms. Dreimal fast die gleiche Szene: Eine Tür geht auf und ein Vermummter schleppt ein Riesenplakat mit der Aufschrift »Problem« quer über den Gang, klopft bei einer anderen Tür, wartet kurz und verschwindet in diesem Zimmer. Es folgt eine Einblendung »Nach Tagen«. Jetzt öffnet sich diese Tür. Das »Problem« erscheint wieder, überquert den Gang, klopft bei der ersten Tür, wartet und verschwindet. Das wiederholt sich, aber man merkt den feinen Unterschied. Beim ersten Durchgang stehen auf den Türschildern bekannte Namen aus der Personalabteilung. Beim zweiten Durchgang sind es die Namen des Personalleiters und des Geschäftsführers und bei der dritten Szene kommt die internationale Unternehmensleitung ins Spiel. Auch die Einblendungen verändern sich: »Nach Wochen« und »Nach Monaten«.

Barfuß-Video:
Zwei Varianten

In Workshops nutzen wir zwei Varianten von Barfuß-Videos: Da sind zum einen kurze, von Teilnehmern oder Moderatoren im Vorfeld erstellte Videos, zum Beispiel Interviewausschnitte mit ausgeschiedenen Mitarbeitern, ein Clip über das Unternehmen aus der Sicht von Kunden beziehungsweise von Hochschulabsolventen, notfalls auch die Grußadresse des Unternehmenschefs an die Workshop-Teilnehmer. Diese Videos veranschaulichen einen Sachverhalt oder sie dienen der Bestandsaufnahme beziehungsweise als Einstieg in die Diskussion.

Bei der zweiten Videovariante entsteht der Film erst im Workshop, zum Beispiel als vor Ort erstellte Dokumentation oder als methodisch raffinierte Zusammenfassung einer Gruppenarbeit.

Barfuß-Videos können Vergangenes, Aktuelles, Zukunftsvisionen sowie ernsthafte Reportagen oder Parodien zum Thema haben. Die Funktionen: Reporting, lebendig machen, anschauliches Aktivieren und anheizen sowie neue Sichtweisen kennen lernen (s. S. 68f.). Obwohl viele Menschen im Training die Videokamera nicht mögen, nimmt sie in der Kleingruppe eigenartigerweise die Scheu vor Szenischem. Man fühlt sich im geschützten Rahmen der Gruppe, muss nicht live vor allen auftreten und über den Monitor sieht manch ein Stück professioneller aus.

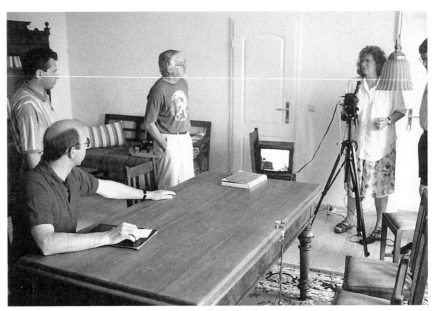

Ein Barfuß-Video entsteht

Zeichnen und Malen im Workshop

Plakate zwingen zu Kürze und Klarheit

Beispiel: Workshop-Start mit dem Filzstift

Nach einer kurzen Einführung in den Workshop eine etwas überraschende Aufgabe der Moderatorin: »Zu unserem Thema hat jeder von Ihnen ein anderes Bild im Kopf. Suchen Sie Ihr ›Bild‹ und halten Sie es als einfache Zeichnung mit Strichen, Farben, Sprech- oder Denkblasen fest. Es muss kein Kunstwerk werden. Lassen Sie sich Zeit und sich von Ihren Impulsen leiten. Da liegen

Stifte und große Blocks.« Nach einigen Nachfragen holen sich die Teilnehmer noch zögernd das Material und ziehen sich zurück. In zehn Minuten sind die ersten Bilder fertig und die Teilnehmer nadeln sie an die Pinnwände. Jeder gibt seinem Bild noch einen markanten Titel, schreibt ihn auf ein Kärtchen und hängt ihn darunter. Dann kommentiert jeder sein Bild und den Titel kurz im Plenum. Ohne allzu viel »Schere im Kopf« hängen so schon die persönlich wichtigsten Themen des Workshops im Raum.

Es muss klar sein: Es geht nicht um schönes »Malen«, sondern um das Festhalten von Sachverhalten, Situationen, Sichtweisen, Gedanken und Gefühlen mit einfachen Mitteln. Das klappt überraschend gut – trotz des Einwands, dass man nicht zeichnen könne. Wann tritt der Stift in Aktion und was wird gezeichnet?

Mit Filzstift denken!

- **Zeichnung als Workshop-Einstieg**
  Eine erste Bestandsaufnahme mit bunten Stiften gleich als Einstieg, denn es ist leichter, ein Thema zu Beginn totzureden als es totzuzeichnen. Entweder arbeitet jeder alleine oder immer zwei »malen« gemeinsam auf einem Flipchartbogen – das dauert dann natürlich etwas länger.

- **Schwierigen Fall per Zeichnung präzisieren**
  Schwierige Situationen in der Beratung sind das Thema. Die Teilnehmer bilden Zweiergruppen und suchen sich einen ruhigen Platz – bewaffnet mit Filzstiften und einem großen Zeichenblock. Einer erzählt von einer schwierigen Situation und der Zuhörer setzt das in ein Bild um. Was zeichnerisch Probleme macht, wird mit Sprech- und Denkblasen ausgedrückt (der Erzähler schlägt Korrekturen oder Ergänzungen vor, wenn er sich falsch wiedergegeben fühlt).
  Zurück im Plenum ist die Überraschung groß: Statt einer Erklärung der Bilder assoziieren zuerst alle Unbeteiligten, was sie aus dieser Zeichnung herauslesen (beziehungsweise hineinlesen). Erst dann berichtet der Erzähler von seiner Geschichte. Daraus ergeben sich dann die Arbeitsthemen für die nächste Runde.
  Immer wieder überraschend für alle: Diese einfachen Zeichnungen und die Interpretationen enthalten – mehr oder minder komprimiert – alle subjektiv wichtigen Informationen zum Fall.

Per Stift auf den Punkt kommen

- **Wie ich oder andere mich sehen**
  Ein Selbst- oder Fremdbild mit wenigen Strichen und einigen kommentierenden Worten gezeichnet, ist immer wieder überraschend und wichtig, wenn sich der Workshop um Emotionen und Kommunikation dreht.

- **Zukunftsvision per Zeichnung**
  Natürlich ist auch der Blick nach vorne möglich. Workshop-Teilnehmer zeichnen alleine oder in kleinen Gruppen Zukunftsperspektiven oder deren Auswirkungen als Zukunftszeichnungen. Hochtrabend würde man von gezeichneten Visionen oder Szenarien sprechen. Zielsetzung und Planung werden dadurch im wahrsten Sinn des Wortes anschaulich.

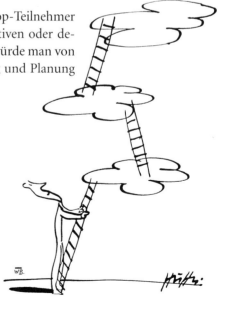

Die »Gummibärchen-Analyse«

Systemaufstellungen Wir nennen das Verfahren immer noch Gummibärchen-Analyse, obwohl die Tierchen schon lange aufgegessen und durch Plastiktiere, Flaschen und Holzkegel ersetzt worden sind.

Material für die »Gummibärchen-Analyse«

Beispiel: Pkw-Verkauf und Plastik-Zoo

Es geht um Absatzprobleme im Pkw-Verkauf. Für die Verkaufstrainer und Gebietsverantwortlichen des Automobilherstellers gibt es mehrere Ansprechpartner, die offensichtlich den Schwarzen Peter zwischen sich hin- und herschieben. Da sind einerseits Vertriebs- und Serviceabteilungen des eigenen Unternehmens. Auf der anderen Seite stehen die Inhaber der Werkstätten. Bei denen sind wiederum angestellte und freie Mitarbeiter als Pkw-Verkäufer vor Ort tätig.

Das Thema: Welche Möglichkeiten gibt es, die Verkäufer vor Ort zu schulen, ohne dabei in Kollision mit den Werkstättenchefs zu geraten? Das sieht in jeder Region etwas anders aus. Allmählich blickt im Workshop niemand mehr so richtig durch, wer wo wer ist und welche Rolle spielt.

Zur Überraschung der Workshop-Teilnehmer bringt der Moderator nun drei Kisten mit großen und kleinen Holzkegeln, mit Löwen, Nashörnern, Elefanten, Kamelen, Sauriern und vielen anderen Plastiktieren und Utensilien aus der Kinderspielzeugkiste. Auf drei Tische legt er leere Flipchartbogen und bittet die drei Teilnehmer mit der kompliziertesten Konstellation, darauf jeweils »ihre Welt« mit den Figuren nachzustellen. Die restlichen Teilnehmer ordnen

Unterschiedliche Konstellationen werden diskutiert

sich diesen Gruppen als »Aufstellberater« zu. Mit Filzstift und sonstigem Material soll man eventuell noch zusätzlich Akzente setzen.

Es dauert, bis die »drei Welten« mit Tieren, Holzkegeln, Gummibären, Mineralwasserflaschen und Steinen stehen, denn es gibt viele Fragen: Sind alle Beteiligten und auch die Nichtakteure am richtigen Platz? Wo steht der »Fallbesitzer«? Passen die Symbole und stimmen die Größenverhältnisse, Abstände und Blickrichtungen? Wo muss man auf dem Papierbogen Mauern und Grenzlinien sowie positive und negative »Beziehungslinien« einzeichnen?

Dann gehen alle zum ersten Tisch. Der »Fallbesitzer« und seine Berater schweigen. Die Szenerie soll für sich selbst sprechen. Die übrigen Workshop-Teilnehmer sehen sich die »Zoolandschaft« ohne Vorinformation an und beginnen zu assoziieren: Was wird hier gespielt? Wie geht es den einzelnen Figuren? Wo sind Kämpfer, Gewinner und Verlierer? Der Fallbesitzer und sein Beraterteam hören nur zu – in der Regel staunend mit offenem Mund. Und dann erzählen die Fallbesitzer, hören sich die Ideen der Betrachter an, stellen Figuren testweise um …

Inszenierungen

Wenn alles klappt, ergeben ungewöhnliche Tagungsorte, Medien und Methoden sowie unübliches Drumherum unvergessliche »Gesamtkunstwerke« der Workshop-Inszenierung (Will 1996). Das ist zu begrüßen, wenn das die Intensität des Workshops erhöht und sich die »Exoten« nicht verselbstständigen.

Inszenierungen beim Drumherum

Trotz gefährlicher Stürze über Baumwurzeln, überraschender Gewitter und sonstiger Unwägbarkeiten planen wir für möglichst jeden Workshop eine Aktion außerhalb des Tagungshauses. Beispielsweise den gemeinsamen Spaziergang zu einer urigen Dorfwirtschaft oder einem schön gelegenen Grillplatz, eine Weißwurstbrotzeit statt des Vormittagskaffees, eine Ruderbootregatta, eine Stadtführung oder einen nächtlichen Gang zum Heurigen. Im Sommer trifft sich die Gruppe im Morgengrauen für einen Aufstieg zu einer Alm, um dort schon vor sieben Uhr das mitgebrachte Frühstück zu verzehren. Highlights im Winter sind nächtliche Rodelfahrten, Fackelwanderungen oder ein Gang durch die mondhelle Partnachklamm. Solche gemeinsamen Aktivitäten liegen in den Randzeiten. Sie blasen das Hirn durch, schaffen Zeit fürs Nachdenken, fördern Kontakte, entspannen und machen Spaß.

Freiluft-Workshop

Draußen vor der Tür

Bei geeigneter Umgebung und gutem Wetter finden Workshops so weit als möglich im Freien statt. Oder wir schicken die Teilnehmer – mit einer festen Fragestellung – pärchenweise zum halbstündigen »Diskussions-Spaziergang«.

Bittgänge und Gelöbnisse

Solche Aktionen entstehen spontan aus der Situation: öffentliche »Gelöbnisse« über die Folgeaktivitäten vor der Workshop-Gruppe oder vor Workshop-Gästen. Ein Gelübde oder Versprechen beziehungsweise eine Wette für den Fall, dass die geplanten Maßnahmen des Workshops auch greifen. Im Dezember ein Weihnachtswunschbrief: »Liebes Christkind: Das wünsch ich mir von diesem Workshop«. Anrufung des »Workshop-Schutzpatrons« – mit selbst gemalten Votivkarten.

Durch Nonsens zu Konsens!

Workshop-Gelöbnis

Ein Balken lädt zur Inszenierung ein

Symbolisch-Metaphorisches

Kurz vor dem Beschluss von Maßnahmen: Wie schwer ist der Brocken, den wir uns da vornehmen wollen? Wo ist der Dreh- und Angelpunkt? Wie lang und kräftig ist unser Hebelarm und wo setzen wir an? Wie hoch haben wir uns da die Messlatte gelegt? Lauter Fragen, über die man lange reden kann, oder aber man bittet die Beteiligten, doch dazu körperlich »Stellung zu nehmen«. Dazu stehen verschieden schwere, voluminöse Materialkoffer und dicke Stangen als Hebelarme zur Verfügung und lange Seile sind durch den Raum gespannt. Die Teilnehmer experimentieren mit diesem Gerät und »argumentieren« gemeinsam an Ort und Stelle.

Lasten, Hebelpunkte und Hebelarme

In einer anderen Veranstaltung wird der »Hürdenlauf zum Workshop-Erfolg« dargestellt: Große Kartons stehen als Hindernisse im Weg. Bei jeder »Hürde« überlegt die Gruppe Maßnahmen, um zum angestrebten Ziel zu kommen.

Oder es geht um gegenseitige Abhängigkeiten und Verknüpfungen: Die Teilnehmer schlüpfen in Rollen (zum Beispiel Betriebsrat, Geschäftsleitung, Personalabteilung, Marketing …), bekommen Seile um den Bauch gebunden und dann wird noch jeder mit jedem verknüpft. Jetzt startet ein wildes Argumentieren und Gezerre – noch schlimmer als im wirklichen Leben.

Verknüpfungen und Abhängigkeiten symbolisch dargestellt

"Wenn scho koa Maßnahm' dann wenigstens a scheene Leich!"

- Aufbahrung im Sitzungszimmer
- Gesang des Werkschores
- Rede des Werksarztes/Betriebsrats über Leidensweg und Ursachen des Maßnahmentodes
- Würdigung durch Stellvertreter
- aufmunternde Worte der Projektgegner
- Einsegnung durch Finanzchef
- Schweigeminute und anschließend "Zehrung" in der Werksküche (Meilensteinsuppe, faschierte Maßnahmen, Intrigensalat, Null-Komma-Josef...)
- Regelung des Nachlasses
- Entsendung der Erben in den nächsten Workshop
- Verlesung aller Protokolle

Begräbnis nicht erledigter Maßnahmen

Grabstätte
- Aktenschrank
- Protokoll
- Urne-Sarg
- Leichenfledderer

Trauerfeier *)
- Totengräber
- Grabrede
- Leichenschmaus
- Musik
- Jubel

Erben
- Steuer
- Nachbarabteilung
- Notar ...
- neuer Moderator
- neuer Projektleiter

Partezettel
- Todesursache
- Dauer des Leidens
- Hinterbliebene
- Ort + Tag der Trauerfeier

Trauergemeinde
- Verwandte
- Bekannte
- Freunde
- Mörder & Meuchler
- Moderator
- Experte
- Alle Workshop-Teilnehmer
- Neider + Nutznießer
- Todunglückliche

In einem Workshop in einer alten Mühle erhält jeder Teilnehmer eine Hand voll Getreidekörner mit der Bitte, den Großteil davon hierzulassen und nur ganz wenige ausgewählte als Workshop-Keimlinge mit zum Arbeitsplatz zu nehmen. Dass sie dort von einigen Teilnehmern im Blumentopf angesät wurden, hat uns Moderatoren gefreut.

Workshop-Memorial: Begräbnis nicht realisierter Ideen

In jedem Workshop entstehen mehr gute Ideen, als später verfolgt und realisiert werden können. Auswahlprobleme und Enttäuschungen sind damit fast schon vorprogrammiert. Von diesem Ideenüberschuss muss sich die Gruppe mit Anstand und Würde verabschieden. Wir erinnern uns an Workshops, bei denen alle letztlich nicht weiter verfolgten Ideen mit Filzstift auf große Steine geschrieben und dann gemeinsam im nahen See versenkt wurden – auch Vergraben wäre möglich gewesen.

Abschied in Würde

Und dann gibt es noch die Workshops, die trotz Maßnahmenkatalog ohne Konsequenzen blieben. Von Wiener Kollegen haben wir – trotz der Ironie – etwas über »Workshop-Begräbnisse« gelernt: »Zumindest a scheene Leich« (eine beeindruckende Beerdigung samt Leichenschmaus) gehört dazu, wenn aus Beschlüssen nichts geworden ist. Man wird die Gründe dafür analysieren, um beim nächsten Mal schlauer zu sein. Aber dann braucht es einen offiziellen und rituellen Schlusspunkt, damit unerledigte Spukgestalten nicht endlos die weitere Zusammenarbeit und Folge-Workshops vergiften.

Ulrich Lipp

Kapitel 15: Workshop-Methoden für Training und Seminar

Workshop-Methoden und ganze Workshop-Sequenzen eignen sich hervorragend auch für Lehrveranstaltungen. Der moderierende Dozent oder Trainer läuft dem nur Wissen Vermittelnden den Rang ab.

Erwachsenenlernen: Eine andere Sicht

Workshops sind eigentlich keine Lehrveranstaltungen. Das ist ein Eckpfeiler unserer Workshop-»Philosophie« (s. Kapitel 1, S. 11). Wir selbst haben aber in den letzten Jahren eine ganze Menge dafür getan, dass die Grenzen zwischen Workshops und Trainings verschwimmen und fließend werden, weil wir oft Mischformen verwenden. Wir kündigen diese an als »Train-Shops«, »Werkstatt-Arbeit« oder schlicht »workshopartiges Arbeiten« im Seminar. Wir verwenden auch viele der Workshop-Methoden in unseren Trainings. Damit wird für unsere Teilnehmer die Unterscheidung immer schwieriger.

Die Ursache liegt in einer veränderten Sicht des Erwachsenenlernens und des Unterrichts für Erwachsene. Noch vor 20 Jahren galt es bei Trainings und Seminaren die Teilnehmer mit neuem Wissen »abzufüllen«. Das ist das »klassische« Bild vom Dozenten.

Heute wollen die Teilnehmer aktiv werden, sie wollen sich etwas erarbeiten. Auch das Vorwissen der Teilnehmer wird immer umfangreicher. Oft steht also weniger die bloße Vermittlung von neuem Wissen im Zentrum, sondern das Sammeln, Ordnen und Bewerten von Informationen, die Teilnehmer schon in eine Veranstaltung mitbringen.

Hier ist der »moderierende Dozent« gefragt, der mit geeigneten Methoden das Wissen aus den Teilnehmern herausholt, ordnet und – wenn nötig – ergänzt.

Was ist Moderatorenjob?
Was ist Trainerjob?

Wo begriffliche Grenzen verschwimmen, ist die Verwirrung nicht weit. Deshalb ist es nötig, die Unterschiede zwischen dem klassischen Workshop-Moderator und dem moderierenden Trainer oder Dozenten darzustellen.

Workshop-Moderator	**Moderierender Trainer oder Dozent**
Eine Gruppe erarbeitet Ergebnisse für eine Aufgabenstellung. Der Moderator ist methodischer Helfer.	Der Trainer ist verantwortlich, dass die Teilnehmer Lernziele erreichen.
Inhaltlich hält sich der Moderator heraus. »Richtig« und »falsch« sind keine Kategorien.	Der moderierende Trainer achtet darauf, dass inhaltliche Lücken gefüllt und Fehler korrigiert werden.
Ein Lernzuwachs bei den Teilnehmern ist nicht nötig. Ziel des Moderators ist ein Maßnahmenkatalog. An dessen Umsetzung wird gemessen, ob der Workshop erfolgreich war.	Ein Maßnahmenkatalog ist nicht nötig. Der moderierende Trainer ist erfolgreich, wenn die Teilnehmer mit neuem Wissen, neuen Fähigkeiten und veränderten Einstellungen den Lern-Workshop verlassen.
Der Moderator gestaltet einen möglichst effektiven Arbeitsprozess.	Der moderierende Dozent gestaltet einen möglichst effektiven Lernprozess. Dazu gehören auf alle Fälle auch Verankerungs- und Reflexionsphasen für die einzelnen Teilnehmer.

Ein Workshop zum Lernen

In viele meiner Trainings baue ich Workshop-Sequenzen ein. Bei den meisten Themen ist das leicht möglich. Ob das ein Train-the-Trainer-Seminar, ein Besprechungs-, Moderations- oder Präsentationstraining ist, die Teilnehmer bringen so viel Erfahrung mit, dass ich auch mit diesen Kenntnissen arbeiten kann und in der Regel in diesen Lern-Workshops kaum zusätzliche Informationen einbringen muss.

Als ein Beispiel greife ich ein zweitägiges firmeninternes Besprechungstraining heraus. Im Vorfeld hatte ich Kontakt mit den zehn Teilnehmern und wusste, wo der Schuh drückt und mit welchen Erwartungen sie in das Training kamen. Ich positionierte den Lern-Workshop mit dem Titel »Meetings: Gute Ergebnisse in kurzer Zeit« gleich nach der Start- und Aufwärmphase.

Mit einem Startplakat gab ich Orientierung über Ziele und Ablauf.

Startplakat zum Lernworkshop

Als Einstieg wählte ich ein simples Blitzlicht: »Ein kurzes, knackiges Meeting, bei dem auch etwas herauskam ..., weil ...« Aus den Vorinformationen kannte ich die Unzufriedenheit mit der Besprechungskultur. Deshalb schaffte ich mit der Zurufliste »Zeitfresser in Meetings« ein Bewusstsein für die Ursachen dieser Unzufriedenheit. Die erste Fragestellung war noch ganz allgemein, mit der Methode Punkten »Die zwei schlimmsten Zeitfresser in unseren Meetings« spitzte ich die Zurufliste auf das eigene Unternehmen zu.

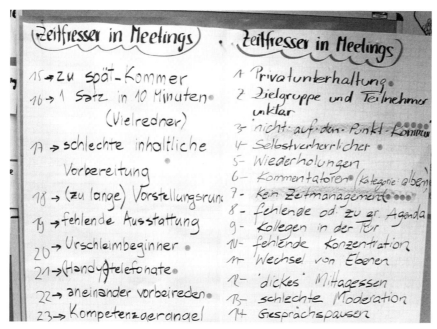

Ursachenforschung mit der Zurufliste

Danach wäre jetzt schon die Möglichkeit, in Gruppenarbeit Lösungen für die hoch gepunkteten Zeitfresser erarbeiten zu lassen. Ich wollte aber noch intensiver Ideen sammeln und die Ideen nicht nur auf die Zeitfresser beschränken. Deshalb folgte jetzt eine Kartenabfrage: »Ideen für kurze, knackige und effiziente Meetings.« Durch Rosinenpicken wählte ich mit den Teilnehmern die Topideen aus, die Teilnehmer ordneten sich den ausgewählten Ideen zu und vertieften diese in Gruppenarbeit.

Von der Kartenabfrage bis zum Ergebnis der Gruppenarbeit

Der Arbeitsauftrag für die Gruppenarbeit lautete: »Entwickeln Sie aus der Idee ein Rezept für Ihre Besprechungen.« Mit dem zweiten Arbeitsauftrag »Halten Sie Ihr Arbeitsergebnis auf einem selbstredenden Plakat fest!« kündigte ich eine Postersession an, mit der die Ergebnisse statt einer Folge von Präsentationen ins Plenum gebracht wurden. Als Abschluss des Workshops griff sich jeder Teilnehmer konkret zwei Ideen aus dem ganzen Workshop-Ablauf (also vertiefte Ideen plus nicht bearbeitete Karten plus Zurufliste), der im Raum und an den Wänden sichtbar verteilt war, heraus: »Das will ich konkret in meinen Meetings verändern!« Methodisch nennen wir das »Koffer packen«: Das packe ich von den vielen Ideen ganz oben in meinen Koffer, weil ich es zuerst ausprobieren möchte!

Die Teilnehmer hatten in dieser Sequenz eine ganze Menge gelernt, ohne dass ich selbst auch nur irgendeine inhaltliche Information beigesteuert hätte. Fehler traten nicht auf und so konnte ich ganz Moderator bleiben.

Der Workshop war zu Ende, nicht aber die Sequenz im Training. Weil die verwendeten Methoden wie Blitzlicht, Zurufliste, ... auch Methoden für ganz

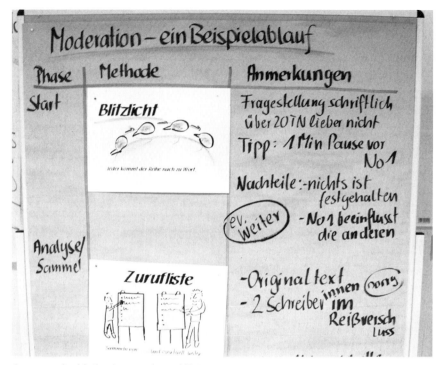

Angewandte Methoden werden erklärt

normale Meetings und Sitzungen sind, nutzte ich die Lernchance. Die Teilnehmer hatten gerade die Methoden erlebt und ihren Nutzen gesehen. Deshalb hängte ich eine Methodensession an und erklärte (jetzt in meiner Trainer- und nicht in der Moderatoren-Rolle) jede der Methoden gründlich mit Vor- und Nachteilen und den heißen Tipps zu jeder Methode.

Dazu verwendete ich eine eigene Pinnwand und visualisierte mit vorbereiteten Methoden-Karten im Format DIN A3. Genauere Informationen waren in einem Handout nachzulesen.

Im Anschluss gab es eine Trainingsphase, in der die Teilnehmer die Methoden wie Blitzlicht, Zurufliste etc. an eigenen Themen ausprobieren konnten.

Einzeltechniken im Trainingseinsatz

Öfter als eine ganze Workshop-Sequenz lassen sich die einzelnen Techniken aus dem Werkzeugkoffer des Workshop-Moderators in Seminaren und Trainings verwenden. Sie aktivieren und ermöglichen die Arbeit mit dem Vorwissen der Teilnehmer. Im Prinzip lassen sich alle Methoden und Techniken aus den Kapiteln 4 bis 8 auch in der Weiterbildung einsetzen. Wir greifen hier nur einige Beispiele heraus.

Die Kartenabfrage als Lerntechnik für Gruppen

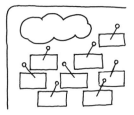

Wie komme ich schnell zu möglichst vielen Antworten auf eine Frage? Wie gehen möglichst wenige Ideen verloren? Wie kann ich alle Teilnehmer zur Mitarbeit aktivieren? Genau das leisten Kartenabfragen in Workshops und Besprechungen. In Seminaren ist die Fragerichtung eine andere: *Wie kann ich mithilfe einer Kartenabfrage einen Lernprozess unterstützen?*

- **Der Standardablauf**
  In einem Seminar zu der politischen Bildung steht an der Pinnwand die Frage: *Was beeinflusst die politische Willensbildung?* Der Seminarleiter bittet die Teilnehmer in Dreiergruppen möglichst viele Antworten auf diese Frage zu finden: »Schreiben Sie bitte jede Antwort auf eine eigene Karte, nur auf die Vorderseite und schreiben Sie bitte so groß wie auf der Musterkarte. Er pinnt die Musterkarte an. Auf der könnte zum Beispiel stehen: »Stammtisch-Gespräche«. Die Teilnehmer sprechen und schreiben in den Minigruppen etwa zehn Minuten, dann lässt der Seminarleiter die Karten anpinnen.

- **Was ist da jetzt anders?**
  Kartenabfragen in Lernprozessen unterscheiden sich in wichtigen Nuancen von Kartenabfragen in Workshops. Der Referent hält sich zwar zurück, muss sich aber nicht ganz der Steuerung enthalten. Er kann durch Impulse (zum Beispiel »Auch die neuen Medien spielen eine Rolle«) lenken und er

darf zudem die Qualität der Formulierungen beeinflussen (zum Beispiel »Vielleicht ließe sich das noch präziser formulieren!«).

Es ist nicht tragisch, wenn Gruppen Karten nicht anpinnen, um Wiederholungen zu vermeiden.

Das Ordnen der Karten

In Workshops verzichten wir immer öfter auf das zeitraubende Ordnen der Karten einer Kartenabfrage. Wir suchen deshalb mit den Teilnehmern die pfiffigsten und sinnvollsten Ideen heraus.

Bei Seminaren ist dagegen das Ordnen meist sinnvoll, weil mit dem Ordnen der Karten gleichzeitig eine Ordnung im Kopf entsteht. Das Clustern, wie wir das Ordnen der Karten auch nennen, kann damit ein Kernstück des Lernprozesses sein, weil hier die Abstraktion stattfindet.

Deutlich wird ebenfalls: Was früher einfach frontal doziert wurde, erarbeiten sich die Teilnehmer Stück für Stück selbst.

- **Der Standardablauf**
  Bleiben wir bei unserem Beispiel mit der politischen Willensbildung. Der Trainer nimmt eine beliebige Karte und fängt mit ihr eine Säule (Cluster) an. Er nimmt eine zweite Karte, fragt die Teilnehmer: »Gehört die Karte thematisch zur ersten oder ist das etwas Neues?« Wenn die Teilnehmer sagen, das gehört zur ersten Karte, hängt er sie dorthin. Wenn die Teilnehmer

sagen, »Das ist etwas Neues!«, beginnt er eine neue Säule. Dann nimmt er die dritte Karte: »Ist das etwas Neues oder gehört es zu den ersten Säulen?« Wenn etwa zehn Karten so zugeordnet sind, kann der Trainer das Feld den Teilnehmern überlassen: Die schaffen das immer alleine. Das ist jetzt das Gleiche wie im normalen Workshop.

Wenn alle Karten zugeordnet sind, bekommen die Säulen Überschriften. Hier entstehen die wichtigen Überbegriffe: »Medien«, »Einfluss des Elternhauses«, »Peergroups« und anderes mehr.

- **Variationen**

    Überschriften vorgegeben: Wenn der Trainer die Überschriften vor dem Ordnen vorgibt, hat er genau die richtigen Fachbegriffe und verkürzt den Prozess. Das ist aber schon wieder ein erster Schritt in Richtung Dozieren.

    Vorgefertigte Karten clustern: Der Referent hängt als Überschriften an: Bundestag, Bundesrat, Landtag an die Pinnwand. Auf dem Boden liegen viele vorbereitete Karten: Steuergesetze, Verkehrsrecht, Scheidungsrecht, Schulgesetz usw. Die Teilnehmer hängen die Karten so an, dass die Zuständigkeit stimmt.

Die Zurufliste

Standardmäßig läuft diese Methode wie im Workshop ab: Alle Äußerungen einer Gruppe werden unkommentiert, ungeordnet und ungewichtet groß (auf Pinnwand oder Flipchart) und vor der ganzen Gruppe zu Papier gebracht.

- **Einsatzmöglichkeiten und Probleme**

    Klassisch wird die Zurufliste *als Sammeltechnik* verwendet. Alles, was mit Kartenabfragen gesammelt wird, funktioniert ebenfalls – und unkomplizierter – mit Zuruflisten.

    Beispielsweise gibt es Anwendungsmöglichkeiten für die Mind-Map-Technik oder (in der Fahrschule) Situationen, in denen Verkehrsschilder ihre Verbindlichkeit verlieren oder (beim Vorbereitungskurs zur Fischerprüfung) Anzeichen für Sauerstoffmangel in einem Gewässer.

    Die Gretchenfrage in Kursen und Seminaren: *Was mache ich mit inhaltlich falschen Zurufen?* Wenn der Trainer die ankommenden Zurufe bewertet und nur in korrigierter Form anschreibt oder anschreiben lässt, bekommt die Lernsequenz einen sehr »schulischen« Charakter. Viele Teilnehmer bremst das. Lasse ich dagegen alles zu, stehen schnell auch gänzlich falsche

Informationen auf dem Flipchart, prägen sich ein und setzen sich im Kopf fest.

Eine allgemein gültige Regel lässt sich nicht aufstellen. Wenn allerdings in Lernsituationen unkommentiert und unkorrigiert gesammelt wird, muss das vorher klargestellt und in einem zweiten Arbeitsschritt richtiggestellt werden.

Bewährt hat sich die Zurufliste *zum Mitvisualisieren in Lehrgesprächen*. Der Trainer notiert die Fragestellung (zum Beispiel: Wie bringe ich eine Gruppe zum Reden?). Alle richtigen Zurufe notiert er sofort. Bei falschen oder zweifelhaften Zurufen signalisiert der Trainer zunächst ein Danke für die Aktivität (beispielsweise »Ja, Sie sehen das so. Ich sehe das ein wenig anders ...« oder »Danke, inhaltlich kann ich Ihnen da aber nicht zustimmen, denn ...«). Der Trainer kann den Zuruf auch an die Gruppe zur Richtigstellung weitergeben.

Das Punkten

Auch das Punkten als Bewertungstechnik ist für Trainer und Dozenten gut einzusetzen. Die verschiedenen Einsatzmöglichkeiten zeigen die folgenden Beispiele:

- **Computerkurs**
  In einem Computerkurs steht das Thema Vermeidung von Datenverlusten an. Der Trainer lässt die Teilnehmer Fragen auf DIN-A4-Karten schreiben und ungeordnet (aber möglichst ohne Wiederholungen) anpinnen. Er bittet jeden Teilnehmer mit drei Klebepunkten die für ihn wichtigsten Fragen zu kennzeichnen. So erhält er in wenigen Minuten eine Gewichtung der Fragen.
- **Rollenspiel im Vortragstraining**
  In der Feedbackrunde schreiben alle Teilnehmer und der Trainer ihr Feedback auf Karten, jede Anmerkung auf eine eigene Karte. Alle Karten werden angepinnt. Der Teilnehmer, dem das Feedback gilt, bekommt Lesezeit. Er bepunktet alle Karten, über die er sprechen will (alternativ: Jeder kann punkten. Gesprochen wird nur über die am meisten gepunkteten Karten).
- **Gedächtnistest**
  Was ist von einer Präsentation hängengeblieben? Nach einer Probepräsentation im Training werden die Zuhörer nach draußen gebeten. Sie schreiben die fünf Punkte auf, die ihnen als erstes vom Vortrag noch einfallen.

Wieder im Raum kennzeichnen sie die aufgeschriebenen Inhaltspunkte mit Klebepunkten im Visualisierungsplakat.

- **Vorerfahrungen markieren**
Wer hat Erfahrungen mit PowerPoint? Damit das schnell klar wird, gibt es ein Plakat mit vier Feldern. Die Teilnehmer kennzeichnen ihre Vorerfahrungen mit einem Klebepunkt.

Das Blitzlicht

Es ist keine Erfindung der Workshop-Moderatoren, aber es passt sehr gut in diesen Zusammenhang. Es kann nämlich sehr viel mehr, als nur Auskunft über die momentane Befindlichkeit einer Gruppe zu geben.

- **Standardauflauf**
Der Trainer bittet alle Teilnehmer der Reihe nach auf dieselbe Frage ganz kurz zu antworten. Wichtig ist, dass während eines Blitzlichtes keine Diskussion beginnt.

- **Einsatzmöglichkeiten in Seminar und Training**
  – *Als Starter:* Beginnen Sie Ihr Training mit einem Blitzlicht, das auf den Inhalt des Trainings bezogen ist. Schon sind Sie mitten im Training. Beispiel: »Ich brauche PowerPoint-Kenntnisse für …«
  – *Zum »Ankern« von Lerninhalten:* Beispiel: Am Flipchart steht: »Das war für mich heute Vormittag besonders wichtig …, weil …« Jeder Teilnehmer lässt die Lerninhalte noch einmal Revue passieren und überlegt, was warum für ihn selbst besondere Bedeutung hat. So werden alle Lerninhalte nochmals im Kopf jedes Teilnehmers wiederholt und bewertet.

- *Zur Feinsteuerung von Lernprozessen:* Wenn gegen Ende einer Lernsequenz noch unklar ist, ob und wie und was noch vertiefend geübt werden soll, kann ein Blitzlicht dem Trainer Hilfe sein: Frage an die Runde: »Was sitzt ganz sicher? Wo wäre noch eine Übung gut?«
- *Als Feedback für den Trainer:* Am Ende eines Bausteins, eines Tages oder eines ganzen Trainings bittet der Trainer um ein Blitzlicht-Feedback. Es gibt Möglichkeiten Lobhudelei zu vermeiden. Die eine ist das Beibehalten-Ändern-Blitzlicht: »Wenn ich das Training noch einmal mache, was sollte ich beibehalten, was sollte ich ändern?« verbunden mit der Bitte sich auf jeweils eine Sache zu beschränken. Die andere Möglichkeit ist das Lügenblitzlicht: »Sagen Sie bitte zwei Sätze über das Seminar. Einer muss wahr sein und einer muss gelogen sein. Sie sagen nicht, was wahr und was gelogen ist.« Hier ist viel Zeit zum Nachdenken wichtig. Umso kreativer sind die als Lügen verpackten Wahrheiten.
- *Als Feedback für Teilnehmer:* Nach Übungen und Rollenspielen bekommt ein Teilnehmer auch Feedback von den Kollegen. Das geht in der Form eines Blitzlichtes ganz flott. Der Trainer kann steuern, indem er zum Beispiel nur positives Feedback oder je ein Lob und einen Tipp zulässt. Wir haben uns angewöhnt, das Feedback vor der Blitzlichtrunde auf Karten aufschreiben zu lassen, die eingesammelt und dem Teilnehmer gegeben werden.
- *Zur Bearbeitung von Störungen und Konflikten:* Der Trainer spürt Unmut unter den Teilnehmern, es geht nicht mehr recht vorwärts. Er formuliert dieses Unbehagen als Ich-Botschaft und bittet um eine kurze Stellungnahme. Meistens ist er nach dem Blitzlicht schlauer.

Die Expertenbefragung

Gerade mit der Expertenbefragung (s. S. 47) haben wir eine Methode, die in Seminaren und Trainings mindestens genauso nützlich ist wie in klassischen Workshops.

Das Prinzip ist einfach: Die Teilnehmer sammeln zuerst, was sie wissen möchten. Der Experte bzw. Erfahrungsträger oder Dozent beantwortet anschließend diese Fragen komprimiert und knapp. Wir nennen das »Wunschkonzert«. Eine Expertenbefragung kann auch einen Lehrvortrag ersetzen.

- **Standardablauf**
  Statt abzuwarten, was ihnen aufgetischt wird, sammeln die Teilnehmer in kleinen Gruppen vorab die wichtigsten Fragen zu einem Thema und schreiben jede gut lesbar auf DIN-A4-Kartons. An der Pinnwand entsteht so ein großformatiger Fragenkatalog. Dieses Sammeln im Vorfeld und in Kleingruppen steigert die Qualität der Fragen. Zudem lassen sich die Fragen ganz grob ordnen.
  In der Regel wird in Schulungen der Dozent selbst die anstehenden Fragen beantworten. Möglicherweise wird aber auch ein Erfahrungsträger eingeladen und beantwortet alle Fragen kurz und knapp (ungefähr drei bis vier Minuten pro Frage). Zeitaufwand insgesamt: zwischen einer halben und einer Stunde.
  Beispiele dafür sind:
  – Restfragen klären: Am Ende von drei Tage Moderation und Präsentation sind garantiert noch Fragen offen. Thema für die abschließende Expertenbefragung: Welche Fragen zum Thema brennen Ihnen noch auf den Nägeln?
  – Thema Kleingruppenarbeit bei erfahrenen Trainern: Statt eines Vortrags, der das Niveau und das Interesse der Teilnehmer nur mühsam trifft, eine Expertenbefragung: Welche Fragen zur Kleingruppenarbeit sind auch nach vielen Trainerjahren noch offen?
  – Mind-Mapping bei Studenten: Ein enger Zeitrahmen (45 Minuten) und wenig Vorinformationen über die Zielgruppe. Die Investition in die 10 Minuten zum Sammeln der 15 wichtigsten Fragen zum Thema Mind-Mapping rentiert sich. Die Studenten stellen sich auf die Thematik ein und erhalten punktgenau die Informationen, die sie brauchen und wünschen.

Workshops zum Lernen: Häufige Fragen – unsere Antworten

? Was heißt eigentlich »workshopartiges Arbeiten«?
Wir bitten die Teilnehmer ihre konkreten Projekte und Vorhaben aus dem Themenbereich, zu dem sie das Seminar gebucht haben, mitzubringen. An diesen Projekten wird dann ganz konkret wie in einem Workshop gearbeitet. Der Lernzuwachs ergibt sich aus dieser Arbeit. Da die Aufgabenstellungen meist ähnlich sind, profitiert auch der Teilnehmer, dessen »Fall« nicht bearbeitet wird.

? Wann eignet sich ein Workshop zum Lernen, wann eignet er sich nicht?
Wissen und Erfahrungen zum Thema sollten vorhanden sein. Je erfahrener die Teilnehmer sind, umso fruchtbarer wird der Lern-Workshop werden. Für ganz neues Wissen, für Paukstoff oder für Inhalte, die deutlich strukturiert werden müssen, ist ein Workshop in der Schulung ungeeignet.

? Gibt es Widerstände gegen »Lern-Workshops«?
Eigentlich arbeiten die Teilnehmer gerne mit Workshop-Techniken. Da können sie selbst aktiv werden und Langeweile taucht in solchen Lernsettings selten auf. Manchmal erwarten Teilnehmer aber vom Trainer und Dozenten deutlichen Input: Sie wollen nicht länger »im eigenen Saft kochen«, sondern brauchen richtungsweisende Informationen oder auch Struktur, die ihnen der Dozent oder Trainer geben muss.

? Wie mache ich deutlich, wann ich meine Rolle als moderierender Trainer verlasse und Wissen vermittle?
Weil ich auch als moderierender Trainer den Lernzielen der Veranstaltung verpflichtet bin, ist eine ganz deutliche Trennung der beiden Rollen nicht nötig. Sinnvoll ist aber beim Übergang von einem Lern-Workshop zum Beispiel zur frontalen Wissensvermittlung die Aufmerksamkeit zu bündeln. Wir tun dies ganz gern mit einer Veränderung der Sitzordnung. Ein Stuhlkreis eignet sich für den Workshop, eine Kinobestuhlung oder die parlamentarische Sitzordnung für die frontale Wissensvermittlung.

? Gibt es in »normalen« Workshops keine Lernzuwächse?
Auf jeden Fall gibt es Lernzuwächse in Sachen Arbeitsmethoden, in Sachen Teamarbeit, in Sachen Visualisierung ... Teilnehmer erfahren auch eine Menge über sich selbst durch das unmittelbare Feedback während der Arbeit. Nur das alles sind »Lateral-Nutzen«, also positive Nebenwirkungen, die mit dem eigentlichen Ziel des Workshops, ein Problem zu lösen oder eine Aufgabe zu bewältigen, nicht direkt etwas zu tun haben.

Ulrich Lipp

Kapitel 16: Workshops anderswo

Wir haben Workshops unter anderem in Kanada, Singapur und Namibia geplant und moderiert. Ein Beispiel für Workshops in anderen Kulturen wollen wir genauer beschreiben: Workshops in Vietnam.

An der Ho-Chi-Minh-Akademie: Nutzung des eigenen Potenzials

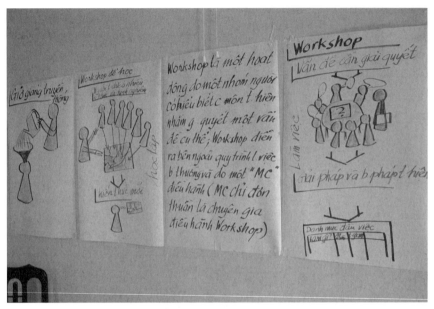

Workshop-Philosophie auf vietnamesisch

Ausgangspunkt der ersten Workshops an der Ho-Chi-Minh-Akademie war ein umfangreicher Train-the-Trainer-Lehrgang. Erfahrene Dozenten, meist Professoren mit langer Lehrerfahrung an der Akademie, die für die politische Bildung im ganzen Land zuständig ist, wurden zu Multiplikatoren für aktive Lehrmethoden ausgebildet. Bei der Planung dieses Lehrgangs wurde auch der Wunsch laut: »Unsere Führungskräfte sollen nicht mit noch mehr Wissen abgefüllt werden. Sie wissen schon viel und haben lange Erfahrung, die wir nutzen wollen. Zeigen Sie uns Methoden, mit denen wir mit den erfahrenen Führungskräften arbeiten können, ohne Sie als lernende Studenten zu behandeln.« Das schrie förmlich nach Workshopmethoden. So entstand im Rahmen der Gesamtkonzeption eine Trainingswoche unter dem Titel »Workshops für die Ho-Chi-Minh-Akademie!«

Die *besondere Herausforderung* dabei: Die Ho-Chi-Minh-Akademie war bisher eine streng hierarchisch geführte Organisation weitgehend ohne partizipative Elemente. In der Führung wurde entschieden und angeordnet. Eine gemeinsame Erarbeitung von Maßnahmen schien im Prinzip undenkbar.

Der Ursprungsplan ging davon aus, »Lern-Workshops« (s. Vorgehensweise in Kapitel 15, S. 267ff.) zu vermitteln. Die Moderatoren sollten lernen, in Workshops das bereits vorhandene Wissen der Führungskräfte zusammenzutragen und aufzuarbeiten.

Wir wählten gemeinsam das Thema »Personalführung« aus. Alle Führungskräfte haben Personalverantwortung. In der Praxis schaut das Führen aber sehr verschieden aus. Die Hauptziele des Workshops mit dem Titel »hilfreiches Führungsverhalten« waren Erfahrungsaustausch unter den Teilnehmern und die Weitergabe von guten Ideen. Im Idealfall konnte das der Beginn einer gemeinsamen Kultur in der Personalführung sein.

Die Akademie selbst wollte noch einen zweiten Workshop: »Wir haben große Probleme mit unseren wenig erwachsenengerechten Prüfungen. Dazu soll ein Workshop mit allen Fakultäten stattfinden!«

In diesem »echten« Workshop, der weniger zum Lernen, sondern zur Problemlösung gedacht war, steckte Brisanz, weil das Thema Prüfungen sehr kontrovers diskutiert wurde.

Die Methode »Stellung nehmen« funktioniert auch in Vietnam

In drei Tagen vom Dozenten zum Workshop-Moderator

Unsere Trainingskonzepte orientieren sich häufig am »praktischen Lernen«. Teilnehmer lernen das Moderieren von Workshops durch die Praxis. Das hieß hier: In einer Wochen unter dem Titel »Methode Workshop« werden ganz praktisch Workshops geplant und durchgeführt. Die Struktur der Woche war damit klar: Schon im Vorfeld wurden Führungskräfte der Akademie zu zwei

Planung der Dramaturgie mit Methodenkarten

Workshops zu den beiden Themen »Führung« und »Prüfungswesen« eingeladen. Die drei Tage davor mussten reichen, um dafür Moderatorinnen und Moderatoren fit zu machen. Für die Teilnehmer war das schon eine Überraschung: Kurz nachdem sie erfahren hatten, was ein Workshop überhaupt ist, eröffnete ich ihnen, dass sie drei Tage später selbst einen Workshop mit ihren Führungskräften durchführen sollten. Natürlich ist das eine Zumutung, andererseits schafft gerade diese Ernstsituation viel Motivation und Energie. Die Arbeit wurde dadurch erleichtert, dass ich die Gruppe aus vorangegangenen Train-the-Trainer-Modulen gut kannte. Außerdem waren sie mit einigen Methoden wie Blitzlicht, Zurufliste oder Gruppenarbeiten bereits vertraut.

Kompakt-Moderationstraining – Inhalte

Folgende inhaltlichen Bausteine hatten wir uns vorgenommen:

- Das Grundprinzip: Der Moderator bringt sich inhaltlich nicht ein.
- Ein Muster-Workshop – modellhaft vorgeführt.
- Methodenüberblick: Blitzlicht, Zurufliste und Zurufliste auf Karten, Punkten, Kartenabfrage, Rosinenpicken, Gruppenarbeit, Maßnahmenkatalog.
- Ein Übungs-Workshop gemeinsam geplant und moderiert durch zwei Teilnehmer.
- Ablaufplanungen für die »echten« Workshops.
- Vorbereitung der beiden Workshops.

Durch diese Punkte waren wir gut mit Arbeit eingedeckt. Um Störungen und Ablenkungen gering zu halten, zogen wir uns für das Kompakt-Training in ein Gästehaus der Armee außerhalb Hanois zurück.

Die Feuertaufe: Zwei Workshops

Zurück aus der Trainings- und Seminarumgebung ging es daran, die Räume der Akademie für die beiden Workshops vorzubereiten. Wir hatten dem Anlass entsprechend einen festlich geschmückten Raum zugeteilt bekommen – mit vielen Blumen und wenig Platz, mit schwerem Mobiliar ohne eine Chance zum Arbeiten im Sitzkreis. Nach einer heftigen Diskussion wurde beschlossen: Das Beste ist für den Workshop gerade gut genug und deshalb findet der Workshop nicht im Festsaal statt, sondern in einem normalen Seminarraum mit viel Platz und der Möglichkeit, im Kreis zu sitzen und außen herum Gruppenarbeitsmöglichkeiten zu schaffen. Ich wurde bei der ganzen Umzugsdiskussion gar nicht mehr einbezogen und konnte die beiden Workshops als Beobachter verfolgen. Das Einzige, worum mich die Moderatorinnen und Moderatoren baten, war am Anfang der beiden Veranstaltungen kurz den Unterschied zwischen einem Workshop und einer üblichen Schulungsmaßnahme zu erläutern.

Ungewohntes Arbeiten für Führungskräfte

Aus dem Trainingstagebuch

Workshop 1: »Hilfreiches Führungsverhalten«

Um 14:00 Uhr geht es los. Es kommen ungefähr 25 Führungskräfte, also gerade eine gute Größe für einen Workshop. Das Anfangsblitzlicht (»Mir macht die Arbeit Freude, wenn ...«) läuft noch etwas zögerlich. Ich erkenne, die Teilnehmer sind das aktive Mitarbeiten nicht gewöhnt, sie wirken etwas verschreckt. Sie sind es aus anderen Veranstaltungen gewohnt, dass sie sich einfach zurücklehnen und sich berieseln lassen. Aber die beiden Moderatoren (Herr Ngoc und Herr Doan) führen sie zum Arbeiten. Sie bleiben konsequent und bringen keine eigenen Inhalte ein. Die Menge der Ideen, wie sich eine gute Führungskraft den Mitarbeitern gegenüber zu verhalten hat, spricht für sich. Gesammelt wird mit einer Zurufliste auf Karten, mit Punkten wird gewichtet und ausgewählt.

Bei den vertiefenden Gruppenarbeiten fällt mir auf: Drei der fünf Gruppen arbeiten ganz normal, in einer Gruppe bleibt ein Mann übrig, der ganz allein ein sehr informatives und inhaltlich reiches Plakat erstellt. In der fünften Gruppe sitzen vier Leute, die alle schreiben, aber mindestens zehn Minuten nicht miteinander reden. Doan geht zu der Gruppe und bringt sie zur Zusammenarbeit. Unsere Teilnehmer sind nach einigen Modulen die Gruppenarbeit gewöhnt, andere Leute an der Akademie nicht. Darauf müssen Moderatoren vorbereitet sein.

Der letzte Schritt dieses »Lern-Workshops«, in dem sich jeder einzelne Teilnehmer etwas für seine eigene Führungspraxis mitnehmen soll, gefällt mir noch nicht. Das sind manchmal zu allgemeine Aussagen und keine individuellen Vorsätze.

Das Zeitmanagement ist prima und so kann Herr Lan als Auftraggeber den Workshop mit einer kurzen Ansprache abschließen. Mir ist es eine Freude zu hören, wie begeistert er über die »Methode Workshop« spricht und alle Zweifel bei ihm und nicht nur bei ihm beseitigt sind.

> **Aus dem Trainingstagebuch**
>
> **Workshop 2: »Erneuerung des Prüfungssystems«**
>
> Um halb acht Uhr morgens herrscht schon reges Treiben im Raum, in dem der Workshop stattfinden wird. Bei den Moderatoren, Frau Lan und Herrn Vinh, die ja schon viele Jahre als Professoren tätig sind, ist die Anspannung zu spüren. Alle 17 Fakultäten der Ho-Chi-Minh-Akademie sind vertreten, insgesamt nehmen 25 Leute teil. Am Anfang vergeht die erste halbe Stunde mit Warten auf die Teilnehmer und die obligatorischen formellen Begrüßungen. Die beiden Moderatoren kommen aber ganz schnell ins Thema, verzichten auf eine Aufwärmphase, sondern machen gleich eine Zurufliste: Was passt uns gegenwärtig nicht am Prüfungswesen? Frau Lan moderiert vorzüglich und schafft es auch, dass die teilweise sehr langen Redebeiträge in Kurzform aufgeschrieben werden. Da werden Missstände ganz offen angesprochen. Herr Vinh moderiert weiter und sammelt durch Zuruf auf Karten Maßnahmen zur Überwindung von Missständen.
> Er versucht immer wieder, die Teilnehmer zu kürzeren Statements zu bewegen. Es gelingt nur zum Teil. Ich denke, Workshops in Vietnam müssen mit den langen Redebeiträgen leben.
> Die Moderatoren treffen schnell richtige methodische Entscheidungen, so bei der Zahl der Klebepunkte bei der Auswahl der zu vertiefenden Maßnahmen oder bei der Gruppenbildung mit Namenskärtchen. In den Gruppen wird sehr intensiv gearbeitet. Jede Gruppe erstellt zwei DIN-A0-Blätter für die Präsentation. Die befürchtete Abwanderung von Teilnehmern während der Pause findet nicht statt.
> Am Ende stehen wie geplant die Empfehlungen auf einer Liste. Schöner wären natürlich noch konkretere Maßnahmen. Vielleicht erwarte ich da einfach zu viel. Die vietnamesische Seite ist auf alle Fälle zufrieden, mehr noch, der stellvertretende Akademieleiter Herr Thanh hält am Ende eine begeisterte Ansprache.
> Er sagt: »Wir brauchen für viele andere Themen an der Akademie ebenfalls solche Workshops.«

Der zweite Workshop war als »echter« Workshop konzipiert. Die Aufgabenstellung stammte von der Leitung der Akademie selbst: Wie können wir das System der Prüfungen bei der Ho-Chi-Minh-Akademie verändern? Das Ziel war eine Sammlung von Ideen, die der Akademieleitung als Grundlage für Entscheidungen präsentiert werden sollte.

Für die Nacharbeit der beiden Workshops nahmen wir uns einen halben Tag Zeit. Folgende Verbesserungsvorschläge wurden zusammengestellt:

- Ein Moderator soll möglichst nicht kommentieren. Es ist auch nach dem Blitzlicht nicht nötig, zusammenzufassen.

- Beim Blitzlicht muss man nicht warten, bis sich jemand meldet. Nach einer kurzen Zeit zum Nachdenken, wird ein Teilnehmer als erster benannt. Dann kommen alle der Reihe nach kurz dran.
- Wenn beim Lern-Workshop Kofferpacken am Ende steht, soll das zelebriert werden und die Teilnehmer sollen genau informiert werden, wozu sie sich aus den vielen Ideen eine heraussuchen.
- Wenn der Moderator Maßnahmen aus den Gruppenpräsentationen in eine Liste übernimmt, soll er das vor allen Leuten tun und fragen, ob die Formulierung stimmt.
- Mitglieder der Leitung oder allgemein in der Hierarchie weit oben stehende Menschen sollen möglichst eingebunden werden. Das heißt auch Herr Son hätte Klebepunkte und eine Namenskarte für die Zuordnung zu einer Gruppe erhalten sollen.
- Die Moderatoren sollen versuchen, dass die Teilnehmer ihre Redebeiträge kurz und klar formulieren.

Hier entstand auch die Idee für einen Moderatorenpool an der Ho-Chi-Minh-Akademie.

Ho Chi Minh ist immer dabei

In drei Tagen Moderation lernen – auch bei uns?

Wenn es nur drei Tage Training bedarf, um einen Workshop durchführen zu können, wozu dann lange Moderations-Seminare und Workshop-Trainings? Abgesehen davon, dass diese Woche an der Ho-Chi-Minh-Akademie ziemlich riskant geplant war – es hätte genauso gut schiefgehen können! – gibt es doch große Unterschiede. Bei uns in Europa gibt es vermutlich keine Führungskraft ohne Workshop-Erfahrung. Da wäre dieses einfache Design zu simpel. Bei uns wird inzwischen Raffinesse erwartet und Kreativität bei der Moderation vorausgesetzt. Ein Repertoire mit einer Handvoll Methoden ist zu beschränkt und der Moderator würde als nicht sehr kompetent erlebt.

Was unabhängig vom Kulturkreis auch für uns gilt, ist das Prinzip des praktischen Lernens. Wir lernen das Moderatorenhandwerk am einfachsten, indem wir moderieren. In einer Gruppe – begleitet und unterstützt von einem Fachmann – echte Workshops konzipieren, konkret vorbereiten und praktisch durchführen, ist eine effektive Lernstrategie. Nicht fehlen darf die Nacharbeit: Was ist warum gut gelaufen? Was würden wir bei einem zweiten Anlauf anders machen? Was sind unsere nächsten Entwicklungsschritte?

Das klingt einfach. In der Realität gibt es vor allem organisatorisch eine ganze Menge an Hindernissen. Außerdem besteht auch bei bester Vorbereitung das Risiko, dass sich die Teilnehmer wie Versuchskaninchen fühlen und dieser Eindruck ist für den Workshop tödlich. So gesehen ist es dann doch oft ratsamer, angehende Moderatorinnen und Moderatoren in ein einschlägiges Seminar zu schicken. Das schließt aber den Weg des praktischen Lernens nicht ganz aus: Jeder Workshop ist eine Lernchance, die es zu nutzen gilt. Das ist mehr als lediglich eine zusätzliche Moderationserfahrung. Durch kollegiale Supervision und systematische Nacharbeit entwickeln wir uns als Moderatorinnen und Moderatoren weiter. Der Großteil unseres eigenen Workshop-Know-hows ist so entstanden.

Interkulturelle Aspekte:
Häufige Fragen – unsere Antworten

Workshop unter Löwen

? »Einheimische« Moderatoren ausbilden oder selbst moderieren?

Nach meinen Erfahrungen formuliere ich als Faustregel: Je unterschiedlicher die Kulturen, desto eher sollten »einheimische« Moderatorinnen und Moderatoren Workshops leiten. Die Lern- und Kommunikationskultur in der staatlichen Verwaltung im südlichen Afrika habe ich zum Beispiel der unseren ähnlicher empfunden als die in Vietnam. Während ich in Namibia ohne Zögern Workshops selbst moderiere, schaue ich in Vietnam lieber den von mir trainierten Moderatoren zu, die in keine kulturellen »Fettnäpfchen« (zum Beispiel Fehler, die jemand macht, auch erkennbar werden lassen) treten. Die Sprache mag ein weiterer Grund sein. Ein Moderator, der einen Dolmetscher braucht (wie wir in Vietnam), verlangsamt den Prozess und bekommt die »Untertöne« nicht mit. Wenn man in Deutsch oder Englisch arbeiten kann, ist das anders.

? An bestehende Kultur anpassen oder Kultur verändern?

Wenn Workshops nur gelingen, wenn sie zur Firmen-, Organisations- oder Landeskultur passen, hätten Workshops an der Ho-Chi-Minh-Akademie nicht stattfinden dürfen. Das partizipative Prinzip in Workshops widerspricht ja offensichtlich der streng hierarchischen Kultur. Meine Erfahrung: Wenn wir Veränderungsprozesse anstoßen sollen, ist eine sehr intensive Rücksichtnahme auf die bestehende und dominierende Kultur ziemlich hinderlich. Andererseits verlangt gerade das Überschreiten von kulturellen Grenzen sehr viel Fingerspitzengefühl: Was kann ich den Teilnehmern zumuten? Darauf zu bestehen, dass der Workshop über die Prüfungen an der Ho-Chi-Minh Akademie mit einem für alle, auch für die Führung verbindlichen Maßnahmenkatalog abgeschlossen wird, hätte den Workshop zum Kippen gebracht.

? Verfahren durchsetzen oder Impulse setzen?

Besserwisserisch die Welt mit europäischen Ideen und Verfahren zu beglücken, ist einer der Hauptvorwürfe an international arbeitende Trainer und Manager. Wir haben sehr gute Erfahrungen damit gemacht, dass wir den Teilnehmern sagen: »Wir zeigen Ihnen, wie wir das in Europa machen. Was Sie davon übernehmen und wie Sie das auf Ihre Kultur zuschneiden, überlassen wir Ihnen!« So setzen wir Impulse und überlassen die Adaption den Teilnehmern. Schwierig wird es dann, wenn Abstriche nicht möglich sind. Ein international arbeitender Konzern kann an Standorten in Asien nicht verkünden: »So halten wir in Europa unsere Qualitätsstandards ein. Wie ihr das macht, überlassen wir euch!« In Workshops vor Ort können realisierbare Wege im Qualitätsmanagement mit den Mitarbeitern an Standorten weit weg von Europa entwickelt werden.

Ulrich Lipp und Hermann Will

Kapitel 17:
Das haben wir so gemacht: Beispiele

Wir haben aus unserem Workshop-Tagebuch einige Beispiele herausgegriffen. Das sind keine Beispiel-Workshops zum Nachahmen, sondern persönliche Erfahrungsberichte.

Workshop »Erfahrungsaustausch«

Ausgangssituation und Ziele

Ein Jahr vor dem Workshop waren etwa 25 Lehrerinnen und Lehrer in mehreren Lehrgängen zu Multiplikatoren für Montessori-Pädagogik in der Regelschule ausgebildet worden. Im Workshop sollten die bisherigen Erfahrungen bei dieser Multiplikatorentätigkeit ausgetauscht, gesammelt und an das Kultusministerium weitergereicht werden. Die Teilnehmerinnen und Teilnehmer erhielten auch Gelegenheit, Themen zu bearbeiten, die ihnen »auf den Nägeln brannten«. Dafür war ein Zeitrahmen von zweimal drei Stunden vorgesehen.

Wir zwei Moderatoren waren den Lehrerinnen und Lehrern nicht unbekannt, weil wir in einem der Lehrgänge im Jahr zuvor bereits als Trainer zum Thema Präsentationstechnik aktiv waren. Als Workshop-Gast war in den ersten Stunden der neue Leiter der Weiterbildung aus dem Ministerium anwesend.

Der Start

Ein Tänzchen am Anfang

Nach dem Wiedersehenshallo und vor der offiziellen Begrüßung starteten wir mit einem Tanz: Rubber-Dolly, ein Squaredance. Unsere Regieanweisung dazu: »Gehen Sie bitte im Raum herum, versuchen Sie den Rhythmus der Musik aufzunehmen! Haken Sie sich beim Nächstbesten ein und tanzen Sie ein Stück gemeinsam ... und wieder loslassen! Nehmen Sie einen anderen Partner beim kleinen Finger und tanzen wieder ein Stück zu zweit!« Das Ganze dauerte nicht länger als fünf Minuten. Auch der Herr aus dem Kultusministerium wurde auf diese unkonventionelle Weise in die ihm unbekannte Gruppe mit einbezogen. So war er bei seinen Grußworten nach unserer offiziellen Begrüßung schon fast integriert.

Erfahrungsaustausch bei 25 Leuten

Wir begannen mit der Übung »Stellung nehmen«. Im Innenhof des alten Klosters, in dem die Veranstaltung stattfand, versammelten wir die Gruppe. Eine Säule des Kreuzganges wurde als »Ja«-Säule definiert, eine gegenüberliegende als »Nein«-Säule, dazwischen ein Kontinuum mit »unentschieden« in der Mitte. Auf Plakaten hatten wir Statements vorbereitet: »Meine tägliche Vorbereitungszeit ist wegen der Montessori-Pädagogik länger geworden.« Oder: »Die Kinder sind alle Feuer und Flamme.« Oder: »Meine Kollegen an der Schule sind im Durchschnitt sehr positiv zur Montessori-Pädagogik eingestellt.« Wir baten die Leute, zu jedem Statement Stellung zu nehmen, und zwar im echten Wortsinn zwischen der Zustimmungs- und Ablehnungssäule. Auffälligkeiten, zum Beispiel relativ viele Teilnehmer, die den Satz »Die Kinder sind alle Feuer und Flamme« ablehnten, thematisierten wir noch im Stehen im Innenhof. Einige Äußerungen notierten wir auf den Plakaten.

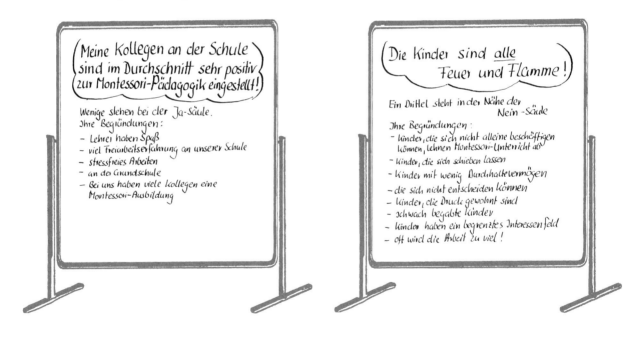

Der zweite Teil des Erfahrungsaustausches fand wieder im Tagungsraum statt. Wir machten mit Punktabfragen auf vier Pinnwänden weiter. Nach den Vorgesprächen am Telefon hatten wir Statements formuliert wie »So schätze ich die Wirkung meiner Fortbildungstätigkeit ein ...« oder »So oft war ich als Multiplikator für Montessori-Pädagogik tätig ...«. Diesmal bekamen die Teilnehmer Klebepunkte, um ihre Erfahrungen auf Pinnwänden zu visualisieren. Das Punktekleben ging auch in dieser großen Gruppe recht schnell. Danach thematisierten wir die Ergebnisse in einer offenen Diskussion. Natürlich wurde gefragt, wer so gut wie nie aktiv wurde und warum oder weshalb jemand die Wirkung der Fortbildungstätigkeit so gering einschätzte. Wir Moderatoren schrieben Auszüge an den Pinnwänden mit.

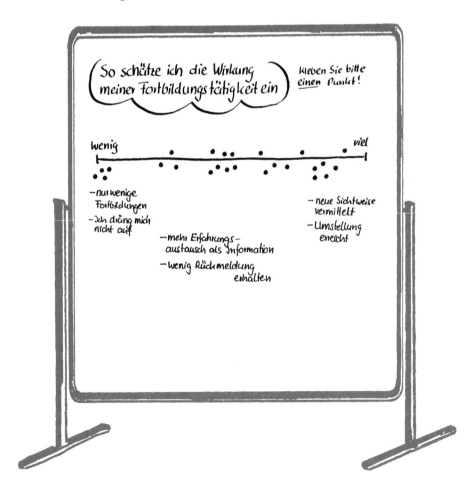

Dabei stellte sich heraus, dass die Multiplikatoren wissen wollten, was jeder für seine Tätigkeit bekam. So entstand noch eine Punktabfrage zur »Referentenbesoldung«. Sie zeigte eine sehr große Spannbreite der Vergütung der Referententätigkeit. Die Teilnehmer beschlossen, in Zukunft nicht mehr gratis zu arbeiten. Das Motto kam über die Pinnwand: »Was nix kost, is nix wert.«

Nach diesem ersten Erfahrungsaustausch, der insgesamt etwa zwei Stunden gedauert hatte, verließ uns der Vetreter des Ministeriums. Gerade mit der letzten Diskussion hatte er auch einen der Knackpunkte der Multiplikatorenarbeit mit auf den Weg bekommen.

Aus dem Protokoll

»Worüber wollen wir miteinander sprechen?«

Bei der anschließenden Kartenabfrage (»Darüber wollen wir miteinander sprechen«) clusterten wir die in Dreiergruppen geschriebenen Karten.

An sechs der Themen arbeiteten Teilgruppen. Die Präsentationen enthielten sehr viele Tipps und Anregungen zu Themen wie »Äußere Bedingungen der

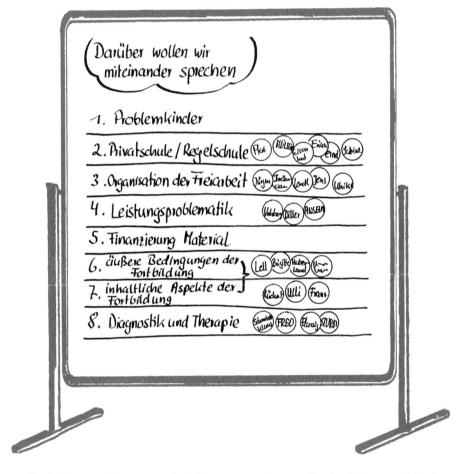

Fortbildung«, »Umgang mit Leistungsverweigerern in der Montessori-Pädagogik«. Einige Themen wie die Frage der Abkehr vom Referatsstil und die Entwicklung von offenen Lernsituationen in der Weiterbildung wurden so heftig diskutiert, dass wir als Moderatoren darauf achten mussten, dass auch für die anderen Gruppen ausreichend Zeit blieb.

Am Ende des Workshops zeigte sich, dass gerade die Lehrerinnen und Lehrer, die das Jahr über isoliert und allein als Multiplikatoren gearbeitet und bisweilen Motivationseinbrüche mitgemacht hatten, wieder neue Kraft und neues Engagement mit nach Hause nahmen. Entscheidend dafür war auch die großzügig bemessene unverplante »Freizeit«, die intensiv für informellen Erfahrungsaustausch genutzt wurde.

Ein Mini-Workshop im Seminar

Die Trainer eines internationalen Kurierdienstes trafen sich zu ihrer alljährlichen »Trainerwerkstatt«. Folgender Drei-Stunden-Workshop war Teil dieser Veranstaltung. Vor dem Hintergrund reicher Trainererfahrung sollten die Teilnehmer selbst Methoden entwickeln, wie in ihren Seminaren und Kursen Lerninhalte besser zu »sichern«, das heißt besser im Gedächtnis zu verankern und vor dem Vergessen zu bewahren sind.

Der Ablauf

- **Startphase**
  Als Anwärmer für das Thema diente ein Spiel: Die Teilnehmer, die im Jahr davor schon dabei waren, berichteten den »Neulingen« (rund ein Drittel) von der Trainerwerkstatt aus dem Vorjahr. Der Reihe nach erzählte jeder einen halben bis maximal zwei Sätze, um dann – eventuell sogar mitten im Satz – an den nächsten weiterzugeben. Jeder sollte sich möglichst genau erinnern. Das Ergebnis: Große Lücken taten sich auf.
  Damit waren wir schon mitten in der Aufgabenstellung: »Wie können wir Lerninhalte vor dem Vergessen bewahren?« Zeit: zehn Minuten.

- **Zielphase**
  Die Zielphase fiel entsprechend kurz aus: Die Ziele standen auf dem »Herzlich-willkommen-Plakat« geschrieben und ich bat als Trainer lediglich um Zustimmung (fünf Minuten).

- **Analysephase**
  In einer Analysephase sammelten wir zunächst die Ursachen für die hohe Vergessensrate bei Aus- und Weiterbildungsveranstaltungen: »Warum bleibt oft wenig hängen?« Die Technik war eine Standardzurufliste, die 42 Einzelursachen ergab. Wir suchten mit Klebepunkten (vier pro Teilnehmer) die Ursachen heraus, die in den Augen der Gruppe am meisten zum Vergessen beitrugen: Spitzenreiter waren »zu viel Stoff«, »praxisfremd«, »keine Praxisanwendung« und »Wissensstand zu unterschiedlich«. Zeitbedarf für diese Phase: eine halbe Stunde.

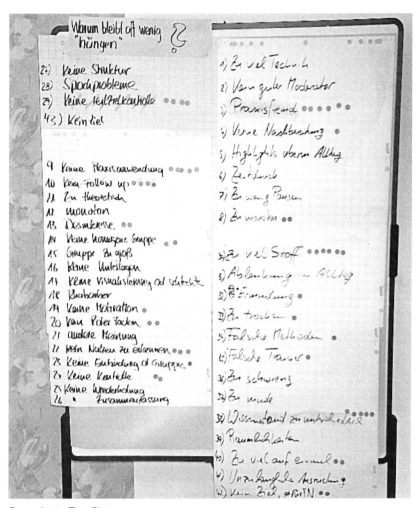

Bepunktete Zurufliste

- **Ideen**

  Ideen zu der Fragestellung »Wie können wir methodisch Lerninhalte sichern?« sammelten wir mit einer Zurufliste auf Karten (s. S. 88). Zuerst kamen bekannte Standardverfahren wie Tests, Visualisieren, Aufbauseminare. Dann wurden die Einfälle ungewöhnlicher (Belohnungssysteme, kleinere Trainingseinheiten und Barfuß-Videos). Mit dem Impuls »Und noch was Spinniges!« provozierte ich ausgefallene Ideen wie »Pranger«, »Wallfahrt« oder »Hypnose«. Dabei musste ich als Moderator allerdings vorschnelle

Ausgefallene Ideen provozieren!

Zwei Pinnwände voller Ideen

Wertungen und Abqualifizierungen in der Gruppe mit Bemerkungen wie »Wir nehmen ungeprüft alles erst mal auf« zurückdrängen.

- **Auswählen**
  Nach der Klärung von unklaren Zurufen (»Loreley-Phase«) ließ ich mit der Technik des Rosinenpickens die Ideen zur Vertiefung auswählen: »An welchen Ideen wollen wir weiterarbeiten?« Neun »Rosineneinfälle« wurden auf eine dritte Pinnwand genadelt. Zu fünf Vorschlägen bildeten sich Kleingruppen (Gruppenzuordnung nach Interesse durch Kullern). Das dauerte bis hierher, weil der Zeitfresser Kartenordnen wegfiel, auch eine halbe Stunde.

- **Vertiefende Kleingruppenarbeit**
  In der vertiefenden Kleingruppenarbeit wurden die Ideen weitergedacht und konkretisiert, sodass sie in einem Seminar unmittelbar eingesetzt werden konnten. Die Arbeitsergebnisse sollten auf einem weitgehend selbstredenden Plakat visualisiert werden. Die Gruppen hatten für diese Arbeit eine Stunde Zeit.

- **Präsentation der Ergebnisse**
  Bei der Präsentation der Ergebnisse (35 Minuten reichen aus) wurden die einzelnen Vorschläge kurz diskutiert. Eine Gruppe schlug vor, gerade bei der Kurierweiterbildung von Texten abzugehen und stattdessen mit Filmen, Fotos oder Mind-Maps zu arbeiten, eine andere entwickelte ein eher spielerisches Prämiensystem für Seminare. Die Idee, zur Sicherung die Teilnehmer kurze, einfache Videoclips über den Lernstoff drehen zu lassen, wurde konkretisiert. Eine interessante Sicherungsvariante bestand darin, lernende Seminarteilnehmer zu Experten für einzelne Fachgebiete zu ernennen. Die fünfte Gruppe baute die Fernsehsendung »Der heiße Stuhl« für Seminare um.

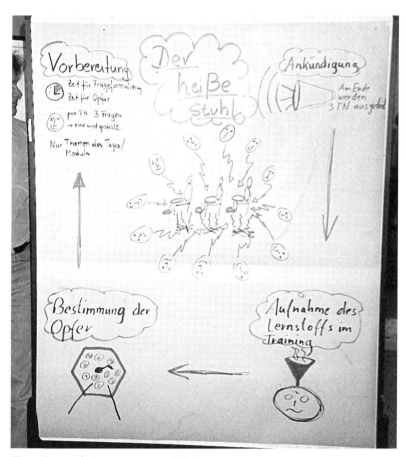

Eine Idee zur Sicherung von Lerninhalten

- **Maßnahmenkatalog**
  In einem Maßnahmenkatalog wurde zum Schluss festgehalten, wer von den Teilnehmern welche Sicherungsmethoden testete und bis wann die Gruppe über die Trainingsabteilung kurze Erfahrungsberichte erhalten sollte. Einer der Trainer erklärte sich bereit, als »Sicherungspate« die Koordination zu übernehmen und für die nächste Trainerkonferenz eine Präsentation vorzubereiten.

Variationsmöglichkeiten

Eine Variante dieses Ablaufs geht direkt von der Analysephase in die vertiefende Gruppenarbeit. Die Gruppen nehmen sich dann gezielt Fragen vor wie »Wie lässt sich in unseren Seminaren die Fülle des Stoffs reduzieren?« oder »Wie gleichen wir unterschiedliche Wissensstände noch besser aus?«. Das Ergebnis sieht dann allerdings ganz anders aus.

Eine zweite Variante verzichtet auf die Analysephase ganz und steigt direkt in einen Kreativprozess ein: »Wir suchen verrückte, aber wirksame Sicherungsmethoden.«

Einsatzfelder

Zwischen Seminar und Workshop

Ähnliche Mini-Workshops (mit austauschbaren Themen) bauen wir gerne in Seminaren und Trainings ein, wenn wir davon ausgehen können, dass die Teilnehmer Erfahrungen mitbringen und für ihre Alltagsprobleme selbst praktikable Lösungen finden können. Die selbst entwickelten Problemlösungen haben auch höhere Umsetzungschancen als Ideen, die ein Trainer von außen in die Gruppe trägt.

Workshops können Seminare und Trainings nicht ersetzen, aber ergänzen. Spezialisten und Profis sollen sich nicht erwartungsfroh-skeptisch zurücklehnen, sondern selbst miteinander arbeiten.

Bereichsklausur:
Ein Klärungs- und Zielvereinbarungs-Workshop

Dieser zweitägige Workshop mit den obersten Führungskräften des Geschäftsführungsbereichs Forschung klärt unter anderem die gegenseitigen Einschätzungen von Stärken und Schwächen sowie die jeweiligen Erwartungen an die einzelnen Abteilungen. Das läuft unter den Stichworten »Interne Kunden-Lieferanten-Beziehungen« und »Qualitätsstandards«.

Ausgangssituation und Ziel

Der Forschungsbereich eines großen Chemieunternehmens ist neu strukturiert worden. Der zuständige Geschäftsführer will sein teilweise neues Leitungsteam stärker zusammenschweißen und schlagkräftiger machen, dessen Stärken und Schwächen bearbeiten und die brandneuen »Firmenvisionen« konkret mit Leben erfüllen. Dazu ziehen sich neun Führungskräfte aus den verschiedenen Abteilungen des Geschäftsführungsbereichs für zwei Tage in ein abgelegenes Tagungshotel zur Klausur zurück.

Unternehmensleitsätze mit Leben erfüllen

Ablauf des Workshops

- **Der Chef beginnt**
  Einige Wochen vorher hat es ein ausführliches Planungsgespräch gegeben. Gerade deshalb ist der Moderator überrascht, als der Geschäftsführer am Montagmorgen neun volle Flipchartbögen als seine persönlichen Ausgangsthesen und Zielsetzungen vorstellt.

- **Was wollen die Teilnehmer?**
  Damit man die Ziele und Erfolgskriterien aller Beteiligten hat und damit die Flipcharts des Chefs nicht allzu sehr dominieren, bittet der Moderator die Teilnehmer, ihre Fragestellungen zu notieren. Unter der Überschrift »Meine Themen bis Dienstag« hängen nach kurzer Zeit fast 50 Karten an der Pinnwand. Am Ende des ersten und des zweiten Tages wird man vor dieser Pinnwand Bilanz ziehen.

Kartenabfrage

- **Stärken-Schwächen-Analyse für den Geschäftsführungsbereich**
  In Dreiergruppen sammeln die Teilnehmer in knapp 15 Minuten jeweils fünf Stärken und fünf Schwächen des ganzen Geschäftsführungsbereichs, notieren sie auf Flipcharts und präsentieren sie anschließend. Interessanterweise fällt es allen drei Gruppen schwer, Stärken zu finden. Diese erste, einfache Gruppenarbeit erfüllt mehrere Funktionen: Sie aktiviert, indem sie das Plenum auflöst. Sie gibt Einblick ins aktuelle Meinungsbild und es kommen auch »Stärken« sichtbar an die Wand. Das ist emotional wichtig, weil der Workshop anschließend vor allem an Schwachstellen arbeitet.

- **Abteilungsspezifische Stärken-Schwächen-Analyse**
  Beim nächsten Schritt wird die Sache heißer. Es geht um die Stärken und Schwächen der einzelnen Abteilungen – jeweils aus Fremdsicht. Pinnwände sind vorbereitet: In der Kopfzeile stehen die Namen der anwesenden Führungskräfte.

5 Stärken
5 Schwächen

Darunter ist Platz für deren »Stärken« und »Schwächen«. Jeder soll für die anderen Abteilungen möglichst viele davon sammeln. Anfangs ist die Skepsis hoch, denn die Fragestellung klingt nach gruppendynamischer Übung. Dann ist klar: Nicht die persönlichen Qualitäten der einzelnen Führungskräfte stehen zur Diskussion, sondern die gegenseitigen Einschätzungen von »Stärken« und »Schwächen« der einzelnen Abteilungen des Forschungsbe-

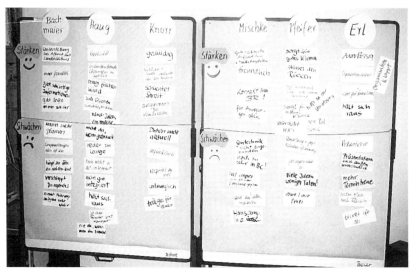

Stärken und Schwächen der sechs Bereiche

reichs. Weil der größere Teil davon untereinander Kunden-Lieferanten-Beziehungen hat (oder haben sollte), ist es wissenswert, wie man aus der Sicht der internen »Geschäftspartner« aussieht und wer welche Erwartungen an welche Abteilung hat.

Es dauert einige Zeit, bis alle Karten geschrieben und an die Pinnwände genadelt sind. Dann kommen die Teilnehmer nach vorne, lesen und klären Unklarheiten.

Erwartungen untereinander

- **»Unternehmensleitsätze« für jede Abteilung konkretisieren**
Die drei wichtigsten »Leitsätze« der neuen Firmenphilosophie stehen zur Erinnerung komprimiert am Flipchart: »Werte schaffen!«, »Innovation als Chance!« und »Weltklasse!«. Was heißt das konkret für jede Abteilung? Alleine hat jeder der Anwesenden über diese Fragestellung schon nachgedacht. Nun geht man das gemeinsam an, schließlich soll alles ja auch zusammenpassen.

Der Workshop teilt sich in Kleingruppen. Drei Abteilungen sind beim ersten Durchgang »dran«. Jede Gruppe besteht aus dem jeweiligen Abteilungsleiter sowie aus zwei Kollegen aus anderen Abteilungen, die er sich als seine persönlichen »Berater« ausgewählt hat. Nach einer Stunde sind bei allen drei Gruppen Flipcharts und Pinnwände voll mit Ideen und Maßnahmen.

- **Präsentation und Anreicherung**
Jeder der drei Abteilungsleiter präsentiert seine angedachten Ideen und Vorschläge vor dem Workshop-Plenum. Das gibt Fragen, Kommentare und Anregungen. Man zieht auch die Pinnwand mit den abteilungsspezifischen Stärken und Schwächen zurate. Allerdings wird das nicht »ausdiskutiert«, sondern die Betroffenen notieren sich diese Ergänzungen als »Anreicherungen« auf Zusatzbögen.

Anreichern statt ausdiskutieren

Das Vorgehen wiederholt sich: Beim zweiten und dritten Durchgang sind jeweils die nächsten drei Abteilungen an der Reihe.

- **Letzter Schliff**
Nach drei Durchgängen sind für alle Abteilungen die Ideen präsentiert und angereichert. Jetzt braucht es nochmals Zeit, darüber in Ruhe nachzudenken und manche Teilnehmer wollen sich auch mit Kollegen abstimmen – schließlich muss man den gegenseitigen Erwartungen, Anforderungen und Wünschen so weit als möglich gerecht werden, wenn man langfristig als eigenständiger Forschungsbereich überleben will.

- **Öffentlicher Maßnahmenkatalog**
  Am Ende der Veranstaltung präsentiert jeder vor der Runde seinen ganz spezifischen Maßnahmenkatalog auf Folien. Noch einige Korrekturen – vor allem bei den Terminen – und einige Wetten bei besonders brisanten Vorsätzen. Dann kommen die Folien auf den Kopierer und am Ende hat jeder alle Maßnahmen in Händen. Man beschließt noch, diese Maßnahmen auszugsweise allen Mitarbeitern des Forschungsbereichs zugänglich zu machen.

> *Die eigentliche Arbeit beginnt erst jetzt!*

Attraktivere Infotage: Eine Kreativwerkstatt

Neue Ideen gesucht

Eine halbtägige Kreativwerkstatt mit »Workshop-Exoten« (s. S. 235): Die Teilnehmer stammen aus verschiedenen Bereichen und sollen als »Mitdenker« viele kreative Ideen aushecken. Nur der anwesende Auftraggeber ist für die spätere Umsetzung verantwortlich. Das Aufsplitten der Fragestellung in »Parameter« und das assoziative »Weiterspinnen« bei den »Ausprägungen« verquickt analytische und kreative Methoden des Typs »Morphologischer Kasten«.

Ausgangssituation und Ziel

Ein großes Unternehmen veranstaltet jedes Jahr mehrere Informationsveranstaltungen für jeweils 50 Personen. Dazu eingeladen sind vor allem Kunden, Geschäftspartner, Mitarbeiter von Hochschulen, Journalisten sowie ausgewählte »Interessenten«. Bisher dominieren vor allem Fachbeiträge mit Folien und es gibt einen Infoblock über das Unternehmen. Nach dem Besuch eines Kreativworkshops will der Verantwortliche für die Info-Tage weg vom Typus »Kopfveranstaltung« und hin zu mehr Lebendigkeit. »Wie können wir unsere Informationsveranstaltungen attraktiver gestalten?«, lautet die Fragestellung für die halbtägige Kreativwerkstatt. Eingeladen ist eine bunt gemischte Arbeitsgruppe aus Fachabteilungen sowie den Abteilungen für Öffentlichkeitsarbeit, Marketing und Vertrieb. Eine Moderatorin aus dem Unternehmen leitet die »Kreativwerkstatt«. Wir hatten sie vorher beraten.

Ablauf des Workshops

- **Vorstellen und Beschnuppern**
  Ein Teil der Teilnehmer kennt sich schon – zumindest vom Sehen her. Daher gibt es nur eine schnelle Vorstellrunde, damit alle wissen, wer wer ist.

- **Grundsätzliches zu Ziel und Methode**
  Aus Telefonaten und Einladung wissen die Teilnehmer zwar schon, um was

es geht. Trotzdem nochmals eine kurze Kommentierung: Es geht um den Infotag. Die Gruppe soll möglichst viele Gestaltungsideen aushecken und man bittet sie, sich auf ungewohnte »Kreativmethoden« einzulassen.

- **Bestandsaufnahme: Parameter und derzeitige Ausprägungen**

Fragestellung zerlegen

Das bisherige Veranstaltungskonzept wird systematisch analysiert und in »Parameter« und deren derzeitige »Ausprägungen« zerlegt. Das klingt komplizierter, als es ist: Die wesentlichen Parameter der Infotage sind: Veranstalter, Referenten, Zielgruppen, Inhalte, Ziele, Methoden ... oder anders formuliert: Wer? Für wen? Was? Wozu? Wie? Wann? Wo?

Nun kommen die »derzeitigen Ausprägungen«. Bleiben wir beim Parameter »Referenten« (P1): Bisher treten beim Infotag in der Regel folgende Personen auf: ein Geschäftsführer, der Vertriebsleiter, der Marketingleiter, ein Außendienstmitarbeiter und ein Professor. Das ergibt folgende Matrix an der Pinnwand:

Parameter		Derzeitige Ausprägung	Mögliche Ausprägung
P_1	Wer? Veranstalter/ Referent	Marketing GF, VL, Vertrieb "Professor" Wirtschaft	
P_2	Für wen? Zielgruppe	Fachberater, Kunden Partner, Interessenten (EDV-Leiter, Organisation)	
P_3	Was? Inhalt	Info über Firma, Kompetenz Produkt/Lösung	
P_4	Wozu? Ziel	Kontakt durch VB Image ↗	
P_5	Wie Didaktik/ Medien	Vorträge, Folien Laptop mit Beamer Mappe, Prospekte	
P_6	Wann? Zeitpunkt	1/2 tägig, Abend? Wie oft pro Jahr?	

- **Fantasievolle »Ausprägungen« assoziieren**
  Nun knöpft sich die Workshop-Gruppe jeweils einen Parameter vor und sucht dazu mögliche Ausprägungen, die es bisher noch nicht gibt. Auch »skurrile« oder »unsinnige« Ideen sind erwünscht, denn in denen steckt oft das kreative Potenzial. Beim Parameter »Referent« ist das beispielsweise: ein Schauspieler, ein Nachrichtensprecher, ein Kabarettist, ein Portier des Unternehmens, ein zufriedener Kunde oder Anwender usw. Der Fantasie sind keine Grenzen gesetzt. Die Pinnwände zeigen mögliche Ausprägungen für die Parameter »Referent« und »Wie?«.

Kreative Ideenfindung

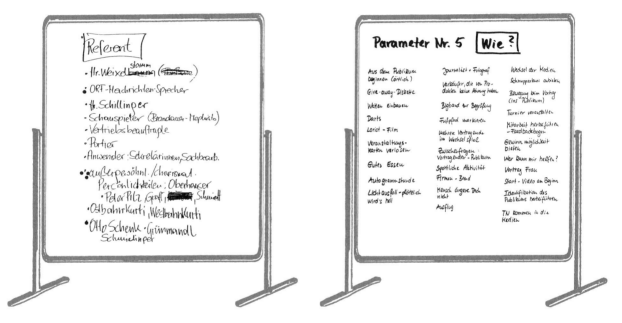

Das Sammelprinzip für exotische Ideen ist für jeden Parameter gleich: Alle denken gemeinsam nach (im Stehen). Wem ein Einfall durch den Kopf schießt, sagt ihn laut – auch wenn die Idee »blöd« oder »unrealistisch« erscheint. Alles wird dokumentiert – ohne Kommentierung oder Bewertung. Die anderen Teilnehmer spinnen an diesen Ideen weiter oder bringen neue Gedanken ins Spiel. Möglichst viele Ausprägungen sind angestrebt.

Damit das Ausprägungen-Suchen bei acht Parametern nicht zu eintönig wird, variiert die Moderatorin die Sammelmethoden: Bei einigen Parametern kommen »Herbstlaub« und »Rosinenpicken« zum Einsatz (s. S. 245ff.). Anderen Parametern rückt die Gruppe mit Zuruflisten auf den Pelz (s. S. 88). Als ergiebige und zugleich vergnügliche Abwechslung erweisen

Nicht alles, was man sich ausdenkt, wird man tun!

sich Analogien, die als »Anspornfragen« beim Versiegen des Ideenflusses allen wieder auf die Sprünge helfen: Was würden Thomas Gottschalk oder die Heilsarmee bei diesem Parameter tun?

- **Erste Auswahl von »Rosinen«**
  Am Ende der kreativen Sammelphase sind Pinnwände, Flipcharts und Fußboden voll mit Ideen. Die Gruppe sichtet ihre Ausbeute und macht sich dann daran, die zehn interessantesten »Rosinen« herauszupicken.

- **Weiterarbeit an drei ausgewählten Themen**
  Von diesen »Rosinen« erscheinen drei Themenfelder besonders Erfolg versprechend. In kleinen Gruppen vertiefen und konkretisieren die Teilnehmer diese Fragestellungen.

- **Fazit und Folgeaktivitäten**
  Der Auftraggeber ist mit den Ergebnissen sehr zufrieden, denn die vielen Ideen haben deutlich gemacht, dass in den Infotagen viel Potenzial steckt. Aber auch das Problem »Zielgruppe« ist deutlich geworden. Darüber lohnt es sich, ebenfalls kritisch nachzudenken.
  Für das weitere Vorgehen steht die interne Schulungsabteilung bei Bedarf beratend zur Verfügung.

Der »Motivations-Workshop« im Softwarehaus

Vier Aspekte machen diesen Workshop auch methodisch interessant:

4 x ungewöhnlich

- Erstens ist er Teil eines größeren »Gesamtpakets« mit Diagnose- und Beratungsgesprächen, einem weiteren Workshop im Abstand von drei Monaten sowie geplanten hausinternen Folgeaktivitäten.
- Zweitens beschränkt sich der Workshop nicht auf die Erfahrungen und Meinungen der anwesenden Teilnehmer, sondern nutzt die Ergebnisse eines umfangreichen Fragebogens, den alle Mitarbeiter ausgefüllt haben.
- Drittens sind wir externe Moderatoren zugleich auch die Entwickler und Auswerter des Fragebogens sowie die Berater für das Unternehmen. Wir wechseln also zwischen neutraler Moderation und steuernder Intervention.
- Und als vierte Besonderheit nehmen an diesem Workshop nicht nur die sechs Führungskräfte teil, sondern zusätzlich noch sechs Mitarbeiter, die von ihren Kolleginnen und Kollegen als »Delegierte« gewählt worden waren. Einige von ihnen sind zugleich Mitglieder des Betriebsrats.

Ausgangssituation und Ziel

Stimmung und Motivation im Softwarehaus sind schlecht geworden: eingefrorene Gehälter, wenig Entwicklungsmöglichkeiten und enorm viel Arbeit sowie ständiger Zeitdruck. Nachdem über einen längeren Zeitraum versucht wurde, die Situation alleine in den Griff zu bekommen, was nicht gelang, entschließt sich das Leitungsteam, externe Hilfe anzufordern. Ein umfangreicher Fragebogen über Arbeitstechniken, Führungsstil, Motivation und Mitarbeiterzufriedenheit soll nicht nur ein repräsentatives Meinungsbild liefern, sondern vor allem Ursachenfelder aufspüren und Wege aus der »Motivationskrise« zeigen. Die ersten konkreten Schritte dazu will man in diesem Workshop tun.

Ablauf des Workshops

- **Was ist beim Fragebogen herausgekommen?**
  Alle sind gespannt auf die Ergebnisse des Fragebogens. Ein Berater moderiert, der andere stellt die Gesamtaussagen und die besonders auffälligen Items vor und kommentiert sie. Ein Teil der Ergebnisse liegt im Durchschnittsbereich vergleichbarer Unternehmen. Manche Werte sind auffällig, aber decken sich mit den Einschätzungen der Führungskräfte, Mitarbeiter und Berater. Andere Zahlen überraschen total und führen zu Nachfragen.

- **Das ist die »Problemlandschaft«**
  Wir fassen die wichtigsten Daten über Auffälligkeiten und Schwachstellen auf zwei Pinnwänden zu einer strukturierten »Problemlandschaft« zusammen. Das sind die Themen, die aus unserer Sicht den größten Handlungsbedarf signalisieren.

- **Wer will an welchen Themen arbeiten?**
  In der Mittagspause haben die Teilnehmer Zeit, um sich klar zu werden, welche der Themen für sie wichtig und Erfolg versprechend sind und in welcher Konstellation sie jetzt daran arbeiten möchten. Zu Beginn der Nachmittagsarbeit bilden sich vier kleine Gruppen, jeweils Führungskräfte und Mitarbeiter gemischt.

- **»Ideenlandschaften« – Wie optimieren?**
  Die Mischung der Gruppen setzt viel kreatives Potenzial frei und wir schieben zusätzlich in diese Richtung an und animieren auch zu ungewöhnlichen Ideen. In zwei Gruppen geht es zwischendurch recht kontrovers zu. Aber es ist immer noch besser, die Konfliktenergie baut sich in den Arbeitsgruppen ab als im Plenum.

- **Ergebnispräsentation mit kritisch-konstruktiver Anreicherung**
  Fast alle Arbeitsgruppen haben Pinnwände als »große Notizzettel« benutzt – grafische Kunstwerke sind das nicht, aber es genügt für das Verständnis. Die ersten zwei Gruppen präsentieren ihre »Ideen-Rohlinge«. Das Plenum hört offen, aber kritisch zu. Es kommen Fragen, Anregungen und Ergänzungen, die nicht ausdiskutiert, aber von einem Gruppenmitglied festgehalten werden. Die immer wiederkehrende Prüffrage der Moderatoren: Ist das ein Beitrag, um aus der »Motivationskrise« herauszukommen?

Ist das wirklich die Lösung?

- **Abschluss des Tages mit einem Blitzlicht**
  Inhaltlich ist alles mitten in der Arbeit, aber der Zeitrahmen für diesen Tag ist überschritten. Wir wollen wissen, ob die Teilnehmer das Gefühl haben, auf dem richtigen Weg zu sein, und zumindest einen kleinen Schlusspunkt braucht der Tag: »Wenn ich an den heutigen Tag denke, dann ... Wenn ich an morgen denke, dann ...« lautet der Impuls für das abschließende Blitzlicht.

- **Rückblick und Planung für den nächsten Tag**
  Die Teilnehmer sind heimgegangen, aber wir sitzen noch lange zusammen: Das harte Zusammenprallen im Workshop zwischen den »delegierten« Mitarbeitern und den Führungskräften lieferte eindrucksvolle Live-Beispiele für den aktuellen Kommunikations- und Führungsstil. Zudem scheinen uns die bisher gehörten »neuen Ideen« nicht »neuartig« genug beziehungsweise zu unspezifisch, um sich davon eine Entschärfung des Motivationsproblems zu erhoffen.

- **Neuer Tag mit gordischem Knoten**
  Um nicht gleich wieder mit dem Kopf zu beginnen, starten wir mit dem gordischen Knoten, einem gemeinsamen Verwirrungs-Auflösungs-Spiel (s. S. 183).

Zweiter Tag

- **Abschluss der Ergebnispräsentationen des Vortags**
  Nach dem gleichen Muster wie am Vortag. Auch heute immer wieder die gleiche Prüffrage: Hilft das aus der »Motivationskrise« heraus?

- **Neuer Input der Berater**
  Jetzt hängen noch mehr neue Ideen an den Wänden, aber wir haben immer noch den Eindruck, das sei zu sehr beliebiges Stückwerk und die Gruppe noch nicht »am Kern« des Problems. Das sagen wir, verweisen auf Kommunikationsmuster des vergangenen Tages und stellen dann unser »Stress-Erklärungsmodell« vor, das die dynamischen Zusammenhänge der einzelnen Schwachstellen plastisch zeigt. Es folgt eine Kaffeepause zum Überdenken und »Sichsetzenlassen«.

- **Wie lösen andere Unternehmen Probleme dieser Art?**
  Aus unserer Sicht sind wir immer noch nicht am heißen Thema. Daher schieben wir nochmals Input nach: einen bunten Strauß von Strategien und Erfahrungen aus anderen Unternehmen, die ähnliche Probleme an-

Nochmals Input

gegangen sind. Imitieren kann man das nicht, aber es sind Anstöße und Anregungen. Das gibt viele Nachfragen und eine lebendige Diskussion.

- **Welche Lösungsansätze werde ich persönlich verfolgen?**
  Jeder Teilnehmer geht »mit sich selbst in Klausur« und präzisiert seine Beiträge zur Milderung oder Besserung des Motivationsproblems in seinem Zuständigkeitsbereich. Hilfestellung dazu gibt es nun genügend: die Ergebnisse des Fragebogens, die Problemlandschaft, die Ideenlandschaft samt Anreicherungen aus dem Plenum, das Stress-Erklärungsmodell und die Beispiele aus anderen Unternehmen.

- **Öffentlicher Maßnahmenkatalog mit »Bekennerfotos«**
  Gegen Ende des Tages präsentiert jeder kurz seine Lösungsansätze auf einem Flipchartplakat. Bei der einen oder anderen Maßnahme fragen Plenum oder Berater noch kritisch nach beziehungsweise schlagen eine Wette vor. Dann ist Fototermin: Alle Plakate werden samt Autor auf Film gebannt und kommen als Bekennerfotos in die Dokumentation (s. S. 200). Spätestens beim Folge-Workshop in drei Monaten wird man sehen, was davon mit welchem Effekt umgesetzt wurde.

Welchen Hut setze ich mir auf?
Rollenklärung für Qualitäts-Coaches

Echte Hüte zur Auswahl

Jeden Tag fahren Tausende von Postzustellern in ihre Bezirke und arbeiten draußen vor Ort. Da ist flächendeckende Qualitätssicherung eine Herausforderung. Weil das nicht alles zentral von den Niederlassungsleitungen organisiert und beaufsichtigt werden kann, hat man »Qualitäts-Coaches« eingeführt – erfahrene Zusteller, die für jeweils rund 50 Zusteller zuständig sind, aber keine direkte Weisungsmacht haben. Diese 25 »Coaches« sind die Zielgruppe des Workshops.

Zielsetzungen und Themenfelder des Workshops

»Coach« klingt gut, aber eine klare Aufgabenbeschreibung dafür fehlt noch und den Betroffenen ist manches unklar – darum dieser Workshop. Zusätzlich wird nützliches Handlungswissen erarbeitet beziehungsweise vermittelt. Die Teilnehmer sollen für schwierige Situationen gewappnet sein. Der Austausch unter den Coaches wird angeschoben.

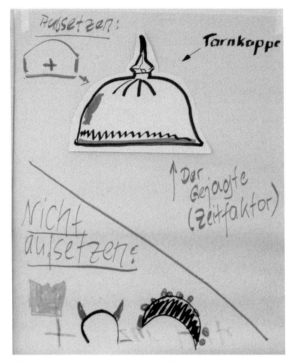 

Bilder erleichtern die Arbeit im Workshop

- **Themenfeld: Rollen- und Aufgabenklärung**
  »Welchen Hut setz' ich mir auf – welchen lieber nicht?« greift das Thema metaphorisch auf mit diversen Kopfbedeckungen vom Rot-Kreuz-Schwester-Häubchen, über Bergführer-Wollmützen bis zur Pickelhaube. Konkret wird das anschließend beim Sortieren mehrerer Dutzend potenzieller Aufgaben (auf DIN-A4-Kartons) in die drei Kategorien: »Pflicht«, »Kür«, »Auf alle Fälle nicht!«.

- **Themenfeld: Dienstunterricht – Stoffvermittlung und Motivation jenseits von Folien**
  Stoffvermittlung ist definitiv Aufgabe der Coaches. Stundenweise vermitteln sie neue und alte Regelungen, Pflichtinfos, besprechen Formblätter, Aktionen, Kundenbeschwerden und Aktuelles. Im Workshop sammelt man dazu gemeinsam bewährte Vermittlungsstrategien (good practice) und sucht nach Verfeinerungen, beispielsweise handgezeichnete Schulungsplakate und aktivierende Unterrichtsprinzipien. Damit das nicht »Theorie«

bleibt, erproben die Teilnehmer anschließend »Alte und neue Rezepte für den Dienstunterricht« im Halbplenum.

- **Themenfeld: Schwierige Situationen meistern**
  Konfliktpotenziale gibt es genug: Streit zwischen Zustellern, Kunden-Reklamationen, Versäumnisse und Fehler, Fehlzeiten, Unpünktlichkeit, … Auch hier sucht man im Workshop nach bewährten Lösungsideen einzelner Coaches, visualisiert (»Merkbilder«), diskutiert diese Modelllösungen und erprobt sie anschließend in parallelen Halbplena – samt Feedback und optimiertem zweiten Durchlauf. Ziel ist eine praktikable Strategie-Liste (»Tipp-Liste«) für typische Situationen und deren exemplarische Erprobung (zum Beispiel »Nein sagen ohne Nein zu sagen«).

- **Dialog mit dem Management**
  Am ersten Abend und am letzten Tag sind Niederlassungsleiter als Gesprächspartner im Workshop. Sie kommentieren Arbeitsergebnisse, klären Einzelfragen und nehmen Stellung zu Wünschen und Vorschlägen der Teilnehmer (»Expertenbefragung«). Ein Nebeneffekt: Die Niederlassungsleiter vereinheitlichen ihre variierenden Vorstellungen über die neuen Qualitäts-Coaches.

- **Emotionales im Workshop**
  Für die meisten Coaches ist das der erste »Workshop«. Sie freuen sich aufs Hotel, aber das Programm weckt vorab eher mulmige Gefühle. Also ist es wichtig, dass sich alle gut aufgehoben fühlen, dass ihre Erfahrungen aufgegriffen und gewürdigt werden und dass sie sehen, dass sie gemeinsam durchaus Einfluss haben. Positiv registriert werden Anreise und Anwesenheit des Managements und deren abendliche Einladung zum Wein als kleines Dankeschön. Das Sammeln »erfolgreicher Rezepte« in Gruppen stärkt das Selbstbewusstsein und das Üben in Halbplena ist auch nur halb so stressig wie im vollen Verbund. Und am zweiten Abend ist man anschließend stolz auf den witzigen und spritzigen (Theater-)Abend mit »Szenen aus dem Leben eines Coachs«.

Ablaufplan des Workshops

1. Tag: Start um 18:00

PL = Plenum,
PL-Halbe = Halbplenum,
GA = Gruppenarbeit,
DU = Dienstunterricht

Zeit	Was geschieht? Inhalte	Organisation/ Methoden	Medien
bis 17:00	Organisation: Namensschilder vorbereiten, Raum gestalten, Motto aufhängen		Namensschilder, Raumdeko
bis 18:00	PL: Eintreffen der Teilnehmer. Namensschilder austeilen, individuell begrüßen	Check-in-Tresen	
18:00	PL: Orientierung. Begrüßung, Vorstellung der Moderatoren. Schnelles Kennenlernen der Teilnehmer. Ziele. Verlaufsüberblick	Stuhlkreis	Großes handgezeichnetes Ablaufposter als Agenda für alle Tage
18:15	GA: Pflicht, Kür, Nein! (1. Teil). Potenzielle Coach-Aufgaben sammeln	Gruppenarbeit in fünf 5er-Gruppen (zum Warmlaufen)	Große Pinnkarten (DIN-A4-Karton)
18:30	Abendessen	Restaurant	
19:30	PL: Orientierung. Ziel und weiteres Vorgehen GA: Pflicht, Kür, Nein! Aufgabensammlung (2. Teil) und erstes Sortieren in die drei Kategorien. PL: Präsentation im Plenum PL: Dialog. Erste Stellungnahmen des Managements	Stuhlhalbkreis. Input Gruppenarbeit Stuhlhalbkreis. Kumulierte Präsentationen der Gruppen. Moderiert	Pinnkarten, Stifte Pinnwände
21:00	Geselliger Ausklang	Chefs reisen ab	Hotelbar

2. Tag

Zeit	Was geschieht? Inhalte	Organisation/ Methoden	Medien
08:30	PL: Rückblick und Start in den Tag	Fiktive TV-Interviews mit Teilnehmern	CD-Player + CDs Fiktives Mikro
08:15	PL: »Die vielen Hüte eines Qualitäts-Coachs«. Vorhandene Hüte erklären. Weiter denkbare Hüte assoziieren (zum Beispiel Tarnkappe)	Großer Stuhlkreis. Input plus Assoziation Plastisch Erzählen	Diverse »Demo-Hüte« als Requisiten

Zeit	Thema	Methode	Material
08:30	GA: »Welchen Hut setze ich mir auf?« Teilnehmer differenzieren nach »aufsetzen« und »nicht aufsetzen« und begründen	Fünf neu gemischte 5er-Gruppen. Plakate zeichnen plus Begründungen	Flipchartpapier Stifte. Plakatbeispiele zeigen
09:20	PL: Präsentation der Ergebnisse der Gruppenarbeiten und Vergleich zwischen den Gruppen	Stuhlhalbkreis – doppelreihig. Fish-Bowl	Poster schrittweise nebeneinander an Pinnwände
10:10	Kaffeepause	Interviewer briefen	
10:20	PL: Coaches anderswo Interview »Funktionen und Aufgaben eines Coachs – Beispiel aus dem Leistungssport«	Inszeniertes Interview mit gespieltem Sportcoach. Alternative: Falls unter den Teilnehmern ein Sportcoach ist, wird der interviewt	Moderator »als Sportcoach frisch aus der Kabine«
10:40	GA: Funktionsbeschreibung Rollendefinition »Coach« in der Briefzustellung – Teilnehmer entwerfen ihre Stellenbeschreibung	Neu gemischte 5er-Gruppen	Flipcharts
11:20	GA: Berichterstattung aus den Gruppen. Redaktionelles Präzisieren	Umschlussgruppen tauschen sich aus (Ergebnisse in Rotation austauschen)	
12:00	PL: Dienstunterricht (DU). Einführung: »Was will ich im DU erreichen?« »Was macht Dienstunterricht schwierig?«	Diskussion Sammeln mit Zurufliste	Flipchart
12:30	Mittagspause	Restaurant	
13:30	GA: Bewährte Rezepte für DU. Sammeln in Kleingruppen. Festhalten guter Erfahrungen auf »Rezeptkarten«	Fünf 5er-Gruppen. Ergebniskarten pro Gruppe auf Pinnwände nadeln	DIN-A3-Kartons Pinnwände
14:00	PL: Präsentation der Ergebnisse	Geführte Postersession (Vernissage) Teilnehmer moderieren Führung	

14:30	PL: Sechs Unterrichtsprinzipien. Ziel, Botschaft, Struktur, Dialog, Aktivierung, Visualisierung	Input – zugleich als Anwendungs-Demo	Visualisierung: 6 DIN-A3-Kartons
14:50	Kaffeepause		
15:10	PL: Poster selbst zeichnen. Eine Alternative zu Folie und Formular. Tipps für Plakate Schreiben und Zeichnen mit dicken Filzstiften auf Flipchart Preis-Jury für die besten Poster	Input und Demo Demobeispiel, Vormachen + Schreib- und Zeichenübung Jury begründet	Demoplakat, Viele Flipchartbögen an Pinnwänden + Wände + dicke Filzstifte
16:00	GA: DU-Methoden-Werkstatt. Für echte Fragestellungen kurze Unterrichtsmodule vorbereiten (bewährte Rezepte mit neuen Ideen mischen)	Thematische Kleingruppen. »Ein Stück« DU methodisch/medial vorbereiten. Mit Coaching	Alle verfügbaren Medien 2. Arbeitsraum
17:00	PL-Halbe: Generalproben der neuen DU-Module (1. Teil) Exemplarische Unterrichtsmodule	Unterrichtstestläufe parallel in beiden Räumen, Sofort-Feedback	
18:15	PL + GA: Vorbereitung Abendprogramm: Teilnehmer entwickeln kurze Sketche zu »Szenen aus dem Leben eines Coachs«	Vorbereitung in den Workshop-Räumen	Requisiten, Masken, Papier, schwarzes Tuch, Scheinwerfer
19:00	Abendessen	Restaurant	
20:00	PL: Welturaufführung: Theater-Abendprogramm der Teilnehmer	Kinobestuhlung Bühnenaufbau, schwarze Pinnwände als Kulisse	Requisiten, Musik, schwarze Tücher, Scheinwerfer

3. Tag

Zeit	Was geschieht? Inhalte	Organisation/ Methoden	Medien
08:30	PL: Rück- und Ausblick. »Best of ...« als Foto-Rückblick + Orientierung als Start in den Tag	Diashow zum Theaterabend	Beamer Agendaposter
08:45	PL-Halbe: Generalproben weiterer DU-Module (2. Teil). Exemplarische Unterrichtsmodule	Unterrichtstestläufe parallel in beiden Räumen. Sofort-Feedback	Alle Medien

Zeit	Thema	Methode	Material
09:45	PL: Schwierige Gesprächssituationen (»SchwiSi«) Beispiele sammeln	Ein Teilnehmer übernimmt Moderation bei der Zurufliste	Flipchart
10:00	Kaffepause		
10:20	PL: Tippliste »Kluge Lösungen«. Bewährte Lösungsideen für schwierige Gespräche und Interventionen: Was bei einzelnen Situationen beziehungsweise generell klug und wichtig ist	Sammelndes Gespräch im Plenum mit zeichnerischer Mitvisualisierung durch Moderator	Pinnwand
10:40	PL-Halbe: SchwiSis konkret Sammeln konkreter schwieriger Situationen im Halbplenum. Sichten bisheriger Lösungsstrategien. Neue Lösungen andenken. Austesten dieser Lösungen	2 Arbeitsräume Sammeln und Diskussion Rollenspiele mit Sofort-Feedback	Medien und Requisiten als Spielmaterial
12:00	PL: Ergebnisse auf den Punkt bringen. Was ich an Ideen mit nach Hause nehme	Stuhlkreis, Blitzlicht als Zusammenfassung	
12:30	Mittagspause		
13:30	PL: Vorbereitung auf Dialog mit dem Management (Vorschläge, Fragen, Ideen, Angebote)	Sammeln in Murmelgruppen. Karten an Pinnwand. Expertenbefragung mit Stuhlhalbkreis in zwei Reihen	Pinnwand und DIN-A4-Karten für Fragen und Vorschläge
14:00	PL: Mit dem Management im Dialog. Nägel mit Köpfen machen	Moderierte Expertenbefragung. Stuhlhalbkreise Beschlussfassung Maßnahmenkatalog	Pinnwand und zusätzlicher Flipchart
15:00	PL: Schlussplenum: Zusammenfassung und Verabschiedung	Großer Sitzkreis. Express-Schluss-Blitzlicht. Der »Brief an mich« als Merkhilfe	Briefumschläge, Briefpapier, Briefmarken
15:30	Heimreise		

Ist das überhaupt ein »Workshop«?

Unser Beispiel hat Erarbeitungs- und Vermittlungsanteile und liegt somit im Grenzbereich zwischen klassischem Workshop und Werkstatt-Schulung. Beim Themenblock »Rollenklärung« ist alles klar: Das ist eindeutig »Workshop« – da gab es auf allen Ebenen keine vorhandenen Antworten. Die Themenblöcke »Dienstunterricht« und »Schwierige Situationen« haben zwar anreichernde »Trainer«-Inputs, aber das anschließende Herausarbeiten und Erproben praxistauglicher Lösungen durch die Teilnehmerinnen und Teilnehmer ist viel wichtiger. Trotz aller Recherche vorab fehlte uns da der echte Stallgeruch und deshalb hätte »Schulung« keine Chance gehabt. Da ist es uns tausendmal lieber, eine Arbeitsstruktur vorzugeben, aber dann gemeinsam mit den Beteiligten ihre passenden Lösungen zu suchen. Das ist ganz im Sinne der Workshop-Philosophie.

Kapitel 18:
Literatur, Adressen, Bilder

Hier haben wir für Sie eine bunte Auswahl zu den Stichworten Workshop, Moderation, Visualisierung, Besprechung, Konferenz, Tagung und Meeting zusammengestellt. Darüber hinaus finden Sie Bezugsadressen für Workshop-Material sowie unsere Bildquellen.

Literaturverzeichnis

Moderatoren machen Bücher. Aber machen Bücher Moderatoren?

Baer, U. (^{2}2003). 666 Spiele: für jede Gruppe, für alle Situationen. Seelze-Velber: Kallmeyer.

Berndt, Ch./Bingel, C./Bittner, B. (2007): Tools im Problemlösungsprozess. Leitfaden und Toolbox für Moderatoren. Bonn: managerSeminare.

Besser, R. (^{3}2004). Transfer: Damit Seminare Früchte tragen. Weinheim/Basel: Beltz.

Bunker, B.B./Alban, B.T. (1997): Large group interventions: engaging the whole system for rapid change. San Francisco: Jossey-Bass.

Buzan, T./Buzan, B. (^{5}2002). Das Mind-Map-Buch. Landsberg: mvg.

Chambers, R. (2002): Participatory Workshops. A Sourcebook of 21 Sets of Ideas and Activities. London: Earthscan.

Dauscher, U. (^{2}1998): Moderationsmethode und Zukunftswerkstatt. Neuwied: Luchterhand.

Feiter, C. (1995): Konferenzen professionell organisieren. Wiesbaden: Gabler.

Frank, H.J. (2004): Ideen zeichnen. Ein Schnellkurs für Trainer, Moderatoren und Führungskräfte. Weinheim/Basel: Beltz.

Freimuth, J./Schrader, E. (2000): Moderation in der Hochschuldidaktik. Hamburg: Windmühle.

Holman, P./Devane, T. (Hrsg.) (1999): The change handbook: groupmethods for shaping the future. San Francisco: Berrett-Koehler.

Jungk, R./Müllert, N.R. (1989): Zukunftswerkstätten. München: Heyne.

Kirckhoff, M. (1988): Mind Mapping. Berlin: Synchron.

Klebert, K./Schrader, E./Straub, W. (^{2}2002): ModerationsMethode. Hamburg: Windmühle.

Klebert, K./Schrader, E./Straub, W. (^{2}2003): KurzModeration. Hamburg: Windmühle.

Klebert, K./Schrader, E./Straub, W. (^{4}2000): Winning Group Results. Hamburg: Windmühle.

König, S. (^{3}2007): Warming-up in Seminar und Training. Weinheim/Basel: Beltz.

Königswieser, R./Keil, M. (^{2}2003): Das Feuer großer Gruppen. Stuttgart: Klett-Cotta.

Kuhnt, B./Müllert, N.R. (^{3}2006): Moderationsfibel Zukunftswerkstätten. Neu-Ulm: Au Spak Bücher.

Ley, A./Weitz, L. (Hrsg.) (2003): Praxis Bürgerbeteiligung. Ein Methodenhandbuch. Bonn: Stiftung Mitarbeit.

Lipp, U. (2007): Moderationstechniken in der Schule. In: Praxis Schule 5–10, 18. Jg, 10/2007.

Maleh, C. (^{2}2001): Open Space: Effektiv arbeiten mit großen Gruppen: Weinheim/Basel: Beltz.

Maleh, C. (Hrsg.) (2002): Open Space in der Praxis: Weinheim/Basel: Beltz.

Mehrmann, E./Plaetrich, I. (^{2}2003): Der Veranstaltungs-Manager. München: dtv Beck.

Meyer, E./Widmann, S. (2006): FlipchartArt. Ideen für Trainer, Berater und Moderatoren. Erlangen: Verlag Publicis Corporate Publishing.

Müller, M./Dachrodt, Heinz G. (2001): Moderation im Beruf. Frankfurt a.M.: Bund.

Neuland, M. (2002): Neuland-Moderation. Bonn: ManagerSeminare.

Owen, H. (2001): Open Space Technology. Stuttgart: Klett-Cotta.

Owen, H. (2001): Erweiterung des Möglichen. Die Entdeckung von Open Space. Stuttgart: Klett-Cotta.

Pink, R. (2002): Souveräne Gesprächsführung und Moderation. Frankfurt a.M.: Campus.

Rachow, A. (2002): Spielbar. Bonn: ManagerSeminare.

Rietz, H.L./Manning, M. (1994): The One-Stop Guide to Workshops. New York: Irwin.

Ruschel, A. (1993): Besprechungen und Konferenzen. Berlin: Ullstein.

Sautter, S. (1996). Wer hat, soll zeigen. Leitfaden für Ausstellungen. München: Anstiftung (Tel. 0 89-77 70 31).

Schildt, T./Kürsteiner, P. (2003): 100 Tipps & Tricks für Overhead- und Beamerpräsentationen. Weinheim/Basel: Beltz.

Schnelle, W./Stoltz, I. (1977): Interactional Learning. Quickborn: Metaplan.

Seifert, J.W. (1996): Gruppenprozesse steuern. Offenbach: Gabal.

Seifert, J.W. (1997): Visualization, Presentation, Moderation (englisch). Offenbach: Gabal.

Seifert, J.W. (^{5}1999): Besprechungs-Moderation. Offenbach: Gabal.

Seifert, J.W. (^{16}2001): Visualisieren – Präsentieren – Moderieren. Bremen: Gabal.

Unicef (Hrsg.) (1993): ViPP – Visualisation in Participatory Programmes. Genf: UNICEF-Bangladesh (lieferbar durch Neuland, Tel. 0 66 59-88 37).

Wallenwein, G.F. (^{5}2003): Spiele: Der Punkt auf dem i. Weinheim/Basel: Beltz.

Weidenmann, B. (^{3}2003): 100 Tipps & Tricks für Pinnwand und Flipchart. Weinheim/Basel: Beltz.

Weisbord, M./Janoff, S. (2001): Future Search – die Zukunftskonferenz. Stuttgart: Klett-Cotta.

Will, H. (2000): From Visual Confrontation to Outdoor-Association; Methods for Creative Idea Generation. In: Geschka, H./Moger, S./Rickards, T. (Hrsg): Creativity and Innovation: The Power of Synergy. Darmstadt.

Will, H. (1996): Warum eigentlich nicht in Afrika? – Veranstaltungsdesigns. In: Geißler, Kh./v. Landberg, G./Reinartz, M. (Hrsg.): Handbuch Personalentwicklung und Training. Köln: Dt. Wirtschaftsdienst (Erg. Lieferung 3.5.3.0).

Will, H. (^{5}2006): Mini-Handbuch Vortrag und Präsentation. Weinheim/Basel: Beltz.

Will, H./Winteler, A./Krapp, A. (1987): Evaluation in der beruflichen Aus- und Weiterbildung. Heidelberg: Sauer.

WUP WILL und PARTNER (1999): Inszenierte Lern-Events (über die Autoren).

Adressen für Cartoons, Pinnwände, Moderationsmaterial ...

Baaske Cartoon Agentur, Werderstraße 91, D-79379 Müllheim.
Tel. 07631-704360, Fax 07631-704361 (Cartoons und Bildrechte).

Schneider, Ludwig (Zeichner unserer Illustrationen).
Stromeyerstraße 6, D-88171 Weiler. Tel. 08387-1669, Fax 08387-2750.

International Association of Facilitators (IAF). ww.iaf-world.org.

Dialogarchitektur/Visual Facilitation, Hans Jürgen Frank.
www.dialogarchitektur.de

edding und Legamaster, Bookkoppel 7, D-22926 Ahrensburg.
www.edding.de (Moderationsmaterial und vieles mehr).

Neuland GmbH, Am Kreuzacker 7, D-36124 Eichenzell.
Tel. 06659-88-0, Fax 06659-88-288, www.neuland-online.de
(Moderationsmaterial und vieles mehr).

Neuland & Co. Ges.m.b.H, Valentingasse 20, A-1230 Wien.
Tel. A-1-8898451, www.neuland.at.

Neuland AG Schweiz, Blegistraße 23, CH-6342 Baar.
Tel. CH-41-7672141, E-Mail: info@neuland.ch, www.neuland.ch.

Nitor GmbH, Adlerstraße 44–46, D-25462 Rellingen bei Hamburg.
Tel. 04101-36021, www.nitor.de (Moderationsmaterial und vieles mehr).

Nitor Generalvertretung für die Schweiz. www.nitor.ch.

Pappmöbel, Stange Design Gmbh, Ringbahnstraße 16–20, D-12099 Berlin.
Tel. 030-7520260, www.stange-design.de
(PINPOINT = Pinnwände aus Wellpappe).

Schneidersöhne GmbH&Co.KG, Gehrnstraße 7–11, D-76275 Ettlingen.
www.schneidersoehne.com (Hersteller der PIN-ON-FOLIE).

Bildquellen

Hermann Beiler: S. 153, 156, 229, 231, 242
Buzz'z/BaaskeCartoons: S. 38
Clusellas/Baaske Cartoons: S. 41
Erhard Dietl/Baaske Cartoons: S. 207
Aus: Grüneisl/Zacharias, Schnippelbuch: S. 61, 69, 175, 329
Oswald Huber/Baaske Cartoons: S. 15, 55, 85
Hürlimann/Baaske Cartoons: S. 40
Mathias Hütter/Baaske Cartoons: S. 259
Rainer Kittelberger: S.260, 261
Christine Kneschar: S. 246
Heinz Langer/Baaske Cartoons: S. 110
Gary Larson: S. 219
Erik Liebermann/Baaske Cartoons: S. 135
Ulrich Lipp: S. 82, 91, 97, 101, 111, 131, 149, 183, 185, 270, 271, 272, 273, 283, 284, 285, 286, 288, 289, 291, 293, 299, 304, 305
Dirk Meissner/Baaske Cartoons: S. 236
Till Mette/Baaske Cartoons: S. 67, 137
Slawomir Mrozek: S. 11
Werner Müller: S. 200
Werner Müller und Günther Dörr: S. 235
Münchener Bilderbogen: S. 212, 253, 254
Neuland GmbH: S. 43, 142, 143
papan: S. 138, 172–174, 227, 252
Thomas Plaßmann/Baaske Cartoons: S. 53
Johann Pavelka: S. 241, 244, 247, 251
Susanne Polewsky: S. 125, 248
Ludwig Schneider: S. 16, 19, 21, 22, 23, 24, 26, 31, 45,50, 52, 59, 63, 66, 70, 73, 75, 78, 84, 86, 87, 88, 92, 93, 94, 95, 103, 105, 106, 108, 109. 115, 116, 120, 123, 126, 127, 128, 129, 130, 131, 133, 134, 144, 151, 158, 161, 163, 164, 166, 168, 177, 178, 180, 186, 187, 189, 190, 195, 198, 205, 206, 215, 218, 222, 224, 225, 226, 232, 233, 239, 245, 262, 267, 268, 274, 275, 276, 277, 278, 281, 317, 318
Wolfgang Spörlein: S. 243
Rita Stadelmann-Kreuzholz: S. 240
Jules Stauber/Baaske Cartoons: S. 168, 193, 202, 209, 210, 291
Thomas Sulzer, Foto: S. 264
Jan Tomaschoff/Baaske Cartoons: S. 3, 47, 295
Tomi Ungerer, Kompromisse. Diogenes Verlag, Zürich 1982: 196–197
Lothar Ursinus/Baaske Cartoons: S. 165

Franz Will: S. 62, 256
Hermann Will: S. 44, 49, 50, 71, 141, 175, 249, 255, 257. 263, 308, 319, 320
Wolfgang Willnat/Baaske Cartoons: S. 37
Gezeichnet von Workshop-Teilnehmern: S. 64, 145, 258

Zu einigen Abbildungen konnten die Bildrechte nicht ermittel warden.
Sollten sich Inhaberinnen und Inhaber von Nutzungesrechten nachträglich melden,
wird der Verlag das übliche Nutzungshonorar zahlen.

Stichwortverzeichnis

Ablaufplanung 22, 177, 223, 288
Advocatus Diaboli 27, 66, 233
Aktivierung
   – der Teilnehmer 19, 127, 232, 238
Allergie gegen Karten und Punkte 81, 112
Ambiente und Atmosphäre 19, 181, 220, 229, 232, 238
Ampeldiskussion 63
Angriffe, persönliche 59
Argumentationsrunde 116, 117
Argumentieren
   – schriftlich 118, 119

Barfuß-Video 12, 145, 255
Beamer 145, 149, 230
Beratung und Workshops 17
Bewegungskanon 185
Bewerten und Entscheiden 26, 30, 34, 36, 105, 106, 127, 268
Bittgang 263
Blitzlicht 87, 94–96, 103, 116, 129, 216, 271, 278
   – Tipps 95
   – Variationen 95
»Brief aus dem Jenseits« 199

Chinesisch Knobeln 184
Clustern 24, 78, 85, 248, 300

Diagnosephase 31
Diskussion
   – Methoden 68, 262
   – Phasen 56
   – Regeln 57
   – schriftliche 70, 71, 72
Dokumentation 138, 150, 152, 155, 158
   – Ausrüstung 154
Dramaturgie 168, 286

Einfädelphase 22, 176
Einladung 174
Engel-Aloisius-Ebene 215
Entscheidungsmatrix 120
Erfahrungsaustausch 296–298
Ergebnisse 16, 127, 134
   – Präsentation 25, 133
Evaluation 203
Expertenbefragung 47, 51, 54, 279
   – Standardablauf 48

Fishbowl 232
Flipchartpuzzle 249
Folgetreffen 203, 318
Foto-Dokumentationen 151
Fotos 150, 155, 157
Frage-Antwort-Runde 47
Fragenkatalog 47
Freiluft-Workshop 262
Freiwilligkeit 170

Gäste im Workshop 51, 53, 139, 171, 239
Gelöbnis 263
Gordischer Knoten 183
Großgruppen 219
Großplakate 230, 241
Gruppenarbeit 24, 30, 125, 272
Gruppenbildung 128, 309, 316
Gruppenentscheidungen 109
Gummibärchen-Analyse 260

Handouts 230
Herbstlaub 245, 247
Hierarchenbefragung 51

Ideensuche 23, 75f., 88, 245, 247, 249, 250, 308, 311
Infomarkt 43, 45, 46

Informationsphase 23, 37
Inszenierung 228, 232, 262
Intranet 40, 159

Karten 24
– ordnen 78, 275
Kartenabfrage 31, 76f., 79–82, 84, 103, 274
Kartenallergie 81
Kleingruppen 126, 130, 133, 178, 304
– Einteilung nach Interesse 128
– Einteilung nach Zufall 129
Kofferpacken/Rucksackpacken 129, 147
Kompakt-Moderationstraining 287
Konflikte 132, 210
Konzeptionen
– erarbeiten 33
Kreativwerkstatt 311
Krisen und Konflikte 207, 209, 211, 213
Kuller 128, 304

Lern-Event 229
Lern-Workshop 270, 281, 289
Loreley-Phase 76f., 304

Malen 257
Marktplatz 223, 225, 231
Maßnahmenkatalog 26, 30, 32, 146, 147, 149, 197, 306, 310, 318
Material 187
Metaebene 215f.
Mind-Map 62, 99, 103, 179
– Ideensammlung 100
– vorstrukturiert 101
Mind-Mapping 87, 97, 100
– für Einsteiger 98
– Tipps 102
Mini-Workshop 302, 306
Mitvisualisieren 61
Moderationsmethode 83, 169
Motivations-Workshop 315

Nachfassaktionen 201

Open Space 222ff., 231, 233f.
Organisationsentwicklung 206
Outdoor-Association® 250ff.

Pausen 186, 216, 222
Perspektivephase 31
Plakate 40, 42, 43ff., 139ff., 244, 257ff.
Planung 19, 161ff.
– methodische 178
– mit Software 177
Postersession 25, 43ff., 238
Präsentation 14, 25, 44, 133ff., 227, 238f., 241f., 244, 252f., 305, 309
Probleme lösen 17, 29ff., 105, 306
Protokoll 54, 150ff., 156, 265
– per Beamer 149
Punkten 23f., 50, 111ff., 115, 121, 277f.

Redezeitbegrenzung 42, 49, 52, 63
Rollenklärung 319
Rollenspiel 252ff., 277
Rosinenpicken 81, 246ff., 304, 314
Rucksackpacken/Kofferpacken 129, 147

Sammeltechniken 76ff., 87ff., 103, 245ff., 313
Schriftliches Argumentieren 118ff.
Schriftliches Diskutieren 45, 70ff.,
Spiele 183ff., 254
Stärken-Schwächen-Analyse 308
Starts und Einstiege 22f., 180, 258, 296, 302
Störungen 190, 207ff., 213
Synergieeffekte 16
Systemaufstellung 260f.

Tagungsort 176, 237f., 262
Teilnehmer 170, 232, 238, 239, 262
Theatermethoden 228, 237, 253ff.
Trainingstagebuch 289, 290

Umsetzung von Ergebnissen 147, 193ff., 202ff., 221, 227, 263, 318

Verhandlungsphase 32
Verlierer 36, 107, 108
Video 46, 145, 178, 255f., 305
Visualisierung 19, 61f., 118, 133f., 137ff., 145, 187, 216, 230, 257ff.
Vorabinfos 172f.

Vorabmaterial 39f.
Vorbereitungsphase 162, 165
Vorfeldkontakte 22, 48, 166, 172ff., 191, 195f.
Vorsätze 194
Vorstellrunden 180, 311

Wandzeitungen 43, 73, 223, 241
Wäscheleinentechnik 243
Weißwurstfrühstück 201, 203
Wellness 181ff.
Wertungsphase 24
Wetten 201, 318
Wissensraum 231
Workshop-Identity 175
Workshop-Memorial 266
Workshop-»Philosophie« 11, 268
Workshop-»Prüfsiegel« 164
Workshop-»Puscher« 195, 202

Zeichnen und Malen 139ff., 145ff., 257ff.
Ziele 23, 29, 165
Zielvereinbarungs-Workshop 307
Zukunftswerkstatt 84, 226f.
Zuruflisten 91ff., 103, 118f., 120, 178, 249, 276
   – mit Laptop und Beamer 89
   – Standardeinsatz 88
   – zweiteilige 90